理工学校创新教育读本

田 申 编著

机械工业出版社

本书共十一章,内容包括理工类学校应开设创新教育课程、创新教育中的实践方法、形式逻辑思维方法、非形式逻辑思维方法、理工学科学生应该了解的数学方法和系统科学方法,以及"STS"教育和可持续发展教育、激励与审美、创新技法、让研究性学习帮助我们专业成长、创新能力的检测和评价。

本书可供理工学科学生学习和参考。

图书在版编目(CIP)数据

理工学校创新教育读本/田申编著. — 北京:机械工业出版社,2019.5
普通高等教育规划教材
ISBN 978-7-111-62532-2

Ⅰ.①理··· Ⅱ.①田··· Ⅲ.①创造教育-高等学校-教材 Ⅳ.①G640

中国版本图书馆 CIP 数据核字(2019)第 071389 号

机械工业出版社(北京市百万庄大街 22 号 邮政编码 100037)
策划编辑:常爱艳　　　　　　责任编辑:常爱艳　商红云
责任校对:孙丽萍　张　薇　　封面设计:鞠　杨
责任印制:张　博
北京铭成印刷有限公司印刷
2019 年 6 月第 1 版第 1 次印刷
169mm×239mm・14.5 印张・273 千字
标准书号:ISBN 978-7-111-62532-2
定价:44.80 元

电话服务　　　　　　　　　　网络服务
客服电话:010-88361066　　　机　工　官　网:www.cmpbook.com
　　　　　010-88379833　　　机　工　官　博:weibo.com/cmp1952
　　　　　010-68326294　　　金　书　网:www.golden-book.com
封底无防伪标均为盗版　　　　机工教育服务网:www.cmpedu.com

>>>>>>> 前言

"创新"和"创新教育"有丰富的内涵。只有领悟其内涵才会进一步思考：在学校倡导创新教育的当下，我们该学些什么和如何去学？

科学发现和技术发明都离不开合理运用科学的方法。前辈们在探究中总结出来的科学方法包括：阅读、观察、实验、实地调查等科学实践方法，形式的、数理的、辩证的逻辑方法，想象、直觉、顿悟的和聚敛、发散的非逻辑思维方法，系统科学原理及方法，以及在科学技术领域中行之有效的创新技法等。理工学科学生对其有一定的了解，但大多数人不太熟悉，更谈不上形成了系统的知识。因此，努力让它们在自己头脑中清晰且系统化，使它们成为自己知识结构的一部分，对理工学科学生当下的学习和未来的从业都是十分重要且必要的。

从人与社会的关系角度思考，作为在读的理工学科学生，持有"STS"思想和"可持续发展"观，认识到科学与技术相结合应当造福于社会，认识到人与自然、社会应当和谐发展，也是必须具备的素质之一。

从心理学的角度思考，分析需要、把握激励，提高自身的审美能力，对每一位在读的理工学科学生也是十分重要的。当我们对"激励"和"审美"有了一定的认识，自身的情感、态度与价值观也会得以提升。

要培养自身的创新品格，使自己具备基本的创新能力，实践必不可少。如果我们对当下倡导的"研究性学习"有身体力行的热情，对应当思考和训练的内容能认真地动脑动手，我们就一定能从中获得某种成功的体验。

鉴于此，我将上述所涵盖的内容，用尽可能浅显易懂的文字和具体生动的事例表述，汇编成《理工学校创新教育读本》一书。能够让读者对创新教育的内容有一个基本了解，并且从中获益，是编者的初衷。

我们期盼关注学校创新教育的前辈、同行不吝赐教，以求本书更趋完善。

编　者

>>>>>>> 目录

前 言
第一章 理工类学校应开设创新教育课程 ························· 1
    第一节 关于创新 ·· 1
    第二节 关于创新教育 ··· 8
    第三节 理工类学校应实施创新教育 ·· 13
    思考与练习 ·· 17
第二章 创新教育中的实践方法 ·· 18
    第一节 阅读与观察 ··· 18
    第二节 科学实验 ·· 21
    第三节 实地调查 ·· 27
    思考与练习 ·· 32
第三章 形式逻辑思维方法 ·· 34
    第一节 比较、分类和类比 ·· 34
    第二节 从分析综合到归纳演绎 ·· 41
    第三节 论证和悖论 ··· 51
    思考与练习 ·· 59
第四章 非形式逻辑思维方法 ··· 62
    第一节 想象、直觉与顿悟 ·· 62
    第二节 思维导图 ·· 70
    第三节 唯物辩证法 ··· 76
    思考与练习 ·· 80
第五章 理工学科学生应该了解的数学方法 ···························· 83
    第一节 公理化方法与数学建模 ·· 83
    第二节 误差分析和数据处理 ··· 89
    第三节 统计与效益 ··· 95
    思考与练习 ·· 103
第六章 系统科学方法 ·· 106
    第一节 相关概念 ·· 106
    第二节 重要基本原理简介 ·· 110
    第三节 基本方法简介 ·· 116
    思考与练习 ·· 124

第七章 "STS"教育和"可持续发展"教育 ········· 126
 第一节 "STS"教育 ········· 126
 第二节 "可持续发展"教育 ········· 130
 第三节 如何提高我们的社会责任感？ ········· 134
 思考与练习 ········· 140

第八章 激励与审美 ········· 141
 第一节 "人的需求层次"理论及激励方法 ········· 141
 第二节 如何培养积极向上的创新品格？ ········· 147
 第二节 审美 ········· 150
 思考与练习 ········· 159

第九章 创新技法 ········· 161
 第一节 综合与组合 ········· 161
 第二节 分离与还原 ········· 164
 第三节 移植与变换 ········· 169
 第四节 迂回与逆反 ········· 177
 第五节 强化与群体 ········· 183
 思考与练习 ········· 188

第十章 让研究性学习帮助我们专业成长 ········· 191
 第一节 关于研究性学习 ········· 191
 第二节 学会提出问题 ········· 195
 第三节 研究性学习中的几个重要环节 ········· 200
 第四节 研究性学习活动案例介绍 ········· 204
 思考与练习 ········· 211

第十一章 创新能力的检测与评价 ········· 214
 第一节 创新能力的内涵 ········· 214
 第二节 相关案例介绍 ········· 219
 思考与练习 ········· 223

参考文献 ········· 225

第一章 >>>>>> 理工类学校应开设创新教育课程

"创新"和"创新教育"有着深刻的内涵,理解它们的内涵,并结合理工类学校培养目标去思考,我们有理由说,理工类学校学生应开设创新教育课程。

第一节　关于创新

从字面理解,创,即开始(做),(初次)做,既点明时间,也点明行动;新,即前所未有。创新,即抛开旧的,创造新的。对理工学科学生而言,更应通过自己所能了解到的科学技术史中,去深刻理解创新的内涵。

一、科学思想的发展体现出创新

让我们从历史的角度认真审视一下前辈们在科学技术新概念的涌现、科学世界观的概括、科学思想行为规范产生的过程中是怎样体现创新的。

1. 科学技术新概念的涌现

早在18世纪末到19世纪前半叶,科学家在研究热力学、生物学、化学、电磁学的过程中,获得过一系列的重大发现:1799年,英国科学家戴维通过冰块摩擦实验对所谓"热质说"进行否定;1800年,意大利科学家伏打发明电堆,从而对"生物电"进行拓展;1821年,德国科学家塞贝克发现"温差电"现象,以及1834年法国科学家珀耳帖发现"温差电逆效应"现象,是对电与热相互转化的验证;1837—1849年英国科学家焦耳进行的测定热功当量的工作,以及1840年俄国科学家黑斯提出化学反应的总热量恒定,是对传统定性研究的超越;1847年德国科学家亥姆霍兹发表《论力的守恒》,以及德国科学家迈尔把"自然力的转化"推广到生物机体的研究,是把"转化与守恒"研究引向深入;1820年丹麦科学家奥斯特发现"电流的磁效应",以及1831年英国科学家法拉第发现"电磁感应现象",是对电与磁相互转化的探索;1850年德国科学家克劳修斯用热力学第一定律的微分方程对"转化与守恒"进行定量描述；1853年英国科学家汤姆逊给能量概念做出精确定义，以及1855年苏格兰科学家兰金把"力的守恒原理"改为"能量守恒原理"，是对"转化与守恒"理论的概括……这些让我们知道，当时的科学家通过自己的创造性劳动，达成的一种共识，即自然界中各种现象之间存在着各种运动及相应的能量间的转化。这样，转化就成了当时科学界关注的重要概念。

事实上，近200多年来，科学界不断涌现的新概念，诸如：转化、进化、演化、对称与破缺、系统与自组织、反馈与控制、信息与熵、耗散结构、混沌、协同等，它们在我们理工学科中起到非常重要的作用，也深刻地引领科学思想的继往开来。

同样，技术新概念的诞生，背后往往蕴含着深刻的对传统概念的超越。以"物联网"概念为例，它是新一代信息技术的重要组成部分，也是"信息化"时代的重要发展阶段，其英文名称是："Internet of Things（IoT）"。早在20世纪90年代，微软创始人比尔·盖茨在他著名的《未来之路》一书中就提出过这个概念，到了2009年，美国将"智慧地球"提升为国家战略，这样，"物联网"概念真正"火"了起来，并衍生出了万亿级的市场空间。顾名思义，物联网就是物物相连的互联网。这有两层意思：其一，物联网的核心和基础仍然是互联网，是在互联网基础上的延伸和扩展的网络；其二，其用户端延伸和扩展到了任何物品与物品之间，进行信息交换和通信，也就是物物相通。物联网通过智能感知、识别技术与普适计算等通信技术，广泛应用于网络的融合中，也因此被称为继计算机、互联网之后世界信息产业发展的第三次浪潮。物联网是互联网的应用拓展，与其说物联网是网络，不如说物联网是信息与物品交流融合的业务和应用。以用户体验为核心的物联网概念实际体现了对传统市场概念和物品交流、信息交流概念的超越。

2. 科学世界观的新概括

早在20世纪60年代末，科学就已呈现出高度分化又高度综合的态势。

仅以生物科学为例。当时，生物学已有植物学、动物学、微生物学、分类学、形态学、解剖学、生理学、胚胎学、组织学、细胞学、遗传学、生态学、古生物学、生物地理学、进化论等众多的分支学科，而生物化学、生物物理学、宇宙生物学、辐射生物学等体现学科间互相渗透、互相促进的边缘学科也如雨后春笋般出现……这是高度分化。

又如耗散结构论。无论数学、物理、化学、地学、天文学等学科领域，无论环境、医、农、工程等技术领域，无论社会、经济、文化、历史、管理等更为广泛的领域，其耗散结构论既涉及相关领域的知识，又可将研究成果广泛地应用于这些领域……这是高度综合。

同时，一大批在现代最新科学成果基础上迅速发展的高新技术相继崛起，并形成以电子信息技术为先导，以新材料技术为基础，以新能源技术为支柱，沿微观领域向生物技术开拓，沿宏观领域向海洋技术和空间技术拓展的一大批相互关联、成群成族的高技术群落，大大促进人类社会经济发展和变化。

而当多数人正在庆幸科学与技术的进步促进生产力发展的时候，一些有识之士开始反思"科学与技术相结合可能是一把'双刃剑'"这一问题。

1968年4月，来自意大利、瑞士、德国、日本、土耳其、印度、伊朗等国家的30多位科学家、教育家、经济学家、人类学家，聚会于罗马科学院，热烈讨论人类当前和未来的困境，并于1972年发表了第一份研究报告——《增长的极限》。该报告用大量事实说明了人类生产生活方式对我们生存环境的影响，首先提出"可持续发展"的主张：人类生活水平的提高不能以环境恶化为代价；人类的发展不能超过自然的承载能力；我们必须改变利用自然的方式，以便能持久、稳定地发展下去。

此后，专家们从资源匮乏、环境污染、人口爆炸等视角，分析生态危机和社会的不稳定，让更多人意识到：人类应当以自然、和谐的方式从事获得，以实现自然资源与生态环境的、经济与社会的可持续发展。于是逐渐便形成了"人与自然应当协调发展"的科学世界观。

从历史的角度分析，科学技术每发展到一定阶段，都会有人站在哲学的高度来概括对世界的认识：自然界是由物质组成的；物质在量上和质上是不灭的；物质永恒运动着；物质世界呈现多样与统一；吸引和排斥永恒存在且相互转化；世界的事物是在发展变化中且相互联系着；科学技术相结合应当造福于社会；人和自然应当协调发展；地球是人类的唯一家园，每一个生活在地球村的人都要爱护这个家园……应当说，这里面有探究、有反思，都是人们对世界的新认识、新概括。

科学世界观的建立，能够使理工学科学生在科技学习、研究和工作中用科学的世界观去认识和探索客观世界，这是应有的思想基础。

3. 科学家与工程技术专家们思想行为规范的新变化

在科学研究与工程设计的实践中，科学家与工程技术专家们所持有的思想和行为规范可以归纳为以下几点：

第一，科学家与工程技术专家们讲究实事求是，支持客观，摒弃先验。他们以观测事实作为检验自己或他人理论的依据。他们认为：对那些未被事实所证明的假设，不管其来源如何，都必须服从于观察和原先已经证实的知识相一致的标准。这是科学家与工程技术专家们实证的思想和尊重事实的行为规范。

比如，古希腊学者亚里士多德的"力是物体运动的原因"和"重物比轻物下落快"的论断，就统治了人们思想很长时期，是伽利略在亚氏论断1000多年后，通过理想模型实验和严密的数学、逻辑推理，否定了上述观点。正是伽利略开创性的工作，使后来的科学研究在实证与尊重事实方面形成科学家的思想品格和行为规范。

第二，科学家与工程技术专家们对各种科学理论绝无偏见，并且认为：只要是真理，就值得追求和维护。他们具备旺盛的求知热情、强烈的好奇心，而且对人类利益相关的事表现出无私的关怀。这是科学家与工程技术专家们无偏见的思想和关注人类利益的行为规范。

比如，上千年前的中国，就有人开始研究数学矩阵，直到1855年，西方的数学家系统地列出矩阵的定义和运算法则。然而，这一切起初被普遍认为是一种数学上的数字游戏，没有什么实用价值。德国科学家海森伯在1925年把矩阵运用于量子物理研究获得成功，人们才改变看法。此后，在数理统计、计算机编程等方面，矩阵理论也获得应用。可见，对任何科学理论，一是不存在偏见，充满好奇心地设法拓展它的应用；二是关注应用的目的是否造福于社会，类似利用矩阵理论编程制造计算机病毒扰乱正常的社会秩序之类的行为则是应当被痛斥并诉诸法律的。

再如，面对经典物理在现实世界所取得的辉煌成就，一些人面对与之相悖的现象和实验事实，不敢对该理论的缺失提出质疑，而爱因斯坦不迷信权威，首先对牛顿的绝对时空观提出挑战，以光在真空中恒速和惯性系中运动变化等效为基本假设，揭示空间、时间的相对性；又把惯性系的问题推广到非惯性系中，使相对论不仅能在光学现象、电动力学现象和质能关系等方面的研究上得到应用，而且建立的引力场方程在预言光线的引力偏折和引力红移等方面获得巨大成功。同样，玻尔、海森伯、薛定谔等科学家也不迷信权威，他们向经典物理中的"一切自然过程都是连续的"这一原理提出挑战：用微观粒子能量是分立、不连续、量子化的概念取代原先能量辐射连续的概念；用对应原理处理原子结构和原子光谱问题；用矩阵阐释"可观察量之间的关系"；引入波函数和变分原理阐释"量子法则"……终于完成了量子理论的建立。后人将相对论和量子理论誉为20世纪物理学上的两场革命。而这其中，众多科学家不迷信权威、敢于怀疑、勇于探究的思想品格和行为规范也为我们树立了典范。

第三，科学家与工程技术专家们主张任何科学发展都是社会协作的产物，其成果理应被分配给社会的全体成员共享，其行为应当思考这样做是否造福于社会。这是科学家与工程技术专家们公有性思想和造福社会的行为规范。

比如，第二次世界大战期间，为了抢在德国之前研制出原子弹，世界各国众多的科学家与工程技术专家来到美国，参与原子弹的研制工作。当原子弹研制成功，美国在日本广岛投放原子弹之前，就有科学家与工程技术专家开始反思：原子弹的出现对人类究竟是福还是祸。当时，由玻尔等70多名科学家联名的请愿书送达美国总统杜鲁门的手中，呼吁"不要贸然使用原子弹"。大战结束后，又有一批科学家与工程技术专家联合发表和平宣言，坚决反对世界性的核扩军备战和核竞赛、核讹诈。1957年，美国化学家鲍林亲自起草，众多科学家联名的《科学家反对核武器试验宣言》发表。此后，丹麦科学家玻尔等人更是身体力行，一直致力于和平利用原子能的国际合作事业。可见，协作、共享的公有性思想和科学技术的结合应当造福于社会的行为规范，在科学家与工程技术专家群体中日益形成共识。

正是由于若干代科学技术前辈努力探索并反思，才有上述思想行为规范的新变化。

以上，我们从三个方面简单阐述了科学思想的发展，其中的否定、拓展、验证、超越、探索、形成、综合、实证、怀疑、规范等，都是针对传统的、过去的思想观念或行为而言的，因而体现出一种开创性的、前所未有的思想观念或行为，而这正是创新的体现。

二、科学方法的发展体现出创新

在科学探究中，人们从实践和理论上把握现实，为达到认识客观世界和改造客观世界的目的而采取的具体手段、方式和途径，就是科学方法。归纳起来，可以把科学方法分为科学实践方法和科学思维方法。

1. 科学实践方法的发展

我们认为，科学实践方法应包括阅读与观察、实验、实地调查等实践活动中采取的具体方式和途径。

仅以科学实验的分类和拓展为例。

最初的动植物实验、医学实验等仅借助放大镜、显微镜等工具，属于自然实验；后来通过技术手段纯化和强化研究对象，发展成实验室实验；而实验室实验又由最初对科学假设进行验证，发展到对未知领域的探索性实验；由只能定性说明问题的定性实验发展到精确给出数据说明的定量实验。根据科学探究的目标，实验类型又发展为结构分析实验、析因实验、对照实验、中间实验、模拟实验、导向性实验、观测性实验和筛选性实验。

借助数学对实验数据进行分析处理，由最初的均值分析发展到方差分析、相关系数分析、回归方程检验、计数数据检验和非参数分析等。这些数据分析方法的运用，使实验所获得的数据更能在定量分析上说明问题。

随着电子技术的不断发展，人们利用计算机强大的数据处理能力和函数图像表现能力，在实验中利用计算机对数据进行分析处理，同时绘出与实验现象相关的函数图像，不仅可以获得有用的解析式，还能利用图像对问题进行深入、直观的研究。而利用计算机设计一些模拟真实意境的虚拟实验，可以让学习与研究者自主调整实验参数，多次重复，以探究结果。当前，3D 打印技术的诞生更是为实验增添了新鲜的动力。

总之，随着科学实践相关技术的不断发展和更新，当今的科学实验内容更丰富，手段更高明，方法更先进。

2. 科学思维方法的发展

科学思维方法包括形式逻辑思维和非形式逻辑思维等方法，涉及的内容将在后面的章节介绍，这里，我们仅以科学分类这一逻辑判断和科学归纳这一逻辑推理在人们科学探究的历程中是如何一步步发展的为例。

科学分类，即依据对象的共同点和差异点，把对象区分为不同种类的一种逻辑判断。最初，人们把物质形态分成固体、气体和液体三种。后来人们发现，这种依据事物外部特征和外部联系的某些自然属性所进行的逻辑判断过于简单，只能称为现象分类，就像我们把图书简单分为中文书刊和外文书刊一样，并未说明其内容上的本质区别。随着科学技术的进步，人们发现对物质形态的分类应当深入到其分子结构中，才能抓住其本质，于是对实物存在的基本形态有如下的分类：

（1）日常条件下的五种形态：固体结晶态（如食盐）、气态（如氧气）、液态（如水）、固体非晶态（如玻璃、橡胶）和液晶态（如芳香族化合物在加热过程中的晶态变成液态的中间过渡态）。

（2）特殊情况下的五种形态：等离子态（超高温下，如太阳等炽热恒星内部的状态）、超固态（超高压下，原子被压碎，原子核紧密排列，如宇宙中的"白矮星"）、中子态（更超高压下，原子核进一步被压碎，中子紧密排列，如后期宇宙恒星）、超导态（超低温下，如 4.173K 时汞失去电阻的状态）、超流态（更超低温下，如 2.17K 时液态氮出现超流动的状态）。

当今，科学研究的分类，大多是把关注点深入到事物的本质特征或内部联系所表现的自然属性，这就使分类发展到本质分类的层面。

而科学归纳则是一种由个别的、特殊性的知识，通过逻辑思维推出的一般的、普遍性的结论的推理方法。

从身边一类事物中的几个所具有的某种共同属性进行推理，判定这一类事物都具有该属性，这叫作不完全归纳。比如铁受热会膨胀、煤油受热会膨胀、空气受热会膨胀……所以，物体不论呈固态、液态或气态，受热均会膨胀，这就是一个不完全归纳推理。由于不能穷尽所列的同类事物，不完全归纳往往是片面的，甚至所得的结论是错误的。上例中，若列举出水：水在 0~4℃ 间恰恰是热缩冷胀的，则前述结论是不完全正确的。为此，人们试图穷尽所列的同类事物，对其中的每一成员都进行考察，找其共性，然后再做结论，我们将其称之为完全归纳推理。比如：将所有数学的分支学科放在一起，发现其对象都是抽象的数与形，于是判断：数学是研究客观世界中数量关系和空间形式的科学。由于目前还能穷尽数学的分支学科，该推理结论基本正确。但是，当对象所包括的个体数目太多，即使借助计算机技术也很难得出令人满意的结果；特别是一些事物的个体无法穷尽，更是让传统的完全归纳法束手无策。

于是，有人另辟蹊径，寻找另外的归纳方法，这就是因果联系的归纳法。根据某类事物的部分对象的情况，分析出现该情况的原因，找出其中的因果关系，从而推出关于这类事物的一般性结论，称为因果关系归纳。例如，金属皆导电的结论，是依据金属元素的原子，其最外壳层的电子比较活跃，在外电场的作用下，容易挣脱原子核的束缚，变成自由电子，形成电荷的转移……这就是金属导电的原因。因果关系找到了，金属皆导电的结论是可靠的。又如，人们在考察物体的体积和温度的关系时，运用判断联系的归纳法中的共变法，来确定它们之间的因果联系，比如根据温度和汞的体积之间的共变性从而最终研制出温度计。在科学史上，许多科学家利用因果联系归纳法获得一些极有价值的发现的例子举不胜举。

事实上，当以往的思维模式不足以解决面临的新问题时，科学技术前辈们总是勇于寻找另外的思维方法，从而促使科学思维方法得以不断发展。

三、对"创新"的简单概述

通过上述挂一漏万的叙述，我们不难体会到"创新"一词有多么丰富的内涵。无论是科学思想发展历程中科学新概念的产生、科学世界观的新概括、科学家思想行为规范的新变化，还是科学家进行探究时所用的科学实践方法和科学思维方法，无不体现出一种开创性。

我们查阅了一些相关的资料，发现创新是一个使用非常广泛的概念，有许多不同的说法。归纳起来有如下四种：

（1）创新体现一种精神和意识上对传统的否定或超越。

（2）创新泛指一种新生事物。

（3）创新泛指科学发现、技术发明等创造性成果。

（4）创新是"建立一种新的生产函数"，即把一种从来没有用过的生产要素和生产条件的"新组合"引入生产体系（美籍奥地利著名经济学家熊彼得的观点）。

我们可以将上述的否定或超越、事物的新生、成果的产生加上第四种观点的"建立、引入"行为等，概括为一种过程；将上述的精神和意识、事物、成果、生产体系等，概括为一种结果，从而理解"创新"：

创新作为一种过程，既是对科学技术研究实践和科学思维方法的灵活运用，又是一种突破常规、超越定势，向传统思想观念及方法提出的挑战。

创新作为一种结果，它要求在科学研究方面要有新发现、新见解、新结论、新预见；在技术研究方面要有新发明，包括：技术、产品、材料、工艺等任一方面或多方面的突破；或者把原有的理论、原有的技术应用到新的科学技术领域。

第二节 关于创新教育

本节让我们深入剖析何谓创新教育，并阐述创新教育应当包括哪些方面的内容。

一、关于"创新教育"概念

在剖析"创新教育"概念之前，先让我们认真理解与之相关的一些概念。

第一个与"创新教育"相关的应当是"创新品格"。

就一个人的品格而言，如果他具备：对科学技术始终保持强烈的好奇心和求知欲，不迷信书本和权威，敢想、敢干、敢怀疑，有进取心且善于与人合作，对价值有理解并产生热烈情感等综合表现，那么，他就具备了创新品格。这里，不仅包括了创造主体的创新兴趣、意志、动机、个性品质，还包括了创造主体的自我认识、自我体验和自我控制等属于自我意识方面的内容。

与"创新品格"紧密相联的是"创新意识"和"创新精神"。

创新意识，即在科学技术的学习与研究的实践前和实践过程中，具备一种创新心理准备，一种能自觉调节、控制、支配自己的情绪、意志和行为的问题意识。从心理角度去理解，即活动中具备的好奇、想象、挑战、冒险的心理倾向。

创新精神，即在科学技术的学习与研究的实践活动中表现出来的创新的思想品格和行为规范，比如尊重事实、大胆怀疑、不迷信权威、成果共享且造福于社会等。

与"创新教育"相关的还有"创新思维"和"创新技法"。

传统的思维主要是指形式逻辑、数理逻辑方面的思维，还有辩证逻辑方面的思维，而在思维过程中，灵活运用传统的思维方法，又力求突破和超越，以产生出新颖而有用的思想和方法，我们称之为创新思维。比如，科学研究中运用丰富的想象和瞬间即逝的灵感和顿悟；把思维指向问题的核心，调动已有的知识和方法、技能和经验，从不同方向和角度指向要解决的问题，以寻求最佳解决方案的聚敛思维；对问题的思考体现立体、多向、侧向、逆向，以一个问题引出多个问题或多个解决方案的发散思维……它们都是对常规传统思维的突破和超越，都可以归入创新思维。

第一章　理工类学校应开设创新教育课程

创新技法又称为创造发明原理，这是指在科学技术的学习与研究活动中应当具备的有关创造发明的策略、途径、方法等方面的知识与技能。

最后要涉及的重要提法是"创新能力""创新人才""素质教育"。

创新能力，即与创新活动相关的能力、技巧、动机、态度等多因素综合后表现出来的本领。它表现在发现新问题的敏锐以及思考问题中的流畅（产生多个意念）、变通（从不同角度及方向去思考）、精进（精细详尽的构思）、独创（产生新颖罕有的思想和方法）等方面；还表现在创新活动中的兴趣、信心和价值取向等方面。

创新人才，即不仅能灵活熟练运用传统思维方法，更能大胆运用创新思维和创造发明原理于自己的科学技术学习与研究的实践活动，具备在品格、意识、精神和能力上都能体现出创新性的个人或群体。

素质教育的提法得追溯到20世纪90年代中期，我国进入新一轮的基础教育课程改革，针对长期以来存在的应试教育的种种弊端，国家从受教育者的思想道德、文化科学、体质体能、个性心理、劳动技术、特殊才能等方面思考它们的协调一致，从人的知识、能力、品格等多方面思考它们的同步发展，提出素质教育的目标，即面向全体学生，使每位学生都能全面发展，且具有个性化。即学生的个性受到充分尊重，得以健康、生动、活泼地发展。

素质，是指人的生理、心理的基本属性及其在此基础上通过环境影响、科学文化教育和社会实践锻炼所形成和发展起来的，相对稳定的身心品质，也就是在知识获得和能力培养过程中发展非智力因素（包括：动机、兴趣、情感、意志、性格等）而形成的较为稳定的品质和素养。因此，素质教育的提法，以学生的全面发展为目标，站在了前所未有的高度，从出发点就带有强烈的创新思想。

了解了上述内容，我们就可以对"创新教育"概念做出比较清晰的界定：

创新教育是指以创新品格的培养为核心，以创新思维的激发为手段，以培养学生的创新意识、创新精神和基本创新能力，促进学生和谐发展为主要特征的素质教育。

这里，我们用"创新品格"作为培养目标，是因为并非所有接受创新教育的学生都能够成为创新人才。但通过对创新内涵的理解、创新思维方法和创新技法的学习，在实践活动中获得一些宝贵的经验和成功的体验，从而在思想品格上具备一些创新意识、创新精神和基本的创新能力是能够达到的。

因为用"创新品格"作为培养目标，而且要求必须面向全体学生，充分尊重每位学生的个性，所以创新教育不同于传统的教育。正如四川师范大学物理与电子工程学院的王力邦教授在他的《高等师范理科创新教育的理论与实践》一书中指出的："创新教育不是一种单纯的训练学生发明创造技巧的教育，而是一种旨在培养受教育者的创新意识、创新精神和创新能力的教育；不是一种只培养少数尖子学生的英才教育，而是一种面向全体学生，既重结果更重过程的教育；不是一种以挖掘个体某项创造能力为价值目标的教育，而是一种从个体的心智世界上源源不断地诱导出一些能提供最佳创意的品格特征的教育。因此，创新教育是利用遗传与环境的积极影响，发挥教育的主导作用，充分调动学生认识与实践的主观能动性，注重学生的主体创新意识、创新精神、创新能力的唤醒和开发的教育，是形成创新品格，以适应未来社会需要和满足学生主体健康生动活泼发展的素质教育。"

二、创新教育的主要内容

我们认为，创新教育的主要内容应当包括：渗透科学技术创新史的学科教育、科学方法和创新技法的教育、创新实践活动训练、信息技术教育、"STS思想"与"可持续发展"观的教育、审美教育等。

1. 渗透科技创新史的学科教育

今天的科学技术进步是昨天前辈们不懈努力创新的结果。就科学技术教育而言，比单纯向学生们灌输科学技术方面的知识更重要的是：让学生了解科学技术研究活动的过程。让学生通过科技创新史，了解前辈们是运用什么样的科学方法和创新技法，才有所发现和发明，从而创立新的科学理论和技术理论，并使理论进一步发展和应用；让学生通过科技创新史，领悟和感受现代科学技术互相渗透与促进的趋势，并经过反思后调整自己的知识结构。如果我们的学科教育能够让学生了解：前辈们对其理论和实践的酝酿、产生和发展的过程，还有他们在思维方面怎样产生对传统的突破与挑战，在实践方面怎样采取前所未有的方法和手段，我们实际上是给学生科学知识、科学方法、科学思维、科学精神等全方位的理性的和感性的知识，学生会因此理解创新的内涵，理解学科学习研究与应用的本质是促进人的发展，进而在科学技术的学习与研究中形成自身的创新品格。

2. 科学方法和创新技法的教育

对理工学科学生而言，他们专业学习中的每一门课程，其理论知识的建构都离不开科学观察、实验、实地调查等实践活动，也要涉及形式逻辑、数理逻辑、辩证逻辑的思维过程，以及想象、直觉、顿悟的和聚敛、发散的一些非逻辑方面的思维过程，还有系统科学原理的运用等。

众所周知：找到或领悟到自然现象或社会现象中的某种客观事实规律，这是发现；采用已发现的规律创造出新产品，或者产生出某种技术、工艺的新构思，这是发明。在科学技术研究中有所发现、有所发明的人，他们在创新活动中所采取的策略、途径、方式，我们归纳为创新技法，又称为创造发明原理。

仅把上述内容的个例简单地穿插于学科教育的课堂教学中是不够的，因为不同阶段的学生已有的知识结构、认知水平、学习能力等均不相同，而学科的一些内容涉及的科学方法或者创新技法可能很多，不可能在有限的课堂教学时间内全部讲解清楚，要让理工学科学生对科学方法和创新技法有一个完整清晰的认识，就应当有意识地增加相关内容的学习。

除此之外，创新技法还需要通过创新实践活动才能领悟。因此，创新技法的学习，不能仅局限于课堂教学，还要鼓励学生利用课外时间加强相关的练习，有意识地主动探索相关方面的知识。

3. 创新实践活动训练

在理工类学校里，有很多课外活动时间可以利用来作为创新教育的第二课堂。在增加科学方法和创新技法内容的专门学习的同时，还要配以创新实践活动的训练。

比如，利用学生社团活动组织专门的科学技术创新史的搜集整理，然后进行交流讨论或者专门宣讲，看谁能从本专业学科史中挖掘出前辈们在创新思维和创新技法方面值得借鉴的东西。

又如，利用学校的开放实验室，开展利废为宝自制教具或其他科技小制作的活动，看谁制作的东西新颖、别具一格。

再如，组织某学科的学习兴趣小组，让大家交流：利用想象帮助记忆；利用巧妙的归纳使学生能举一反三；利用聚敛思维解决两难和发散思维能做到一题多解或一物多用等学习经验，从中获得创新思维过程的体验。

还如，组织学生以"科学技术就在我们身边"为主题，通过实地调查和讨论交流，写出诸如"厨房里的学问""某地的物理（或化学、生物）污染及其防治""某产品存在的隐患及改良建议"之类的调查报告，让学生在联系自己的专业知识去分析和解决实际问题中，经历一番创新教育的自我训练。

总之，创新实践活动训练不可或缺。只有通过切实有效的创新实践活动的训练，才能激发起学生的创新学习热情，进而在实践活动中领悟科学方法和创新技法、启迪创新意识、培养创新品格。

4. 信息技术教育

在当代，"会学"比"学会"更重要。

会学的人必须具备信息处理的一些基本技能。具体而言，就是利用计算机或其他手段进行文献检索、资料查询，或者进行文字、图形、特征识别和数据处理，以获得新的知识信息。

在网络社会的今天，科学技术的文献有数量大、类型杂、文种多、新陈代谢快等特点，还有质量参差不齐等现象。与利用计算机技术相比，凭人工进行文字、图形特征识别和数据处理要慢得多。因此，我们要具备创新能力，就必须具有信息技术方面的知识和技能。

以大数据处理为例，如果十几年前我们遇到的问题是收集数据，那么现在的挑战则变为了如何处理数据，怎么从数据中获取真正有价值的东西。各种数据挖掘算法、语义引擎、模型预测等技术层出不穷，跟上信息技术的发展脚步，需要我们打破传统技术的限制，不断更新自己的知识结构。

基于此，创新教育的内容应当包括学生通过学习新的信息技术，掌握迅速准确获取新知识信息的方法。

5. 关于"STS"思想与"可持续发展"观的教育

"STS"是科学（Science）、技术（Technology）、社会（Society）三个英文单词的第一个字母拼起来的缩写符号，其思想可以归纳为以下几个方面：

（1）科学是在一定社会环境中人对知识的探索；技术是用科学及其他知识解决问题；社会是科学技术发生变革的人类环境。

（2）科学提供理论支撑，其新知识的产生促进了技术的变革；而技术资源（认识和改造自然的手段和方式）的可获得性将限制或促进科学的发展。

（3）科学与技术相结合，是一把"双刃剑"，它既可能造福社会，也可能祸害社会。

（4）社会通过提供经费等手段影响科学研究的方向或进程；科学理论的发展可以影响人们对自身、对问题及如何解决问题的思维方式。

（5）国家及私人的压力可以影响问题的解决，从而影响科学技术变革方向；某一部分人掌握的技术对另一部分人生活方式产生影响。

简而言之，正确认识科学、技术与社会三者紧密联系、互相影响的思想，就是"STS"思想。该思想关注科学技术的进步和人类社会的进步。

同样，"可持续发展"观，也在关注科学技术和人类社会的联系。

1992年，联合国环境与发展大会把"可持续发展"主张解释为：人类应享有以与自然和谐相处的方式过健康而富有成果的生活的权利，并公平地满足今世后代在发展和环境方面的需要。1996年，中国综合开发研究课题组认为：可持续发展是一个涉及经济、社会、文化、技术及自然环境的综合概念，主要包括自然资源与生态环境的可持续发展、经济的可持续发展和社会的可持续发展。这就是越来越引起人们关注的"可持续发展"观。

如果我们的科学技术方面的教育忽视了培养学生的社会关心和社会价值，不考虑个人意识和社会意识之间的关系，不把个人看成是进行社会决策的最基本的单位……那么，该教育是不以社会作为学习背景的教育。这种教育不但无法让学生有关注社会的意识，甚至也无法培养学生具有社会意义的个性，即具有社会责任感的自主、独立、创新的个性；亦即团结协作、知识共享的公有性思想和科学技术的结合应当造福社会的行为规范等，而这正是人的创新品格中最重要的表现之一。因此，创新教育的内容应当包括"STS"思想和"可持续发展"观的教育。这样，我们的学生在创新实践活动中，就能具备理解价值和道德的社会意识，进而体现出强烈的社会责任感和人文关怀的创新品格。

6. "激励"和"审美"教育

创新品格与自我实现需要紧密联系，它涉及对人的高成就需要的激励。

激励，作为心理学家们所倡导的科学方法，它源于"人的需要"理论，而它的正确运用是值得认真对待的。正确把握激励，可以让人向高成就需要——培养自身的创新品格发展。

美学中的审美观、艺术观渗透到数学、自然科学等领域，产生了科学美的概念；渗透到工程技术领域，产生了技术美和工程艺术设计等概念……正是用美学中的审美观、艺术观去审视科学技术领域的理论和产品，产生了追求美的价值的动因和方法。这表明：审美观、艺术观是创新品质中很高的层次。

另外，人的个性差异性往往潜藏着主体的创造性，可以作为审美教育的资源加以利用。不同学习阶段的学生以及不同的学生个体都有其不同的特点；由于成长环境不同，兴趣爱好也各异，但个性中的独立性、积极性和创新性，往往可以通过审美教育凸显出来。

为此，将激励方法，尤其是自我高成就需要的激励渗透到创新教育中来；将美学知识，尤其是将科学美、技术美的内容渗透到创新教育中来，就很有必要。

通过"需要理论"的学习和审美教育，可以激发学生追求高层次的自我实现，可以成为学生追求科学美、技术美的价值的动因，进而提高鉴赏美的能力。

在"需要理论"的学习和审美教育的实践活动中，学生个性中的创新性会凸显出来，从而促进他们向各自的"创新最近发展区"发展。

除了上边列举的六条外，科学技术研究的基本功训练，如科技写作、科技研究仪器的制作等，对于在读的理工学科学生，原本就有要求，这里就不再强调。

第三节 理工类学校应实施创新教育

传统教育教学下的理工学科学生存在缺失，这些缺失更说明我们理工类学校实施创新教育的意义重大。

一、传统教育教学下理工类学生的缺失

笔者曾在理工类学校中与一些师生交谈，了解他们的一些想法，也分析出一些学生的缺失。

1. 较少接受科学技术史方面的教育

问任课教师："您在课堂上穿插一些科学技术创新史方面的内容吗？"回答

是："很少。"甚至是："不可能有！"原因是：教学内容多，课时少，科学技术方面的理论都难在课堂上讲完……

问学生："你借阅过与专业相关的科学技术史方面的课外书吗?"回答是："很少，"或"没有。"理由是："课后作业那么多，哪有时间去想科学技术史还会与我的专业有关的事啊。"

笔者还发现，但凡理工类学校的新生进校，一般都会有老师语重心长地对学生说："要在数学和外语上多下工夫！数学学好了，往下的专业理论课，你才能顺利过关！外语在三年级前过了四级，往下你才能专心学好专业课。毕业前你过不了四级，你会为拿不到文凭而苦恼！"为此，一些学生反映，他（她）在数学、外语两门课上花的时间是其他课程的数倍，根本没有时间去借阅课外书，更不用说阅读与专业相关的科学技术史方面的书了！

因此，多数学生弄不清与所学专业相关的科学发现或技术发明中具体的人和事，更不用说，能具体生动地叙述前辈们在其中面临挑战所表现出的创新意识、创新精神了。

2. 较少接受科学方法方面的教育

有教师会在课堂上强调观察实验、实地调查的重要性；强调观察不能主观臆断犯片面性错误；强调实验目的、步骤和数据分析；但对其中许多理性思维方法的运用不再扩展。例如，观察后为什么要比较？实验后的误差分析可否运用因果联系归纳法等，往往缺乏这方面的指导。一些教师甚至对专业课中鲜活的科学方法视而不见。心中想的只是其中的数学公式演绎和科技理论阐释。

难怪我们的一些学生在访谈中会出现以下情况：将比较这一逻辑判断和类比这一逻辑推理混为一谈；不能指出自己专业课中的某些概念或公式是运用了中学里早就知道的比值定义法或控制变量法；没有人能把因果联系归纳法中的五种判定原因的方法讲清楚，更不用说，会运用于专业课的学习中……

3. 较少接受审美方面的教育

我们的理工类学校极少开设专门的美学课程。学生社团中有美术、音乐、舞蹈方面的兴趣活动，但将美学引入科学技术的学习与研究的措施是很缺乏的。

在接受调查的理工学科学生中，极少有人说清楚什么是科学美和技术美。他们很少有人能够从自己的专业课中举出哪些数学公式、哪些理论阐述、哪些技术设计体现出的成比例、呈对称、简洁、和谐与多样统一的科学美或技术美。即使是在专业学习上成绩拔尖的学生，在问及何以对某门功课产生兴趣时，大都不能从审美的角度来回答。

4. 较少接受"STS"思想与"可持续发展"观的教育

我们的理工类学校大多数没有开设专门讲述"STS"思想与"可持续发展"观的课程。即使有教师在课堂上提到："科学与技术结合是一把双刃剑""我们的生态环境日益恶化"等，由于不是系统地讲解相关的知识，以至在问到什么叫"STS"思想与"可持续发展"观时，没有学生能说清楚……

鉴于上述，我们认为：在传统教育下，不少同学满足于在课堂上看到了、听懂了、会做了，而不去试图超越……显然，在缺乏创新教育的环境里，是难以激发他们的创新意识并切实培养他们的创新能力的。

二、理工类学校实施创新教育的可行性

当今，改革创新已经成为我们全国上下一致的共识。在这样的背景下，国家对理工类学校的投入是过去所无法比的。

首先，我们理工类学校的计算机网络设施能逐渐做到全覆盖：宽带网线能连接到图书馆、阅览室、实验室，甚至学生宿舍。图书馆、阅览室里不仅配备供师生借阅的、应有尽有的专业期刊、图书资料，还有各种供学生查阅资料的计算机等设施。实验室不仅能做到仪器设备齐全，满足学生专业学习需要，而且还引入一些新项目、添置一些新设施，让学生能够开阔眼界，学到更新的知识和技能。而越来越多的理工类学校在设置开放性实验室、开放性实习园地等方面做出努力，让学生有机会在其中既动手又动脑，使专业知识的学习显得更生动、活泼。

多年来，在教育教学改革的引领下，理工类学校的师资队伍建设取得了长足进步。许多教师不再停留于传道授业解惑，不再满足于让学生看到了、听懂了、会做了。他们的授课已经开始渗透科学技术创新史、科学方法、审美等方面的内容，一些教师在指导学生的毕业论文和毕业设计时，更重视其中创新点的启发教育。

多年来，随着家庭经济收入水平的提高，理工学科学生极少有人没有个人手机，不少学生还配置有个人便携式计算机。即使是来自边远贫困地区的学生，他们通过计算机上网查询信息资料的技能也是运用自如的。各种信息的获取渠道和传播速度远非过去所能比，一些学生利用手机发微信、建立QQ群，交流自己感兴趣的信息，形成各种各样的知识交流圈……

鉴于上述，我们认为在理工类学校实施创新教育是可行的。我们可以利用学校里的各种软硬件设施，鼓励师生开展各种创新活动。

比如，鼓励教师开展学术讲座。让学生在渗透科技创新史、科学方法和审美等内容的专业讲座中，接受创新教育。

再如，在学校各专业开设专门的创新教育课程。可以作为一定学分的选修课；可以利用学生的课外活动时间；还可以作为学生的第二课堂，组织专题讲座的形式……

还如，在学生社团中组织专门的兴趣小组，在实验室、实习基地或其他地

方去发现并提出研究课题,进行创新性的学习与研究。

事实上,只要学校师生达成共识,努力营造一种创新教育的氛围,努力调动大家投入创新学习和创新实践的积极性,我们理工类学校的创新教育就可以做得有声有色。

三、理工类学校实施创新教育的意义

我们处在一个充满希望和挑战的时代,在这样一个时代,要使我们中华民族屹立于世界民族之林,就必须不断提高我们的综合国力,而能否迎接未来的挑战,关键之一就在于培养出大批有知识创新和技术创新能力的人才。因此,学校作为知识创新、传播和应用的主要基地,在培养创新人才方面肩负着特殊而重要的使命。

在理工类学校实施创新教育的目的在于:培养具备创新品格、具有创新意识及创新精神和基本创新能力的理工类人才。

当我们切切实实在各专业课程中渗透创新教育,努力探索如何开设创新教育课程?如何引导师生积极投入创新学习与创新实践活动?我们的学生就不会满足于以往的"看到了、听懂了、会做了",他们会思考"学什么、怎样学和为什么这样学"。而学生能够思考这样的问题,就会对传统的教育教学的内容和方式,提出质疑;就会对传统的教育教学的内容和方式提出自己的合理化建议;就会在创新学习与创新实践中倾注极大的热情。

我们可以把理工类学校实施创新教育的意义归纳为以下几点:

(1)学生在阅读、观察、实验与学习等实践活动中,有意识地渗透创新教育的内容,能够领悟更多的创新技能,并且培养一定的创新意识。

(2)学生通过系统的科学方法介绍,能在自己的创新学习、创新实践中加以运用。

(3)学生通过科学美、技术美方面知识的学习,提高发现并鉴赏美、创造美的能力。

(4)学生通过科学技术创新史的学习,通过"STS"思想与"可持续发展"观的教育,领悟其中的创新意识、创新精神,培养严谨求实的科学态度和造福社会的责任感。

当我们理工学科学生能够在未来的科学技术实践中具备敏锐的观察力和精巧的实验能力,在未来的探究性研究中能够熟练运用各种思维方法,能够从审美的角度思考自己的作品(包括论文、设计、产品等),能够运用"STS"思想和"可持续发展"的思想审视从事的工作……我们学校的创新教育就可以说是卓有成效的。

思考与练习

1. 通过各种渠道查询有关创新、创新教育的各种观点，看本章所阐述的相关内容还应有哪些补充？

2. 把"创新品格"作为创新教育培养的核心，你认为合适吗？谈谈你的看法。

3. 本章所列的创新教育的主要内容，你认为还需要进行哪些补充或修改？

4. 理一理，你的专业开设哪些课程？使用哪些教材？如果教材中涉及某个（些）在专业领域有贡献的人，或以该人名作为专业术语（包括公式、定理、定义、定律、技术专用代称等）的，就动手搜集这个（些）人的资料，包括其生平、探究过程、贡献等。

5. 华东师范大学的王顺义老师曾经对"创新精神"做如下阐释："所谓创新精神，常常表现为科学家在科学研究活动中，敢于批判，在新的经验事实面前，合理地对陈旧理论进行质疑；刻意革新，力求超越前人，独立思考地提出自己的新见解；刻意求新，乐于研究新问题，积极地探讨情况，乐于接受新事物和新观点；等等"（详见：王顺义·世界科技英才录——科学精神卷·上海：上海科技教育出版社，1998：前言）。请认真阅读上述的阐述，把你认为与"创新"关联的词汇一一列出来。

6. 华东师范大学的盛根玉老师曾经对科学思想做如下概括："科学思想是指人们站在现代科学知识的基础上，进一步提炼出来的关于自然界和人类社会存在与发展的最一般规律的合理观念。科学思想是科学知识在思想领域里的反映，是现代文化的重要组成部分，是人们确立正确的自然观、人生观、价值观、科学技术观和社会发展观的重要基础，对人们的学习、研究与工作均有一定的指导作用"（详见：盛根玉·世界科技英才录——科学思想卷·上海：上海科技教育出版社，1998：前言）。请联系我们在本章列举的"STS"和"可持续发展"方面的内容来思考，它们是否应该在盛老师所概括的范畴内？除此之外，你认为还有哪些内容应列入科学思想的范畴？

# 第二章
>>>>>> 创新教育中的实践方法

在科学与技术的学习和研究活动中，首先是通过阅读与观察，认识要学习和研究的对象；然后针对所发现的问题，设计实验，并通过实验收集证据进行验证；或者到实地调查了解并进行资料的搜集整理，从而获得对学习与研究活动有帮助的知识信息。为此，我们把阅读与观察、实验、实地调查等活动中的方法归为创新教育中需要认真审视的实践方法。

第一节 阅读与观察

我们把阅读与观察放在一起，是因为它们都是在不加任何人为干扰的条件下，学习和研究对象。只不过阅读，主要是指学习研究者从语言、文字、图片、符号中获取信息、意义的一种特殊心理过程；而观察，主要是指学习研究者对实物客体，包括自然现象在自然发生条件下进行考察，同样是获取信息、意义的一种特殊心理过程。

一、关于阅读

不满足于"看到了、听懂了、会做了"的具有创新意识的学生会独立地获取直接知识或间接知识，这就是自学，而自学必不可少的是阅读。

首先，学习者要以已看到的书面文字、图画（或听别人的叙述——读"声音的书"）为基础，通过心理活动进行内部信息的加工编码，然后用自己的话来理解或改造原文的词句、段落的结构，从而把原文的思想变成自己的思想。在阅读者读和听的过程中，要把原先的文字语言得到的信息同化于既有的思维模式；如果同化不了，就会产生不平衡的感觉，这就需要顺应以达到新的平衡过程。而这一过程使人的思维模式适应外部刺激，思想观念也就随之发生了变化。由于完成上述平衡过程之前，原思维模式处于一定的组织结构，模式变了，原有思维与新的思维之间的不平衡有一个模式再组织的问题，通过更高层次的顺应以达到新的高层次的平衡，使学习者的认知结构得以发展。学习者通过阅读书中的分段、复述、概括、抓重点，必要时还要咬文嚼字、找关键词等，对书中的自然语言和非自然语言（图像、数据、公式等）的理解要相互配合，其注意力、想象力、记忆力相互协调，其观察和思维相互促进。所以，我们说：阅读是包括认知、动作、情感态度和判断价值诸因素在内的非常复杂又十分重要的心理过程。

理工学科学生中的阅读能力强者，对所阅读的内容能够关注其中的重点和核心部分，认真领会；能结合观察或实验或原有经验所出现的不同情况，在新旧知识之间出现差异和矛盾时，发现问题并提出问题；能够依阅读内容中陈述的实验装置、步骤，去思考要做的实验，有条件的便积极进行实际操作；能合理运用已学知识与阅读中遇到的新问题进行对照，以求深刻理解；能合理运用想象和各种思维帮助记忆；还能及时、准确地找到相关参考书来帮助阅读。

阅读能力的培养，需要讲究科学的方法。

比如，理工类教材，每门教材都有一定的编写特点。前言或绪论，往往给出教材的一个轮廓上的粗略素描。读它，可以了解该门课研究什么，大体采用什么方法去研究。每一章节的开头，往往给出要阐述内容的一个线索：从哪儿开始，要引出些什么；每一章节的具体内容一般先从日常熟悉的现象或事物的阐述开始，引出要研究的问题，由浅入深，由感性到理性逐层深入。科学规律多从实验总结出来，凡介绍实验，一般分列实验目的、仪器与装置、步骤与注意事项、观察现象、结果分析等项目；一些定理通过数学演绎所得，凡演绎推理，其因果联系总有一定的思路，步步为营、丝丝入扣，充分条件、必要条件满足与否，直接影响到结论。每一章节的最后部分，一般要涉及新知识的具体应用……根据这些特点，我们就可以分析判断：要学习的内容，哪些可以泛读、浏览即可，如前言、绪论和每一章节开头的那些文字；哪些内容应当精读，如章节中的新概念、新规律，要认真思考这些概念、规律是怎样建立起来的，如何在实际中运用，有些什么注意事项，等等。

阅读中的边读边思考也很重要，它包括：

（1）进行力所能及的观察、实验、实地调查或经验回忆，力求建立感性认识。

（2）弄清楚书本上是怎样通过抽象和概括来建立新概念、新规律的。

（3）将新知识与原有知识进行比较（求同存异），弄清楚新旧知识的纵横关系，加深对新知识的理解。

（4）通过实际应用检查学习效果，必要时重新再次阅读。

总之，阅读是理工学科学生培养创新能力的基础，应当摆放在极重要的位置。

二、关于观察

对外界突如其来的事件，不同专业的学生，会有不同反应。比如：学生们正在上课，忽然天降大雪，转眼间，远山近物一派银装素裹。此时，学文学艺术的学生会想起许多咏雪的诗句；学政治历史的学生可以联系到某年某月大雪中发生的政治历史事件……他们是在触景生情。而理工学科学生，会依下雪的时间估测其数量；会联想到冰雹和雪花是水在不同环境下的固态；有人会走出教室，去观察雪花的晶体形状，设法观测周围气温、气压、光线的变化，然后调动自己所学的知识，解释相关物态变化的成因……这种走出去看、去触摸感受，乃至借助科学仪器进行各种数据测量，才叫作科学观察。

人们有目的、有计划地对自然现象在自然发生的条件下，凭借自己的眼、耳、口、鼻、舌、身等各种器官去感知事物的各种现象称为直接观察；而利用科学仪器或其他技术手段去考察研究对象，则称为间接观察。我们判断外部事物的颜色、物态、冷热、粗细、长短、大小等性质时，常用直接观察；而借助望远镜、显微镜、声呐、雷达、激光和红外技术以及其他综合性遥感技术考察一些人的感官难以测定的诸如宇宙天体、分子原子、细胞等，进而做出定性定量分析的观察，是间接观察。不论是直接观察还是间接观察，都不具有变革和控制研究对象的主动性，这是它不及实验方法的地方。但任何实验都离不开同时使用观察，只有实验操作中伴随观察才能获得各种科学事实。而对天体运行、地壳变迁等人们无法或暂时无法变革和控制的研究对象，观察方法仍是认识这类研究对象的主要科学方法。

科学观察有两个原则：一是客观性，二是全面性。

观察有可能失误。在观察现象并做记录的时候，若不自觉地掺入一些主观的想象；或者对某些观察得到的模糊情节做出了错误的判断；或只观察既定目标有关的现象，而对其他很有价值的现象不予理睬；或只观察一些现象来印证自己的观点，而对大量与自己观点相悖的现象视而不见……先入为主、假象和错觉的表现都可能导致观察的主观性。科学史中，诸如："重物比轻物下落得快""力是物体运动的原因""太阳围绕地球旋转"等错误论断都属于观察主观性造成的。所以科学技术的学习与研究强调实事求是、绝不主观臆断，强调从不同角度广泛收集观察资料，绝不能一叶障目、凭个人喜好办事。

科学的观察常采取追踪事物发展的全过程的方式，注意观察事物的各个方面以及事物的全体，把个人的观察与别人的观察放在一起进行比较，把典型特例的观察结果与普遍一般的观察结果放在一起进行比较，这样的观察是坚持观察的全面性原则。

1970年，在德国哥根廷大学的一次国际学术大会上，突然一个蒙面人冲进会场，后面追来一个手持短枪的黑人。两人在台上格斗一番，然后一声枪响，两人又一齐冲出会场。全过程由录像机摄下供核对用。而事前台下的与会代表都不知会发生如此惊险的场面。两个格斗者冲出会场后，会议主席走上台请与会者用纸片写下自己的观察报告。照理，惊心动魄的场面容易给人以深刻的印象，可是交上来的40篇报告中，只有一篇报告的错误率少于20%；有14篇报告错误率在20%~40%之间；有25篇报告错误率高于40%。报告中的一些细节纯属臆造。比如：光头的黑人说成头戴便帽，黑色衣裤说成紫色或咖啡色等。可见，观察易犯主观性错误不是普通人才有的。

就观察的全面性原则，我们可以从正面举例：开普勒之所以能有行星运动三定律的伟大发现，是他把老师第谷多年积累的天文观察资料与自己的观察结合起来，认真进行分析比较的结果。哈雷也是因为把历史上发现彗星的记载和自己观察到的彗星运动资料进行全面比较，才做出了哈雷彗星运行周期的科学预言。

俄国著名的科学家门捷列夫曾经说过："科学的原理起源于实验的世界和观察的领域，观察是第一步，没有观察就不会有接踵而来的前进"，"观察、观察、再观察"曾作为巴甫洛夫的座右铭被写在实验室的墙壁上。

科学观察中最出名的例子之一要数伽利略的"摆的等时性原理"：有一天，伽利略在教堂的大厅里，他看到一盏吊灯不停地摆动，这件事引起了他的兴趣。为了揭示这种摆动的规律，他用脉搏计算时间，仔细观察。过了一段时间，他终于发现：同一个摆，摆动的快慢是一定的，摆动的快慢与摆锤的轻重无关，与摆的长短有关。30年后的1672年，荷兰科学家惠更斯利用伽利略的"摆的等时性"原理研制成功机械计时钟。从此，人类有了比较准确的记载时间的钟表，可以按时间去安排事情。这是惠更斯对人类的重大贡献，然而追本溯源，这功劳来源于伽利略的科学观察。可见，科学观察对创新发明十分重要。

总之，科学观察是理工学科学生应当认真掌握的一种十分重要的科学方法。

第二节 科学实验

本节从科学实验的内涵讨论入手，分析理工学科学生在进行科学实验过程中应当掌握的基本方法。

一、何谓科学实验

人们根据研究的目的，利用科学仪器设备等，人为地控制（模拟）研究对象及其所处环境，排除干扰，突出主要因素，在有利于研究目的的条件下进行操作、观察及数据测量等实践活动，称为科学实验。由于它的目的性和人为控制性，较之科学观察，更能抓住事物的一些本质特征，更显示出它是在理性指导下的一种感性认识活动。

理工学科学生要研究的对象是自然现象或生产过程，而它们都有多种多样的功能和属性，它们彼此联系并与周围环境互相作用、互相影响。在这种状态下，单靠笼统的直观不能认识事物的规律，须通过特制的仪器设备，将对象置于一个特殊的环境，让对象的某些功能或属性在简化了的、纯粹的形态下暴露出来，从而准确地认识它。例如，用蒸馏方式制取纯净水，再研究水在各种环境中的物态变化；让研究对象处于仅有某种条件（纯摩擦条件、纯重力条件、恒温条件等等）下进行试验，以暴露其特性，这种人为控制叫作纯化。

同样，我们理工学科学生要研究的一些事物，其本质特征及运动规律往往需要非常特殊的条件下才能显现出来。而非常特殊的条件，在自然状态中难以控制，在生产过程中难以实现，只有在实验室中才能创造出来。比如：超高压、高真空、超低温、高能量等实验环境，正是这些人为控制下的实验环境里，人们才有了诸如超导、电离、核裂变等重大的发现，这样的人为控制称为强化。

强化技术带给人们的便利不断影响和改变着人们的生活。比如，给人们生产生活带来极大便利的"高铁"正是创造性地利用了一些强化技术（超导、悬浮等技术），使人们的出行更加方便和轻松。随着"高铁生活圈"的不断扩大，越来越多的"高铁经济带"不断涌现……

由于科学实验可以纯化、强化研究对象，它能深入到事物内部去获得反映事物本质规律的科学事实和数据，探究其中的普遍联系。因此，科学实验是建立科学定律的基本手段和最重要的方法。同样，由于其可以纯化、强化研究对象，我们可以在特定的条件下，准确地测定常数，如各种晶体的结晶点、各物质的比热、电阻率、折射率，还有真空中的光速、基本电荷、普朗克常数、精细结构常数等，因此，实验是检验和协调科学常数，为科学研究提供佐证的重要工作。

更重要的是：科学实验可以检验任何理论和发现的真伪。

任何学说或理论，如果被实验所否定，它就可能失去了存在的价值。另外，即使是某一个发现是通过某项实验所获得，如果它不被其他人的重复实验所证实，也不能得到公认。这是因为实验的过程往往存在着多种复杂的因素，仪器设备的局限性造成测量精度不够，或者实验者对复杂现象做出的判断有偏差，都可能导致结论的错误。再有，科学实验是一种探索性的活动，不可避免遭受失败才能获得成功。为此，科学界坚持：任何理论或发现，必须经受科学实验的检验。曾经在科学家盛行的"以太说"，即充塞宇宙空间的是一种"以太"物质。1887年，美国科学家迈克尔逊和莫雷通过实验否定了"以太"的存在，从此，"以太说"被否定。相反的例子，德国科学家哈恩公布了他的铀核裂变实发现，美国的一批科学家在实验室里去重复这方面的实验，在不到一个月的时间里，纷纷得出同样的实验结果，哈恩的核裂变发现得到公认。

值得注意的还有：科学发现需要重复进行，而实验恰好具有便于重复的优点。与生产实践比较起来，实验规模小、周期短、花费少，因而便于重复进行。此外，实验室研究成果投入到生产中去的过程，还需要中间实验这样的环节，通过中间实验才能把实验室的研究成果转移到工厂化生产中。

反过来，科学实验需要科学理论的指导。首先是实验题目的选择：当科学理论有些什么进展，就会让科学技术的研究人员围绕其新发现选择课题，设计实验。再有，实验的构思和设计离不开理论作依据。要突出实验中的哪些因素，而排除哪些因素的干扰，就须从理论上分析各种不同影响因素在实验过程中的作用，以及从理论上思考排除各种影响因素的可能方法。还有，对实验结果的分析，需要从理论上探讨各种方案的优劣，比较各种理论模型和图像，找出为进一步认识所必须解决的关键性问题……理论分析得越透彻，对实验结果的解释和得出正确结论的工作进行得就越顺利。

二、科学实验的类型

依据学科来分，科学实验可分为物理实验、化学实验、生物实验、地学实验、天文学实验等；再细分，物理方面的实验又可分为力学实验、热学实验、光学实验、电磁学实验等；化学方面的实验又可分为无机化学实验、有机化学实验等；生物方面的实验又可分为植物学实验、动物学实验等。这些分类仍停留在学科现象的分类基础上，随着科学的高度分化和高度综合，因为学科间的相互渗透和促进，这样的分类使界限逐渐地模糊。例如，生命科学的研究，一些实验既有物理的、又有化学的，更有生物学的内容，它是各学科互相渗透后的综合性实验。

依实验目的来分，科学实验可分验证性实验和探究性实验。

所谓验证性实验，是对前人已总结的各种规律、理论，通过实验进行检验。一般来说，科学前辈在建立理论之前，已经做过此类实验，我们理工学科学生进实验室去是重复科学前辈曾经做过的实验，以此获得物化、活化的感性知识，加深对科学规律的认识。

所谓探究性实验，是对现实中出现的问题，提出猜想与假设，并依据猜想或假设去设计实验：分析已知条件和探究目的、制订实验方案、尝试选择实验方法及所需的装置器材、考虑实验的变量及其控制方法等。再往下是进行实验与收集数据、分析与论证、评估……这其中，最需要突出的是：我们理工学科学生要自己去发现问题、自己去设计并动手做实验、自己通过实验结果分析与论证原先的猜想和假设。

从实验目的、技术技巧的角度思考，科学实验还有以下类型：

1. 决断性实验

科学与技术研究中会遇到不同技术路线的选择，或者验证不同猜想与假设的选择。这就需要通过一种极端条件下的实验来判定某种因素是否存在、某些因素间有无联系，判定某个假说或者猜想是否成立，从而决定技术路线或猜想假设的取舍。例如，试验一种药物对某种生物是否有影响，就可以在详细试验之前，先做一次大剂量的试验，看看有何反应。

2. 系统消去实验

在许多科学技术的实验中，先依据事前的调查了解配合科学原理的分析，对实验中的材料成分、工艺条件提出某种估计或推测，先在较大的范围内逐步消去一些可能性，然后关注于一个较小的范围进行详细的实验研究，这种系统消去实验能用较小的代价、较短的时间，取得较好的效果。

3. 模拟实验

现实中，对许多假说的验证，可能会受到时间或空间条件的限制，为此，在实验室内，人为造出相关的条件或因素（有时集中于主要因素或条件），使研究对象能够反映出其特性，从而在较短时间内、较方便的空间里、较小代价下，获得可靠的实验结果。例如，空间技术的研究，许多实验是先在地面的实验室内做模拟实验，取得初步结果后，再通过发射人造卫星完成进一步的实验。

4. 对照实验

某些猜想和假设涉及影响研究对象的各种因素，为了验证真正起作用的是哪个（些）因素，则将实验分成两个以上的类似小组。例如，试验各种药物、辐射、病菌及其他因素对生物体的作用，要求两个组除生物学材料本身所固有的变异性以外，其他方面完全相同。任选其中一组为"对照组"作为对照比较的标准，其余小组作为"试验组"，受到需要试验的因素的作用，而且，要求这些小组是用"任意"分配（不做任何选择）的个体组成的，以免引起人为因素的影响。这样的实验称为对照实验。

5. 析因实验

探索影响某现象发生和变化的主要原因的实验称为析因实验。

通常，对影响现象发生和变化的多因素，进行排序，固定其他可能的影响因素，而改变其中一个因素，依次进行实验，然后做出分析对比，判定其中的主要影响因素。例如，在使用液相外延法研制半导体器件时，外延层和PN结的生长质量，要受到各种因素的影响：如衬底的晶向、性质和质量，母液的成分，外延生长的起始温度及降温过程，生长气氛等，要想判定其中最主要的因素，或者各个因素影响的程度，就必须进行析因实验。

6. 模型实验

研究者依据部分观察,设想某对象的大概轮廓,从而提出一个在某些方面能够反映对象特征的模型。然而,这个模型是否真的近乎实际,还有待于更多的实验来检验。这种依据实物某些特征制作模型,并通过实验检验模型替代方面的结果的实验称为模型实验。

上述六种类型实验共同的基本原则是:第一,必须能够使实验再现。不能重复的偶然实验结果往往说明不了任何问题,也不会得到科学技术界的公认。当然,在已知因素尚未改变的情况下,如果实验结果不同,则往往说明还有某种或某些未被认识的因素影响着实验的结果。对此,不能轻易放弃或得出任何结论,应该再做进一步更加仔细的实验,其中可能导致新的发现。第二,先进行整体实验,而后进行分部实验,并按步骤排除各种可能性。这样可以在开头明确所考虑的猜想或假说是否正确、技术路线是否可取等,从而使实验研究少走弯路。第三,做实验时,必须在技术上采取审慎的态度,对于许多细节必须重视,精益求精。

三、科学实验的过程和方法

科学实验一般经历如下历程:事前的准备、操作中的观察与记录、实验结果的评价和分析整理、对实验做出解释等。

1. 科学实验的准备

理工学科学生在发现现实中有关科学技术方面的问题、并围绕问题解决提出猜想与假设,在此基础上,需做好以下两个方面的准备:

(1) 实验开始前的理论准备。科学实验活动,必须从始至终都有明确的科学理论指导,因此我们要调动一切已有的专业知识,必要时通过查询资料获取未学过的知识,然后对所要研究的对象或过程做出尽可能充分的理论分析。

(2) 制订计划与设计实验。不论是验证已形成的假说,还是探索某些新规律;也不论是测量一个参数,还是研制一种仪器设备或器件,都要预先明确实验目的和已知条件,制订实验方案。包括:①尝试选择实验方法及所需要的装置器材,亦即明确技术路线的具体实施方法。②考虑实验的变量及控制方法,即对影响实验结果的可能因素做出全面的考虑,然后采取有效的方法逐个地消除,以便孤立和突出某个因素;或者运用数学方法和某项新技术,将几个变数包括在同一实验中,检验每一因素在各种情况下的作用以及发现各个因素之间的相互影响。③对设计方案的完善,包括考察所需器材是否完备、考察实验步骤是否合理、尽可能采用先进的设备和技术手段,而当方案中所需器材难以完备时,适当修改设计方案,或设想其他的替代性器材等。

2. 实验过程中的实际操作和观察记录

理工学科学生在进行实验操作时，必须做到使用仪器设备的动作规范性。例如：地质学专业的学习，用到经纬测量仪等设备，物理专业用到打点计数器，化学专业用到气谱发生器，生物专业用到显微镜等，都是该学科实验用到的仪器设备。其操作的规范要求理工学科学生必须严格遵守，要认真阅读相关仪器设备的使用说明书，严格遵守仪器设备的操作使用要求。再者，一些理工类实验还涉及操作者的人身安全的自我保护问题，这就要求我们具有更强的安全操作意识。

在规范地使用和操作仪器设备的同时，我们要借助适当的工具和方法，观察并记录未知或不十分明确的新事物，以及验证某个假说所需要的大量可被观察的事实。

观察需要关注全部细节，记录需要详尽。若观察的是短暂现象，必须使其重复多次，而且不仅注意各种现象的发生，而且注意搜寻其中的每一个细节，并详细地把观察到的现象及细节记录下来。在实验的过程中，应该把日期、地点、环境的温度、湿度、操作过程、仪器设备的编号以及各种干扰因素，如野外测量的天气、日照、风力、风向等随同所测量的数据一一记录下来。同时，对于实验过程中出现的各种现象进行全面细致的记录，或者加以绘图说明。对于某些类型的实验，过程中表现出来的颜色、大小、快慢变化等现象，要有详细的文字记载，在有条件的情况下，尽量用拍照、录像、录音等辅助工具。

当实验进行的中途，发现有错误或者条件有了改变，在确保安全的前提下，一般是不立即停止实验，而是尽可能地把这次实验工作做完；并且，依然做好记录。把出现的错误或发生的条件变化也记载清楚。因为这不仅是客观现实的反映，而且仍然具有参考价值。有时候，甚至可能从这种意外的实验结果中，偶然发现一些新现象或苗头，至少能够通过对失误的反思，提高自身探究的能力。

3. 实验结果的评价和分析整理

对实验结果的评价和分析整理需要经历如下几步：

（1）对实验数据进行分析整理。首先是误差分析与计算。测量值与被测物的真实值之间存在的差异，其中外界偶然因素的干扰（如实验室内突然起风、瞬间的停水、断气、断电等难以预料的干扰）造成的差异称为偶然误差；由于指导的理论存在缺陷、使用的设施存在局限、操作员的方法不当等原因造成的差异称为系统误差。

（2）尝试对实验现象和数据得出结论。依据实验数据的分析整理，尤其是运用统计方法和直观的图线，我们可以结合原先的猜想与假设得出初步的结论。这里边，必须认真对实验结果进行解释和描述，特别是实验结果的分布情况，哪些属于偶然误差或系统误差造成？哪些是本质的东西，哪些是现象的东西？

（3）评估。得出实验的初步结论之后，我们可以尝试分析最初的猜想与假设和实验结果间的差异；总结对原有猜想或假设的验证结果，提出对其肯定、否定和修改与发展的意见。如果在实验中发现新的线索，则认真指出，并考虑下一步进行追踪研究的问题。同时，还要总结实验中的经验教训，提出新的改进探究的技术路线和方案。

（4）提交实验报告。完整的实验报告，应有实验目的、装置、步骤、数据列表、绘图、数学表述、误差分析、结果解释与描述、评价之类的内容。诸如：时间、地点；环境的天气、温度、湿度；合作组成员分工等都应写上，如果一些活动中未解决的矛盾和发现的新问题、经验教训和改进方案等能包括其中，更能使实验报告体现一种不懈探索的创新精神。

4. 实验结论的解释

对于实验结论，实验室可以选择是否做出意见和解释，并在体系中明确，特别是在合同评审时。

常见的"意见和解释"有：

（1）对被测结果和分布范围的原因分析，比如在环境中毒素的检测报告中对毒素来源的分析。

（2）根据结果对被测样品特性的分析，比如样品的硬度、外观完整度等。

（3）根据结果对被测样品设计、生产工艺、材料或结构等的改进建议。

总之，科学实验是科学技术的根基和发展动力。

第三节　实地调查

实地调查是指到现场去，面向具体的人和事，进行观察、访问、检测等活动，其目的是收集事实、数据，再通过对事实、数据的思维加工，分析现场事件发生和变化的过程，从而做出描述性或相关性判断的方法。

本节着重讨论实地调查的原则和具体实施中采用的方法。

一、实地调查的原则

尊重客观事实，不凭主观想象，不带任何偏见，一切从实际出发，根据事件发生的周围环境、所处条件、发生和变化过程等全面考虑。这是说：实地调查要讲究客观性。

以事实为依据，符合逻辑推理；以全面详尽的事实和数据说话，而不是以个别的或偶然的情况做出判断；得出的理论或结论经得起实践检验，可以被重复验证。这是说：实地调查要讲究科学性。

调查内容有历史的与现实的、"点"的与"面"的、特殊的与普遍的相关事实和数据，力求完整、全面地认识和概括被调查者的现象与事实，以揭示现象之间的相互联系。这是说：实地调查要讲究系统性。

抽样调查采用任意抽取，程序方法灵活多变，避免可能出现的无关因素干扰。这是说：实地调查要讲究随机性。

根据经验事实对现象做尝试性解释，而解释对与否，需要在实践中接受检验；以现有理论为参照，用调查获得的事实资料检验理论。这是说：实地调查要讲究理论与实践相结合。

以上为实地调查要讲究的基本原则。

被调查者可以是人，也可以是物。比如，为寻找某地某段河流的水体受到污染的原因，到附近的工厂去实地调查，找工人或管理人员询问其原材料、工艺流程、废料处理等情况，被调查者是人；对工厂生产过程中原材料及产品外的废料进行检验，调查工厂对废水的净化设施或废渣填埋等措施，被调查者是物。

在进行实地调查活动时要注意，对人的尊重包括：事前征得被调查者的同意，征得其充分的理解和支持；对调查结果，未经其同意，不能在公开场合披露其姓名；对从其那儿获得的有关数据资料要注意保密，切不能造成对无辜者的伤害。即使是被调查者有错，也要实事求是，绝不夸大而造成伤害。对物的尊重包括：取样的随机性、对事实观察和数据测量的准确全面性、对情况描述的客观性，绝不主观臆断和掺杂任何个人的感情色彩。

以上为实地调查要充分尊重被调查者的原则。

实地调查是一种有目的、有组织、有计划的社会实践。

首先，要了解现状，知道所探讨的对象是什么，带着什么目的而来。比如，某社区发现其传染病流行蔓延，带着寻找发病原因的目的，去该社区取样，并将样品放在显微镜下观察，分析病毒生长变化情况，从而认识区分是何种病毒致病，并对预防和治疗起确诊作用，这是一种描述性研究。描述提供实体案例和事实数据，对进一步的判断、决策提供统计资料。

其次，调查的目的还希望从描述的结果中归纳出普遍性的东西，以作为预见未来的基础。比如，依据某企业技术改造的现状，预测该企业在未来市场竞争的地位；依据某城市交通干线车辆拥堵的现状，预测该地区增设立交桥的必要性等。预测能提供发现问题、找出差距、采取措施的思路；预测还能帮助研究提出新见解、新理论。

解释可分为三个层次：第一个层次是了解现状，探讨是什么（What）的问题；第二个层次是了解关联，探究对象是如何与其他事物发生关联的，解决如何（How）的问题；第三个层次是了解因果关系，探讨导致现状的原因，解决为什么（Why）的问题。例如，进行某公司多样产品销售情况的市场调查。哪些产品供不应求、脱销？哪些产品积压严重、滞销？是属于第一层次的解释——了解现状。而产品脱销或滞销往往与产品质量的好坏、设计的形状、颜色、大小或价格等有关，这些内容的叙述属于第二层次的解释，即了解关联。如果在其中抓住了造成某些产品脱销或滞销的主要原因，并指出应采取什么措施避免，这就是第三层次的解释，即了解因果关系。

总之，实地调查所提供的报告，只有体现描述、预测、解释等功能，才算有价值的研究。

以上为实地调查要具备描述、预测、解释等功能的原则。

这几个原则在我们进行实地调查活动时要严格遵守。

二、实地调查的方法

1. 调查前的准备

调查实施前，要思考：为解决什么实际问题展开调查？到何地、找何人、对何物、进行何种方式（问卷？咨询？普遍或典型或抽样的调查等）的调查？如何熟悉被调查者？

调查实施前，还须制订周密的计划：调查目的，要解决的问题，选定的地区、单位、范围、规模、对象、时间等，调查的步骤、类型、方法及人员分工等，都应在计划中一一列出。

调查实施前，要有一个草拟的调查提纲。包括：按一定逻辑顺序列出的调查项目，以及围绕项目事先准备的一个个小问题。有时也不必把提问方式都一一列出，因为在调查中，可能遇到草拟的项目不切合实际需要的情况，需要随时依据具体情况来发问。调查中需要具体观测的事物名单，也要事前想清楚，同样，当发现草拟的观测物不在其中，而发现的情况须临时确定新的观测物时，则依据具体情况，改变观测对象。

此外，做必要的物质准备，如随时记录用的摄影录像录音器材，随时用以参照查阅的工具书等。

2. 调查的实施

依据不同对象和不同目的，调查的具体实施分：现场观察、个别访谈、座谈会、问卷、样品收集检测等。

到被调查者那里，用自己的感官及观察仪器去观察对象，以收集直接的感性材料，这是现场观察。比如，为了解某企业车间内的粉尘污染，深入到该车间，自己去感受现场空气中的粉尘扩散情况，并用仪器测出数据，向该车间的工人了解该车间生产过程中使用的原材料、设备、工艺流程、排烟尘设施、安全防护等方面的情况，进一步了解工人中因粉尘污染造成职业病的情况等。

个别访谈时典型调查和抽样调查是普遍采用的方法。首先是选准访问对象，依其在所调查问题中所处的地位，可能知道哪些事实以及他有无代表性或针对性等来选择。其次是掌握被访者的心理，在其被访问时，会有不同的表现。对夸夸其谈者，要巧妙提醒他不要言过其词；对不知所云者，要耐心向他讲清访问目的；对不愿意接受访问者，要设法打消他的顾虑，让他产生信任感。最后要善于提问，善于把握谈话方向，使谈话自始至终围绕调查目的进行。总之，如何营造一个双方配合的良好氛围是调查者在实地调查中需要非常注意的。

座谈会是指由调查者主持，知情者或当事人参加的讨论会，会上由调查者依事先准备的调查提纲向与会者提问。这里要强调的是：第一，要慎重选择既有代表性又能提供情况的对象参会。第二，开有准备的会。可采取事先发调查问卷的方式，让与会者做准备。第三，调查者要善于引导，让调查会既有热烈的讨论，又能把该弄清的事实弄清楚、问确切。

将要调查的项目设计成一个个问题，要求填写一个个表格，让被调查者书面回答或填写的，就是问卷调查。问题要设计简单，被调查者只需回答是或者不是、赞成或不赞成、有或没有等。如有多种可能性的，则设计选择题，提供有多种可能的答案供被调查者选择；或设计填空题。切勿题目过大或给被调查者过多的表述空间，这样不利于对问卷的归纳统计。要想了解被调查者更多的想法，不如采用座谈会等其他形式。对问卷中的表格要精心设计，要求被调查者填写的内容要能通过统计反映要调查的项目所需要的数据，要能提供准确的信息，达到调查的目的。

到调查对象处收集各种能够说明问题的实物，这是收集样品。比如，要研究黄河水土流失，从源头到入海口，分流段采取水样，测试其泥沙含量，就很必要。

三、资料整理

资料整理主要是归类和数据复核。

在调查的实施中，我们常采用笔记、卡片、原件复印件、摄影、录像、录音等方式记录所需的资料。对这些资料，一般可采用如下方式进行归类：

（1）历史和现实的资料。事件出现某种结果前的资料称为历史资料。依其可以分析事件发生的前因后果，事件正在发生和新近发生的资料称为现实资料。据此，可以为研究提供佐证，指出应关注的方向等。

（2）"点"的和"面"的资料。具有典型的能反映事物或问题的深度，显得详尽而细致的资料，是"点"的资料；能概括研究对象的全体、反映事物或问题的广度，强调概括的资料，是"面"的资料。说明问题、反映情况、找出经验或方法，主要靠"点"，而"点"与"面"相结合，才有利于全面深刻地反映事物。

（3）正、反两面的资料。与自己观察、实验的结论一致的他人的研究，与自己观点一致的文献，支持自己观点的理论或数据等都称为"正面"资料；与自己的观点、理论、方法、数据相反的他人的研究工作、文献资料等，称为"反面"资料。只有详尽地搜集正、反两个方面的资料，并认真对待、客观评价"反面"资料，才可能在研究中防止片面倾向。

（4）背景材料。对周围环境的介绍，对若干不易弄懂的名词术语进行注释等方面的资料，称为背景材料。某些历史的材料可以起到背景的作用，但不能局限于此。任何书面的、口头的、直接或间接获取的资料，只要涉及研究对象的周围环境及名词术语的内容，都可归入背景材料。

有时，视具体需要对资料进行新的归类。如需用数据来阐明其某种观点，凡是与该观点有关的调查数据、计算公式、图表都归在一起；需要用某种新方法阐明某个问题，凡是与该问题有关的旧观点、旧方法以及新观点、新方法，还有正面的、反面的实例都归为一类。

大的类归完之后，还要逐层深入归小类。例如，与数据有关的观测实验、计算、图表又可归为一类。这样，可以理清思路、决定取舍。

数据复核包括以下工作：

（1）计算与列表。对他人做过的和自己做过的实验或调查获得的事实重新检查核对，如有可能，用各种不同的方法进行计算，对于较为复杂的计算过程，应该重复几次；对需要用统计分析的数据，应考虑用适当的方法进行处理，应该注意数字的有效位数，把计算结果列成表，把观察和叙述性的记录分类并排好次序。

（2）绘图。尽可能把调查获得的结果用图表达出来，有些调查结果涉及多因素变化的趋势，由图来表达更能说明问题。

（3）结论。分析图、表和分类的叙述性记录，找出各种因素之间的关系，尝试对数据或某一事实做出解释，并对所下结论的正确性做初步评价。

（4）补充调查。若需要，应重复或补充一切实地调查，收集更多的数据，看看这些结果是否与自己的结论符合。

（5）修正结论。把记录数据和计算结果以及叙述性记录反复核对，检查结论是否存在不适用的地方，修改其措辞，力求真实可靠、经得起检验。

（6）笔记。在进行上述检查核对的过程中，每有见解即做笔记，用活页纸分条列出，以便把各种见解分类，并随时根据需要增减内容或变更次序或重新组合成需要的资料。

总之，资料的整理是一项艰苦细致的实践活动，要想在科学技术的学习与研究中突出科学性、创新性和实用性，只有老老实实、认认真真地做好资料的整理工作才行。

四、写调查报告

调查报告的写作大体分以下几个部分：

（1）标题。用高度概括、简明扼要的语言表达报告内容，这就是标题。它有三种形式：一是从题目中直接点明调查的主要对象和内容；二是主标题和副标题相结合；三是提问式标题。不论哪种形式，总的要求是：标题要做到概括、醒目、准确。

（2）开头。调查报告的第一段应交代调查的目的、对象、经过。一些特别重要的调查报告，开头还须说明调查的时间、范围、方式、方法、结果等。这样写，有利于展开报告的正文，便于读者了解整个调查报告的内容。

（3）正文。正文是调查报告的主体部分。为了把问题说清楚，可以根据具体内容的性质分为几个小部分，每一节加一个小标题。正文常见的安排有：①时间的进程、调查的顺序安排；②按事物发展的阶段安排；③把两种不同的事物加以对比；④依内容上的特点，把主体分成几个部分，逐个进行报告。

（4）结尾。结尾是调查报告的结束语，有些情况和问题由于与调查的主要目的和中心内容关系不大，正文没有涉及，而这些情况和问题又值得重视，就可以在结尾处附带提及。一般结尾要言简意赅，给人思考和回味；或者收束全文、归纳重点，提高读者认识；或者提出新问题，指出努力方向。

以某专业实习的防雷工程实务为例，我们不仅需要严格按照相关标准要求安装相应防雷设施，同时在施工前详细地实地调查建筑物等周边情况、历史雷击情况等，撰写有数据分析的调查报告等工作也同样重要。

综上所述，实地调查是我们理工学科学生不可或缺的实践学习，通过与自己专业对应的实地调查实践，掌握其中的科学方法尤为重要。

本章阐述了创新教育中的实践方法。实践是创新的动力和源泉，创新又可以推动实践的发展，两者之间相辅相成、互相促进，只有将两者紧密结合才能最终建立起良好的创新实践机制，并不断推动创新实践活动向前发展。

思考与练习

1. 自己到图书馆或用其他途径找以下内容的文章：
（1）与自己专业相关的一篇最新科技动态的报道。
（2）与自己专业相关一篇科普性文章。
（3）某家用电器的产品说明书。
阅读它们，迅速找出其中的主题词（关键词），并简述其中的主要内容。
2. 找一个旧的上发条的钟或机械表，设法拆卸它的外壳，观察其按时转动报点的程序、工作原理；然后一个元件一个元件地小心拆卸，再小心复原。

3. 通过仔细观察和记录，写一篇题为《校园里的物理（化学、生物或其他）教学资源》的千字文章。

4. 对厨房里的设施及可能发生的各种情况进行观察，从自己专业的角度写一篇题为《厨房里的物理（或化学、生物学等）知识》之类的科普文章。

5. 从现实中设法发现某一新问题，提出自己的猜想与假设，并设计某项实验，通过实验去验证自己的猜想与假设。

6. 找出与自己专业相关的实验；分类说明其中哪些是验证性实验，哪些是探究性实验。

7. 就科学的基本理解程度，中国科学技术协会曾经给公众的科学素养设定了三条标准：①对科学知识（术语和概念）的基本理解；②对科学研究过程的基本理解；③科学技术对社会影响的基本程度。如果做到了以上三点，就可以被认为具备了基本的科学素养水平。请依据上述三条标准，自行设计一份问卷调查表，然后到附近的社区（或中学、企事业单位）做一次实地调查，并写出相关的调查报告。

8. 华东师范大学的陈敬全老师曾经对科学实践方法做如下概括："在获取科学事实的过程中，主要工作是按课题的需要收集和整理事实材料。通过文献检索方法获得间接经验；应用观察、实验方法取得直接经验。"（详见：陈敬全·世界科技英才录——科学思想卷·上海：上海科技教育出版社，1998：前言）

联系本章列举的科学实践方法，你认为还需要补充些什么内容，比如"文献检索"？

第三章
>>>>>> 形式逻辑思维方法

理工学科学生从小学到中学的功课，实际上都渗透有形式逻辑思维方法的内容。现在我们需要的是对其中的逻辑判断——比较与分类、逻辑推理——类比、归纳与演绎等进行整理，让这些知识在我们头脑中系统化，以便我们能在进一步的创新活动中学以致用。

第一节 比较、分类和类比

在观察与实验的基础上，确定对象之间的共同点和差异点的逻辑判断，称为比较；在比较的基础上，依共同点将事物归为较大的类，依差异点将事物划为较小类，从而将各种事物区分成具有一定从属关系的不同等级层次的系统，这种逻辑判断称为分类；在分类和比较的基础上，根据两个对象之间在某些方面的相同或相似而推出它们在其他方面也可能相同或相似的逻辑推理称为类比。

本节将逐一对比较、分类和类比进行回顾性整理。

一、比较

让我们从分析比较的特点入手，对所学过各学科涉及的比较进行整理。

1. 比较的特点

比较的特点可以归纳为以下四点：

比较的第一个特点是：能对事物进行定性鉴别和定量分析。

例如，生物学中对两个物种间的一种亲密关系现象进行观察，发现：有双方受益的，如某些细菌因在人体大肠内摄取食物和栖息而得益，同时人也因细菌帮助消化食物，甚至提供能增强凝血功能的维生素从而获益；也有单方受益、另一方不受益的，如红尾莺在仙人掌之间筑巢，受惠于仙人掌，而仙人掌的生长不受红尾莺的影响；还有单方受益、另一方受害的，如跳蚤、扁虱、蚂蟥等寄生在动物身上，动物体表或体内为它们——寄生虫提供营养和栖息地，而动物——寄主则受到伤害。通过上述比较，人们将共生现象分为互惠、共生、寄生三类，这是定性鉴别。

例如，为鉴别两个形状、体积均不同的物体是否由相同的物质组成，我们通过测量它们的质量和体积，算出它们各自单位体积上的质量——密度，然后比较其密度的大小来鉴别它们的组成情况，这是定量分析。

我们通过用已知化学元素的标准特征谱线与被测对象的光谱线比较，定性判别对象的组成成分；用对谱线强度的比较，判定对象中各种元素的含量，这种既定性鉴别又定量分析的比较方法，在物理化学、生物、天文、地学上都被广泛运用。

比较的第二个特点是：可能揭示事物运动及其发展的历史顺序。

1718年，天文学家哈雷曾经将自己对毕宿五、天狼、大角、参宿四这四颗恒星的观察情况与1000年前古希腊天文学家喜帕恰斯与托勒密所做观察留下的资料进行比较，发现上述四颗恒星位置有明显差异，从而否定前人的"恒星不动"的说法，指出恒星也是在运动的。

再比如，英国地质学家赖尔通过古今地质变化中地质作用的种类和强度的比较，揭示了地球表面发展变化的一些规律和历史顺序。

比较的第三个特点是：有横比和纵比之分。

对空间上同时并存的事物既定形态的比较称为横比。

一些理科实验，常常要研究不同对象中同种条件下的不同表现，或者同一对象在不同条件下的不同表现。比如，不同元素组成的几种物体，在相同的气压、温度下，体胀系数不同；或者，同一元素组成的某物体，在不同的气压下加热到相同的温度，测出其在不同压强下不同的体胀系数，从而比较其异同，这是横比。

纵比，即时间上的比较，即比较同一事物在不同时期的形态，从而认识事物的发展变化过程。上面所举的天文学和地质学的例子就属于典型的纵比。

理科教学中，常常在讲授新知识时，要对学过的知识进行复习巩固，在新知识的学习过程中要把已学知识加进来，比较新、旧知识有哪些异同，以加深对新知识的理解。比如高中物理讲速度，其定义是：位移与时间的比值，此时，教师让学生回忆初中物理速度的概念，那时用的是路程与时间的比值，让同学们比较它们有什么不同，从而加深速度是矢量的理解。这也是一种纵比。

比较的第四个特点是：可以鉴别理论与实践是否相符。

例如，1609年，开普勒在大量观察的基础上，将每一种行星运动形式与观察事实材料进行比较，结果发现，只有椭圆轨迹的行星运动同观察事实相符，从而否定了自古流行的所谓行星沿正圆形轨道绕恒星运动的论断。

再如，1859年，基尔霍夫运用光谱分析比较了地球与太阳的光谱，从而确证太阳上含有许多地球上常见的元素，从而证明太阳和地球同一性理论是正确的。

2. 我们曾使用过的比较方法

从记事起，我们就开始通过自己的感官去定性区分物体的大小、长短、粗细、冷热、轻重、颜色、气味、甜苦等，然后通过学习，逐渐学会用等效替代、比值定义、控制变量等更高层次的比较方法。

比如，中学物理课，研究力的作用效果，通过力的合成和分解的分析，可以利用等效替代法做相关的演示实验。再如，"曹冲称象"的典故是我们耳熟能详的故事，实际上，聪明的曹冲所用的方法正是"等效替代法"——用许多石头代替大象，在船舷上刻画记号，让大象与石头产生等量的效果，再称出石头的重量，化"大"为"小"，这一难题就得到圆满的解决。这种在保证效果相同的前提下，绕过解决问题所遇到的障碍，对问题或问题的部分要素进行变化，把相对不熟悉的、比较复杂的、现有条件出现困难的问题转换成熟悉的、更为简单的、用已有知识或条件能够解决的问题的研究方法，称为等效替代法。

我们在探讨某道新的理科习题时，往往将曾经采用而且已经熟悉的解题方法对照其中的已知条件、所求项目，将它们与新的问题中的已知与待求进行比较，找出二者的共同点和差异点，从而获得解题思路，这里用到的也是等效替代法。

在中学物理、化学等课程中，我们都接触过密度这一概念。最初是考虑两个物体的物质组成，二者体积相同、质量不同，或者质量相同、体积不同，可以进行简单的区分。当二者体积、质量都不同时，就要在二者之间确定一个统一的标准，于是人们想到用物体的质量与体积的比值作为标准，从而定义出：单位体积的质量——密度这一概念，这种用两个或多个参量的比值来定义一个新的表征对象特性量的研究方法，称为比值定义法。

中学理科学习中曾大量运用比值定义法。比如：速度是用物体运动的位移和通过该段位移所需时间的比值定义的；压强是用压力与受压面积的比值定义的；浓度是用溶质的质量与溶液的质量的比值定义的……之所以用两个或多个量的比值来定义一个新的科学量，是因为只有选取相同的标准，才能使比较的结果有意义，才能区别出众多事物的不同特征。

在物理学习中，我们发现导体的电阻 R 与导体的电导率 ρ、导体的长度 L、导体的横截面积 S 有关。为了找到其中的规律，我们让三个影响因素中的两个不变，通过实验去发现电阻与要改变的那个因素究竟呈现什么关系。实验发现：当 ρ、L 不变，$R \propto 1/S$；当 L、S 不变，$R \propto \rho$；当 ρ、S 不变，$R \propto L$。再协调各物理量的量纲，从而得出 $R = \rho L/S$ 的规律。

这种在决定事物规律的多个因素中，先控制一些因素不变，只改变其中一个因素，进行观察实验，如此多次进行，然后综合得出多个因素之间关系的研究方法，称为控制变量法。

再如，在化学学习中，研究不同实验条件下过氧化氢酶的特性，发现这种酶的活性不仅与温度有关，而且与其浓度有关。于是控制该酶的浓度不变，改变温度，寻找酶的活性与温度的关系；又控制温度不变，而改变酶的浓度，寻找酶的活性与浓度的关系，然后综合得出使酶的活性最大的最佳温度和最佳浓度，以提高化学反应的速率……这里也运用到控制变量法。

值得注意的是：比值定义法与控制变量法虽同属比较方法，但它们有不同的内涵。例如：电流强度的定义式 $I=Q/t$ 表示的是单位时间内通过导体横截面的电量，对稳恒电路而言，I 是一个定值，不能说电流强度与电量成正比，与通电的时间成反比，这是比值定义法决定的性质。而部分电路的欧姆定律：$I=U/R$，表示在部分电路内，电流强度 I、电压 U 和电阻 R 三者的函数关系。可以说部分电路内的电流强度与电压成正比，与电路中的电阻成反比，这是控制变量法得出的规律……因此，一般讲，比值定义法判断的是性质；控制变量法判断的是规律，二者是有区别的。

在运用比较方法时，要注意两点：

第一，着重事物本质的比较。

事物之间的异同，有现象的和本质的异同。我们在学习与研究的过程中，不应停留于表面现象，而要力求深入到本质中，寻找本质上的异同进行比较。例如：物质的固、液、气三态，仅从其体积、形状等特征去认识是不够的，只有深入到微观领域，观测并比较三态的分子间距、分子间的作用力和分子运动情况的异同，才能更深刻、全面地解释诸如物态变化、热的良导体或不良导体、电的导体、半导体和绝缘体等性质规律。

第二，着重以特征作为比较的标准。

我们在研究物质体系运动规律时，常常将它们放在相同的条件（如压强或温度或体积等为一定量时）下进行比较，找出各自的不同点，或者放在不同的外界条件下，比较同一种或同一体系物质的共同点。如研究材料的拉伸强度、发光强度、耐压、耐热性等，就采用上述相同条件或不同条件下的实验观测和分析比较，寻找它们的同中之异和异中之同，再根据实践的需要和研究问题的不同角度，着重以某一特性或某些特征作为比较的标准。

二、分类

理工学科学生同样在以往的学习中涉及过分类。

例如，我们很小就能将食物分成五谷杂粮类、瓜果蔬菜类、肉食类……上学以来，通过学习，我们知道：依物质的分子原子结构的不同，物质可分为金属、无机非金属和有机高分子材料等，这是化学分类；依物质分子结构排列的规则性和是否有一定的熔点，将其分成单晶态、多晶态和非晶态材料，称为状态分类；依材料在一定条件下，所表现出来的特殊的物理性质，将材料分为高强度、高温、超硬、导电、绝缘、磁性、透光、半导体材料等，称为物理性质分类；依材料在特定的外界条件下，所能起的作用或所能表现的物理现象，将材料分为压电、热电、铁电、光电、电光、磁光、激光等材料，称为物理效应分类；还有依据材料在现实生活生产中的用途，将材料分为建筑、耐磨、耐火、电工、电子、光学、感光、包装等，称为用途分类。

分类有现象分类和本质分类的区别。依事物外部特征或外部联系进行的分类属于现象分类。例如，将物态分为固、液、气三态的分类基本属于现象分类，依材料的用途来分类，也属于现象分类。依事物的本质特征或内部联系进行的分类称为本质分类。物理学中晶体、非晶体材料的分法，就属于本质分类。

运用分类方法应当注意以下几点：

1. 每一种分类必须根据同一标准进行

事物的属性或事物间的关系是多方面的，因而分类的标准也是多方面的。我们可以按照实践的需要或研究问题的内容来确定，以对象本身的某方面的属性或关系作为分类的标准。一旦确立了标准，在该分类中就只能按照同一标准，否则就会出现分类重叠和分类过宽的逻辑错误。例如，若把建筑材料归入化学分类，就重叠并且过宽了。因为建筑材料既可以是金属材料（如钢材、铁钉等），也可以是无机非金属材料（如水泥、砖瓦、玻璃等），还可以是高分子材料（如塑料门窗、有机玻璃等）。

2. 各子项之和必须等于母项

在同一标准下的分类，必须将符合该标准的各种表现或项目都一一列出，否则就会出错。例如，中学物理课本将中学物理课程要认识的物理现象分成力学现象、热学现象、声学现象、光学现象、电磁学现象和原子物理学现象。而一些同学常常漏掉声学现象，其分类就没有穷尽中学物理课程要认识的物理现象。

3. 分类要按照一定的层次逐级进行

对概念的划分，是把一个属概念分成几个并列的种概念。如果需要连续划分，可以将种概念再划分为次一级的种概念，这样逐次进行。如果在划分中混淆了属种层次，就犯了"越级"的逻辑错误。比如，从化学角度分析，材料分金属材料、无机非金属材料、有机高分子材料；然后再将金属材料分为黑色金属材料和有色金属材料，以此类推。如果把黑色金属材料、有色金属材料与无机非金属材料、有机高分子材料并列，就混淆了层次。

4. 分类方法随科学技术的进步更趋合理

古希腊学者亚里士多德将动物分成天上飞的、水里游的和陆上动（爬、行、跑等）的三类；直至1750年，瑞典科学家卡洛斯·林奈设计了一种双名法，让每种生物的名字都分属名和种名两部分，以确保动物中的某物种与其他物种不相混淆。到现代，生物学界将生物分成七级：界是最大的类，再划分为各个门；每个门又可以分为纲，纲下边是目；每个目包括各科；每个科中至少有一个属，属内还包括种。两种生物的分类级别相同越多，它们的共同点也就越多，也就是说，随着级别的下降，两种生物就越接近。由于当代生物研究能提高到分子水平，使动物的七级分类法更趋合理，也更能揭示其本质。

另外，大量科学技术史告诉我们：科学分类在科技研究中起着重要作用。

三、类比

类比可以叙述为：考察A对象具有a、b、c、d属性，而B对象具有与A对象相同或相似的a′、b′、c′属性，从而得出推论：B对象可能具有与A对象中d属性相同或相似的d′属性。

类比方法有以下三种：

1. 简单共存类比

简单共存类比即A对象的a、b、c、d属性彼此并列、各自孤立存在；而A对象的a、b、c属性与B对象的a′、b′、c′属性对应相同或相似，且B对象的a′、b′、c′属性彼此并列、各自孤立存在；则B对象可能具有与A对象中d属性相同或相似的d′属性。

例如，英国科学家卢瑟福和他的学生盖革·马登斯为了探索原子结构的奥秘，曾做了有名的α粒子散射实验，他们将实验结果与太阳系的情况相类比：

太阳系：太阳体积甚小，但其质量占太阳系质量的99.8%；行星质量甚小；太阳与行星之间的引力 $F = G\dfrac{Mm}{r^2}$，行星环绕太阳做椭圆轨道运动，由此构成太阳系。

原子：原子核体积甚小，但其质量占整个原子质量的99.97%；电子质量甚小，核子与电子之间的引力 $F = k\dfrac{Qq}{r^2}$。

所以，电子可能环绕原子核做椭圆轨道运动，由此构成原子的整体结构。

2. 函数关系类比

函数关系类比即A对象与其a、b、c、d属性之间存在因果关系或函数关系，而B对象中的a′、b′、c′、d′属性与a、b、c、d属性对应相同或相似；则B对象中的a′、b′、c′、d′属性之间可能存在因果关系或函数关系。

例如，1678年，荷兰科学家惠更斯把光和声进行类比，认为声之所以能够直接传播、反射、折射，原因在于声是机械波，具有波动性；而光既然也能直线传播、反射、折射,也可能是由于波动性造成的……于是,他建立了波动说。

又如,欧姆把电流的传导同傅里叶的热传导定理相类比。在热传导中,温差 ΔT、热量 Q 和比热容 C 有函数关系 $Q = cm\Delta T$;而电流与热量相当,电压与温差相当,电阻与比热的倒数相当,由此推出:电流、电压、电阻三者之间应有函数关系:$I = U/R$。

3. 对称关系类比

对称关系类比即 A 对象的 a,b 属性是对称的,而 B 现象中的 a′ 属性与 a 相同或相似,由此推出:B 现象可能有与 a′ 相对称的 b′ 属性。

例如,1931 年,英国科学家狄拉克将电荷与电子相类比,已知电荷有正负的对称关系,并且已发现带负电荷的电子——负电子,便大胆预言:可能有与负电子相对称的带正电荷的正电子存在。此预言在 1932 年 8 月 2 日被美国科学家安德森的宇宙射线实验所证实。

中学的理科学习中,我们会遇到教师运用类比方法来突出重点、化解难点,加深同学们对新知识的理解和记忆。

比如,高中立体几何有关四面体的知识,教师用大家熟知的三角形的相关知识进行类比。

三角形:

a) 三角形是平面上多边形中边数最少的几何图形。

b) 任一多边形都可以分割为有限个三角形。

c) 三角形三个内角的角平分线交于一点,这一点是三角形内切圆的圆心。

d) 直角三角形的三条边满足 $a^2 + b^2 = c^2$,称为"勾股定理"。

四面体:

a) 四面体是空间多边形中面数最少的几何图形。

b) 任一多面体可以分割为有限个四面体。

c) 四面体四个二面角的平分面交于一点,这一点是四面体内切球的球心。

d) 具有三直角顶点的四面体的四面面积具有 $A^2 + B^2 + C^2 = D^2$ 的规律,称为"空间商高定理"。

再如,高中物理学习有关"带电体在静电场中具有电势能"这一内容时,教师做如下类比:

力学中的研究对象——物体

a) 在重力场中受到重力。

b) 在重力场中移动时,重力对物体做功。

c) 重力做功与路径无关,只与物体的始末位置有关。

d) 物体在重力场中具有重力势能,且重力做正功,重力势能减小;重力做负功,重力势能增加。

静电场中的研究对象——带电体
a）在静电场中受到的电场力。
b）在静电场中移动时，电场力对带电体做功。
c）电场力做功与路径无关，只与始末位置有关。

推测：带电体在静电场中也具有电势能，且电场力做正功，电势能减少；电场力做负功，电势能增加。

同学们通过上述类比，思路更清晰。这种把过去的已知内容迁移到新问题的讨论中，既突出了重点，又化解了难点，也给我们留下了深刻的印象。

值得注意的是：类比方法并非尽善尽美，其结论具有或然性，不一定可靠。当推论刚好是事物之间的相同点或相似点时，结论的可靠性才大。检验类比结论的可靠与否，我们还需借助其他的科学思维方法，尤其是借助观察、实验等实践方法，才能使所做出的结论经得起实践的检验。

第二节　从分析综合到归纳演绎

界于逻辑判断和逻辑推理之间的是分析与综合；在分析与综合基础上的逻辑推理则是归纳与演绎。

一、分析与综合

分析与综合是揭示个别和一般、现象和本质的内在联系的思维方法。科学技术的研究离不开分析与综合。

1. 分析

把研究对象分解成各个组成部分（或方面、层次、因素等），然后对它们逐一考察，从中认识事物的基础或本质的方法称为分析。

分析过程大致是：先将部分从整体中分割出来，然后深入分析各部分的特殊性质，再进一步分析各部分的相互联系和相互作用。其关键在于：搜集尽可能完整、准确、不带偏见、少有误差的原始资料；寻找事实、素材、实验数据等依据；整理各部分的特性、各部分间的联系或作用，并上升为观点或有说服力的定性定量的说明。

在理工科学习中我们常用矛盾分析法和元抽象法。

例如，在实验中对数据的处理和误差分析的环节，我们先从使用的工具（包括仪器装置、药品、样品等）和具体操作人员进行分析，找出造成测量数据出现误差的主要原因；再从现场偶然发生的情况，分析可能对测量造成的影响；进而从众多的原因中，分析对测量影响最大的原因，以判断实验可以忽略哪些因素，而重点关注哪些因素等。这种将整体分解为各部分，再把各部分放在联系与作用、发展与变化的矛盾中去分析,从中找出处于支配地位、起主导作用的矛盾或矛盾的主要方面,以达到认识事物本质特性的方法,就称为矛盾分析法。

又如,化工原料中的苯、苯乙烯等是生产塑料的主要成分。苯蒸气有毒、易燃,苯乙烯在空气中易爆炸。类似的化工原料,我们称之为化学危险品。每年,为生产和生活需要,总要途经城镇运输这些危险品。而一旦发生事故,将给城镇居民生命财产带来巨大的损失。人们分析:通过远离火源、隔热、减少振荡摩擦等措施,易燃、易爆的事故就会很少发生;发生较多的是危险品泄漏,泄漏成了运输过程中最严重的问题。于是研究对策:加强包装检查,严格危险品标记,记录要运输物品和经过的路线,让沿途居民接受防护和减污方面的科学教育,让当地紧急事故处理官员接受培训等。这里就运用到矛盾分析法。

例如,在物理学中研究流体时,从流体中任抽一根极小的部分,称为"体积元";研究刚体时,从刚体中任取一个极小的质量,称为"质量元";研究电学时,从载荷体中任取一个极小的电荷,称为"电荷元"……然后分析这些小单元中各种物理量的相互关系及其变化规律,建立起描述整个过程的函数关系或方程,从而不仅可以求出物理过程在某一特定条件下的瞬时状态,还可以认识整个物理过程的运动特点和运动趋势,这种把研究对象抽取其中任意小的部分,分析其有哪些相对稳定的性质以及它与相邻的其他小部分有什么联系,既有定性又有定量分析方法,就称为元抽象法。

又如,数学中的微积分:对函数 $y = f(x)(a \leqslant x \leqslant b)$ 在平面 XOY 上是一段曲线(见图3-1)。欲求该曲线与 X 轴所包围的图形的面积。其分析过程是:先在 X 轴上任取一小段 dx,dx 与曲线对应的是图示中的长条面积 ds,由于 dx 很小很小,对应的 $f(x)$ 趋于一个定值,则 $ds = f(x)dx$。于是,从 a 到 b 依次取无数多个 dx,每个 dx 都对应各自处于定值的 $f(x)$,都可以采用矩形的面积求法,然后把它们叠加起来,即通过积分 $\int_a^b f(x)dx$ 求出整个图形的面积。其中运用的就是元抽象法。

总之,各种分析方法总是对某个特定事物的具体情况采取的具体分析,它们并不相斥,必要时,可以同时采用。

2. 综合

综合是一种把对象的各个部分、侧面、因素联结和统一起来进行考察的思维方法,它是在分析基础上进行的科学概括。把对各个部分、各种要素的认识统一为对事物整体的认识,从而达到从总体上把握事物的本质规律。

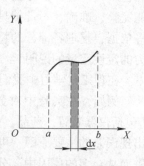

图3-1 微积分图例

常见的综合方法有系统法、对称法和移植法。

例如，一条河被污染。分析原因：工厂排放的冷却水引起河水温度升高，溶氧量降低；或者沿途人们倾倒垃圾、污泥、不溶于水的废弃物悬浮于水中，妨碍水生植物的光合作用，这些是物理污染。工厂排放的化工废弃物，引起河水中磷、硫、铁、铜、汞、苯等物质的含量增加，而这些物质含量的增加，会严重影响到生物的生存，这是化学污染。动物粪便进入河流，对人畜有害的病菌会迅速繁殖；化肥在水中会引起藻类大量生长，挡住其他水生植物所需的阳光；一些有害的化学物质通过水生植物的食物链，使鱼类身体内集聚较多的有害物质，这些是生物污染……我们在分析完各种污染之后，采取综合治理方案。一是加强工业废弃物的管理，让排污严重的工厂搬离沿河地区；或者责令工厂增设净化技术设备，最大限度地降低污物中有害物质的含量；在工厂中通过技术改造，回收废弃物中有价值的东西，利用冷却水开设浴室、养热带鱼等。二是加强对工厂排污的经济惩处和对沿河居民的环保教育，制定一定的法规条令，杜绝向河道倾倒垃圾、污泥、粪便的现象等。这就是系统法。

又如，中学物理力学部分的联结体问题，除了利用隔离体受力分析外，还要综合考虑联结体作为一个整体时的运动和受力，这种从整体出发，对系统内外各种联系及其规律的综合考察，就是系统法。

当我们所研究的对象呈现出某种对称性时，比如：电子与正电子、质子与反质子，它们在电荷性质上是对称的；经典力学中的运动规律，呈现空间反演不变性和时间反演不变性，即一旦其规律被确认，它在任何时刻任何地点都成立，时间的逝去、空间的位移及空间方位的变化都不会改变这个规律，物理学上把这称为时空的对称性。这种在分析对象在各种因素变化而变化的基础上，从对称性的角度来综合认识对象呈现的规律的综合方法，称为对称法。

例如，X射线被发现后，由于它的折射、干涉、衍射等现象，当时还未被证实，人们不相信它是一种光波；而当时物理学的另一件悬案是奥伊关于晶体空间点阵的结构假设，难以用实验检验。是德国科学家劳厄将上述两件看起来毫无联系的研究巧妙地联系在一起，他以晶体为光栅，使X射线的衍射实验成功，既证明了关于晶体点阵结构说的正确，也证明了X射线是以一种电磁波。此后，劳厄还从晶体结构出发，计算出一组劳厄方程式，以对晶体结构进行定量分析，为后人开辟了一条用X射线研究晶体的新路。这种将原先看似不相关的知识、现象、理论移植到所研究的领域，综合该领域和原先不相关领域的知识，从而获得突破的方法，就是移植法。

需要强调的是：分析是综合的基础，没有分析就没有综合；综合是分析的发展，没有综合也就没有分析。二者既对立又统一，相互依存，相互渗透，在一定条件下还会相互转化。例如：对热现象研究，最初仅是客观地描述和测量，在分子运动论提出后,人们发现宏观的热现象都是无规则热运动所表现出来的统计规律,在此基础上建立经典统计力学。再往后,量子理论让人们能从原子电子运动的层次分析热运动,进而揭示热运动的本质,并在此基础上建立起量子统计理论……可见,对热运动的认识过程是分析→综合→再分析→再综合的不断深入的过程。

总之,正确把握分析与综合的辩证关系,把二者有机地结合起来,才能使我们的认识不断发展和深化。

二、归纳

从已知的特殊知识出发,推演出一般性或普遍性结论,就是归纳。

归纳推理分不完全归纳法、完全归纳法和因果联系归纳法。

我们在第一章有关"科学思维方法的发展"中,已对归纳法做了简单概述。这里,我们只想通过一个数学研究的例子,说明科学前辈在运用归纳法中的不懈努力。进而详尽阐述与因果联系归纳法相关的寻因方法。

1. 关于"哥德巴赫猜想"

1742 年,一位名叫哥德巴赫的业余数学爱好者写信给当时的大数学家欧拉,向他请教一道数学命题的证明:任何一个大于 2 的偶数,都是两个素数之和(此命题被数学界称为"哥德巴赫猜想",简称"1+1")。

此命题初看起来很简单。比如:$4=1+3$;$6=3+3=1+5$;$8=1+7=3+5$;$10=3+7=5+5$;$12=5+7=1+11$;$14=1+13=7+7$……等式右边确实可以用两个素数之和来表示,但命题中"任何一个大于 2 的偶数"就意味着有无穷多个偶数,都要写出两个素数之和,怎么证明?命题不仅难倒了当时的大数学家欧拉,也困扰了数学界 200 多年,迄今仍未证出结果。

1920 年,挪威数学家布朗改进了两千多年来对数字的奇偶性的埃氏筛法,证明了:任何一个充分大的偶数是两组素因子个数不超过 9 的数之和。数学界将此证明简称为"9+9"。

1924 年,德国数学家拉代马哈进一步证明了:每个充分大的偶数是两组素因子个数不超过 7 的数之和,简称"7+7"。

此后,1932 年,英国数学家埃斯特曼证明了"6+6";1950 年,苏联数学家布赫夕塔布证明了"5+5"和"4+4"。

1956 年,中国数学家王元用新的方法证明:每个充分大的偶数是两组素数之和,一组素因子个数不超过 3,另一组素因子个数不超过 4。数学界将此证明简称为"3+4"。同年,苏联数学家阿·维诺格拉朵夫证出了"3+3"。

1957 年,中国的王元证出了"2+3";随后不久,德国、苏联、美国、奥地利的数学家先后公布他们的研究成果:证出了"1+5""1+4""1+3"。

"1+3"的结果公布后，沉寂了近十年，直到20世纪60年代中期，中国数学家陈景润采用改进的筛法证明了"1+2"，与"哥德巴赫猜想"仅差一步之遥，这是迄今为止数学界研究数论上对"哥德巴赫猜想"的最好证明！但仍未摘取这颗"数学皇冠上的宝石"。值得称道的是：数学界前辈们在数论研究中的顽强不懈的努力。

"哥德巴赫猜想"中的 $4=1+3$、$6=3+3$、$8=3+5$……可以抽象为逻辑式：$S_1 \rightarrow P$、$S_2 \rightarrow P$、$S_3 \rightarrow P$……凡 $S \rightarrow P$，由于未能穷尽所有大于2的偶数，所以"1+1"的命题结论，迄今仍不能让人信服，因为不完全归纳法，结论不一定可靠。

而世间万物就像"任何大于2的偶数"一样，是难以穷尽的。尽管借助电子计算机，情况有所改观，用完全归纳法来证明问题的做法仍然不可取。在证明哥达巴赫猜想的过程中，数学家们首先想到的也不可能是完全归纳法。

世间万物就像命题中"任何大于2的偶数"一样，难以穷尽。正因为如此，人们才另辟蹊径：根据某类事物的部分对象的情况，分析产生这些情况的原因，从而推出关于这类事物的一般性结论，人们将其称为因果联系归纳法。

根据事物的因果联系，推出该类事物中所有对象都具有某一属性的推理称为因果联系归纳法。"金属均能导电"是归纳推理，"金能导电、银能导电、铁能导电……所以，凡金属均能导电"是不完全归纳推理，它无法说明有没有不导电的金属。但是，如果我们找出金属受热的原因，上边归纳的结果应当是正确的，除非原因没有找对。物理知识告诉我们：金属内部原子的最外层的电子容易挣脱原子核的束缚而变成自由电子。在有电势差存在的线路中，自由电子能够定向运动，于是便产生了电流。由此可知，"金属均能导电"这个结论是可靠的。

因果联系归纳法的关键在于找出真正的原因。德国逻辑学家穆勒曾深入研究这一问题，总结出五种归因方法，通常称为"穆勒五法"。它们是：求同法、求异法、求同求异法、共变法和剩余法。

2. 与因果联系归纳法相关的寻因方法

为分析某现象产生的原因，英国哲学家和逻辑学家穆勒总结出寻因的"穆勒五法"。

（1）求同法（契合法）。在不同场合下考察相同的现象，如果这些不同场合里只有一个共同的条件，那么，这个条件就是这种现象产生的原因。其形式为：

场合	各种条件	被研究对象（现象）
（1）	A、B、C	a
（2）	A、D、E	a
（3）	A、F、G	a

所以，A 是 a 的原因。

例如，伽利略在教堂发现一盏吊灯的摆动，其振幅虽然逐渐减小，但摆动一个来回所需的时间——周期,总是不变。原因何在?他考察了各种不同材料做成的不同形状的钟摆,并且设法改变摆锤的质量和摆杆的长度,发现无论其他情况怎么变,只要摆杆的长度不变,摆的周期就相同。于是他找到了摆钟等时性的原因,进而归纳出:摆长相同,钟摆摆动的周期也就相同。

求同法的本质是异中求同,即在被研究现象出现的若干场合中,找到共同的情况,从而确定这个共同情况与被研究现象之间的因果关系。人们总结出提高求同法结论可靠性有:①进行比较的场合要尽可能多;②注意是否还有别的共同情况被忽略了。只要做到上述两点,就能提高求同法的可靠性。

(2) 求异法(差异法)。考察某现象,若该现象在第一个场合出现,在第二个场合不出现,这两个场合只有某一个条件不同(不重现),那么,这个条件就是该现象产生的原因。其形式为:

  场合 各种条件 被研究对象(现象)
  (1) A、B、C   a
  (2) —、B、C   a
  ————————————————————
    所以,A是a的原因。

例如,两块土质相同的农田,其施肥、耕作、管理完全相同,唯一不同的是一块农田耕种的是改良品种,另一块农田耕种的是普通品种。结果,耕种改良品种的农田单位面积产量高,于是判断:改良品种是高产的原因。

又如,一道青椒炒肉的菜里放有花椒、姜、蒜之类的佐料,吃时舌尖上感觉有麻味;另一道同样是青椒炒肉的菜里,其他佐料均相同,唯一没有花椒,舌尖上就没有麻的感觉。于是判断,在炒菜时放入花椒,是该道菜产生麻味的原因。

人们同样总结出:①在被考察的两个场合中,是否还有其他差异情况?②正反两种场合唯一不同的情况,是否是被研究现象出现的全部原因,还是部分原因?关注上述两条,能提高求异法的可靠性。

(3) 求同求异并用法(契合差异并用法)。如果在所研究现象出现的几个场合中,都存在着一个共同条件,而在所研究现象不出现的几个场合中,都没有这个条件,那么这个条件就是这种现象产生的原因。其形式为:

  场合   各种条件 被研究对象(现象)
  正面场合(1) A、B、C   a
     (2) A、D、E   a
     (3) A、F、G   a
  反面场合(1) —、B、D   —
     (2) —、C、G   —
     (3) —、F、E   —
  ————————————————————
    所以,A是a的原因。

例如，分析某化学反应的增速问题：第一组两个场合中，一个加触媒、增加反应物的浓度、增加外界的温度；另一个加触媒、减少反应物的浓度、增加对反应物的搅拌。第二组两个场合中，一个增加反应物的浓度、增加对反应物的搅拌；另一个则采取加热和增加对反应物的搅拌措施。第二组两个场合都没有加触媒，结果，该化学反应都没有第一组两个场合快，于是，可以判断，加触媒（催化剂）是使该化学反应增速的原因。

为提高求同求异并用法的可靠程度，需要在运用时注意：①考察的正面和反面的事例组越多，结论的可靠性就越大；②反面事例组与正面事例组越相似，结论的可靠性越大。

（4）共变法。如果某种条件发生变化，所研究的现象也发生变化，那么发生变化的条件是所研究现象产生的原因。其形式为：

场合	各种条件	被研究对象（现象）
（1）	A_1、B、C	a_1
（2）	A_2、B、C	a_2
（3）	A_3、B、C	a_3
……		

所以，A 是 a 的原因。

例如，某农场在试验田种植花生，若所施加的肥料中复合有机肥占的比例提高到15%，那么花生增产9%；若复合有机肥占的比例提高到30%，那么花生增产20%；若复合有机肥占的比例提高到80%，那么花生增产110%。其他情况：种子、土壤、气候、田间管理等都没有变化，那么提高复合有机肥占的比例，是花生增产的原因。

又如，把新鲜的植物叶子浸没在有水的容器里，并使叶子照到阳光，就会有气泡从叶子表面逸出并升出水面。日光逐渐增强，气泡也逐渐增多；日光逐渐减弱，气泡也随之减少。由此判断：植物的叶子放出气泡与日光照射有关。这就应用了共变法。

运用共变法时，需要注意的有：①只能有一个相关情况发生变化，其他情况保持不变，若其他情况也发生变化，则运用共变法可能出错；②两种现象的共变是有一定限度的，超过限度，可能共变的情况不再继续或改变共变的方向；③有些共变的现象之间没有因果关系，例如闪电和打雷；④共变法与求异法既有联系又有区别，求异法是共变法的极端场合。

（5）剩余法。如果已知被研究的某一复杂现象是由另一复杂原因引起的，那么把其中确认为因果关系的部分减去，所剩余部分也必属于因果关系，亦即原因的剩余部分是结果的剩余部分之原因。其形式是：

复合原因 A、B、C 是复合现象 a、b、c 的原因；已知 B 是 b 的原因，C 是 c 的原因，所以剩余的 A 是剩余的 a 的原因。

例如，观测发现：大气中的氮比各种化合物中分离出来的氮，在相同条件下，多出 0.5% 的质量。有两个化学家这样想：空气中的氮的多余质量，必定是一个同氮相联系在一起的未知元素的质量。于是根据多次试验终于发现了新的化学元素——氩。这里边，大气中氮的含量异常是个复合现象，除去已知的 99.5% 的质量是氮的质量，剩余的 0.5% 的质量是后来发现的新元素氩的质量。这就用到了剩余法。

运用剩余法时需注意：①必须确认复合情况（条件）的一部分（B、C）是复合现象的一部分（b、c）的原因（或结果），而复合情况（条件）的剩余部分（A）不可能是复合现象的一部分（b、c）的原因（或结果）；②复合情况的剩余部分（A）可能仍是一个复合情况，如果是这样，则需要进一步的分析。

对穆勒的寻因方法的运用，必须注意到两点：

第一，从思维进程看，求因果的"穆勒五法"仍然属于不完全归纳法，其结论具有或然性，只有尽量满足其逻辑要求，结论才越可靠。

第二，通过"穆勒五法"探寻的因果联系是初步的，要知道结论是否可靠，不仅要经实践检验，还必须探寻更为深刻的因果联系。

三、演绎

演绎是由一般的、普遍性的命题，推出特殊的、个别性的命题的思维方法。

1. 中学理科中用到的直言判断和与之相关的三段论

无条件地判定对象具有或不具有某种性质的判断是直言判断。

例如，"凡金属皆导电"叫作全称肯定的直言判断（所有的 S 都是 P，逻辑式为 SAP）；"凡易挥发的药液都不能露天放置"叫作全称否定的直言判断（所有的 S 都不是 P，逻辑式为 SEP）；"碳是能导电的非金属材料"叫作特称肯定的直言判断（有的 S 是 P，逻辑式为 SIP）；"水在 0~4℃区间，不是热胀冷缩的"叫作特称否定的直言判断（有的 S 不是 P，逻辑式为 SOP）。

由"水在 0~4℃区间，不是热胀冷缩的"这个特称否定判断为真，推出"所有物体都具有热胀冷缩性质"这一全称肯定判断为假，这样的推理，逻辑式为 SOP→$\overline{SAP}$。

由"凡金属皆导电"这个全称肯定判断为真，推出"铜这一金属是导电的"这一特称肯定判断亦为真，这样的推理，逻辑式为 SAP→SIP。

还可以举特称肯定判断为假，推出全称否定判断为真（$\overline{SIP}$→SEP）和特称否定判断为假推出全称否定判断亦为假（$\overline{SOP}$→$\overline{SEP}$）的例子。

具备上述知识之后，我们来讨论与直言判断相关的三段论。

三段论由三个简单的直言判断组成。其中前两个判断叫作前提，后一个判断叫作结论。

三段论的结构包括：大项——作为结论的谓项的词项，通常用大写字母 P 表示；小项——作为结论中主项的词汇，通常用大写字母 S 表示；中项——在前提中出现两次而在结论中不出现的词项，通常用大写字母 M 表示。

根据中项在三段论中的不同位置所构成的不同形式，三段论有四个格。如下图所示：

```
第一格      第二格      第三格      第四格
M—P        P—M        M—P        P—M
S—M        S—M        M—S        M—S
─────      ─────      ─────      ─────
S—P        S—P        S—P        S—P
```

例如，"凡金属皆导电，铜是金属，所以，铜导电。"这个三段论属于第一格；而"具有一定熔点的固态物质是晶体，氯化钠是晶体，所以氯化钠有一定的熔点。"这个三段论属于第二格。

三段论是否有效，由以下规则来判定：

第一，三段论有且只能有三个不同的项，即大项 P，小项 S 和中项 M。借助前提中的中项作为媒介，使大、小项发生逻辑关系，从而推出结论。若三段论中只有两个不同的词项，那么大、小项就找不到一个中项来建立逻辑关系；若三段论中包含四个不同的词项，可能大项与一个词项有关；而小项和另一个词项有关，不能确定能与大、小项同时有关的共同项，也就不能做出正确的判断。

第二，起媒介作用的中项 M，必须至少有一部分外延既与大项 P 有关，又与小项 S 有关，这叫作中项在前提中周延。若中项不存在既和大项联系又和小项联系的那部分外延，就无法确定大、小项的关系。例如："有些非金属能导电；塑料是非金属；所以，塑料能导电。"此例中的中项"非金属"，在前提中两次都不周延，所以结论是错误的。

第三，在前提中不周延的词项在结论中也不能周延。例如："所有的有机物都含有碳和氢；所有的无机物都不是有机物；所以，所有的无机物都不含碳和氢。"此例中，大项"含碳和氢"不周延，结论中的否定命题的大项却是周延的，犯了"大项不当周延"的错误。

第四，若两个前提都是否定的，那么小项和大项必然都同中项相排斥，中项无法起到联结大、小项的媒介作用，此时三段论失效。例如："凡功能很多的手机，每项功能都不会很精致；这款手机不是功能很多的手机，所以这款手机……"结论不能肯定得出"这款手机各项功能都很精致",它也可能各项功能或某项功能很差。

第五,若前提中有一个是否定的,那么结论就是否定的;若结论是否定的,那么前提中必有一个是否定的。

第六,两个特称前提推不出结论。例如:"有的非金属能导电;有的导电体是合金;所以……"结论不能确定谁是谁。

第七,若前提中有一个是特称的,那么结论就是特称的。例如:"凡金属皆导电;这些物件中,有的物件材料是金属;所以,有的物件能导电。"

认真整理三段论的有关常识,我们可以回顾在过去的理科学习中大量运用"三段论"的例子。

例如:"能在转变前后总量是守恒的(大前提),β衰变是一种能的转变(小前提),所以,β衰变前后总能量是守恒的(结论)。"这个推理就是三段论。

既然β衰变前后总能量守恒,而电子带走的能量小于衰变前的能量,那么,其中的那部分能量一定是被一种尚未知道的中性微粒子带走了……奥地利科学家泡利正是由能量守恒定律出发,在此前提下,利用三段论,提出"中微子"假说,此后,人们用实验证实了中微子的存在,从而成功地解释了原子核的β衰变现象。可见演绎推理中的三段论是多么有用!

2. 关于复合判断中的假言推理和选言推理

中学理科学习中,我们还遇到复合判断中的假言判断和假言推理。

断定一事物(现象)是另一事物(现象)存在的条件的推理称为假言推理。而它的前提是:"若 P 则 q"形式的假言判断。

比如,"若有电荷,就有电场。"——充分条件的假言判断,紧接着:"所观测的空间有电荷的存在,所以,该空间一定有电场。"这是充分条件假言推理。

又如,"系统只有保守内力做功,该系统的机械能守恒。"——必要条件的假言判断,紧接着:"此问题中只有重力做功,重力是系统中的保守内力,所以该问题中系统的机械能守恒。"这是必要条件假言推理。

再如,"当且仅当物体所受的合外力为零时,物体才保持静止或匀速直线运动状态。"——充分必要条件的假言判断,紧接着:"此问题中,对象所受的合外力为零,所以它应保持静止或匀速运动状态。"这是充分必要条件假言推理。

中学理科学习中,我们还会遇到复合判断中的选言判断和选言推理。

断定若干可能的情况存在的判断称为选言判断;以选言判断为前提,并根据其逻辑性进行推演的称为选言推理。

例如:"木星的能源或是来自它的大气层,或是来自它的表面,或是来自它的内部。"这是"或A或B或C"的选言判断——前提;紧接着:"经研究已知,木星能源不是来自它的大气层,也不是来自其表面。"——推理过程中的选择;最后:"所以,木星能源来自它的内部。"——结论。这种断定多个可供选择的选言之中至少有一个选言为真的推理,称为相容性选言推理。

现实生活中,我们判断家中照明电路故障时,也自觉或不自觉地用到了相容选言推理:"灯忽然灭了,可能是短路或断路引起;经查明,电路没有断路,所以故障因短路引起。"

又如,"某化工生产过程中突然出现故障,要排除故障,要么加压,要么减压。"这是"要么P,要么q",而P、q二者不相容,称为不相容选言判断——前提;紧接着:"经检验,加压不行。"——推理;最后:"所以,排除故障须减压。"——结论。这种以不相容选言判断为前提的推理称为不相容选言推理。

值得强调的是:①假言前提必须真实;选言前提必须穷尽。若前提是虚假的,假言推理的结论就不可靠;若前提中可供选择的选言未穷尽,选言推理的结论也不可靠。②假言推理或选言推理的语言表述可能灵活多变,并且在一定语境中有可能省去某些部分,要注意分析其隐含的内容,才能正确把握。

总之,归纳与演绎是两种相辅相成的思维方法,我们对事物的认识是从个别上升到一般,又从一般到个别。因此,应当理解:演绎与归纳互为条件、相互补充、相互渗透,在一定条件下,双方是相互转化的。同时,不仅是演绎还是归纳,都需要灵活运用到分析与综合的方法。

第三节 论证和悖论

本节讨论形式逻辑中论证的一些基本知识,并简单介绍在思维中出现的悖论。

一、论证

运用已知正确的判断,作为确实可靠的理由,并通过推理,从理论上确定另一判断的真实性或虚假性,这就是论证。在科学研究中,人们常常围绕某个科学问题论证,一方面要证明自己的观点,另一方面要证明或反驳别人的观点,这就需要掌握论证的有关知识。

1. 形式逻辑中论证应遵循的基本规律

为了使我们的思维和表达思维的语言具有确定性,就必须了解形式逻辑中论证应遵循的基本规律。

(1)同一律。在同一思维过程中,概念必须保持同一,不能任意变更;判断也必须保持同一，不能随便转移。

违反同一律就会犯逻辑错误。例如，在同一思维过程，如果不是在原来意义上使用某个概念，而是把不同的概念混淆为一个概念，或者改换同一概念的含义，就犯了"混淆概念"或"偷换概念"的错误。又如，在同一思维过程中，如果不是在原来的意义上使用某个判断，而是用另外的判断代替它，就犯了"转移论题"或"偷换论题"的错误。

（2）不矛盾律。在同一思维过程中，不能用两个互相矛盾的概念或互相反对的概念指称同一个对象；同时，对两个互相矛盾或互相反对的判断，不能都肯定。

违反不矛盾律就会犯逻辑错误。例如，在同一时间、同一关系下，对同一对象做出具有矛盾关系或反对关系的判断，如果判定它们都是真的，就违反不矛盾律，犯了"自相矛盾"的错误。

（3）排中律。在同一思维过程中，两个互相矛盾的思想不能都假，必有一真。

违反排中律就会犯逻辑错误。例如，在同一时间、同一关系下，对同一对象做出的具有矛盾关系或下反对关系（一切不能同假）的判断，如果都加以否定，就犯了"模棱两不可"的错误。

（4）充足理由律。在思维过程中，任何一个正确的真实的思想总有它的充足理由。第一是理由必须真实，第二是理由与推断之间有逻辑的必然联系。

违反充足理由律就会犯逻辑错误。例如，用作理由的判断是虚假判断，即使推理形式有效，从虚假前提推出的结论也不能保证是真的，所以，犯了"虚假理由"的逻辑错误。又如，做出理由的判断虽然是真，但与推理之间没有必然联系，从理由的真推不出判断的真，这就犯了"推不出"的逻辑错误。

2. 论证的结构

论证是凭借论证方式将论题与论据两个组成部分联结起来而构成的。

论题是指论证所要确定其真实性的判断。它可以是尚待论证的，也可以是论证者已确知为真，而亟需进行宣传或讲授的判断。文章或讲话的论题习惯上被称为论点。复杂的论文既有中心论点，又有分论点。论题所要回答的是："论证什么"。它是论证或论说的对象，整个论证或论说都要围绕这个中心来进行。

提供论题成立的依据和理由称之为论据，它是据以确定论题真实性的判断。以公认的科学理论，包括其中的定义、定理、定律、原则、方法等作为论题成立的依据和理由称为事实实施论据；而直接用客观事实说话的是事实论据。要注意的是：论据与论题之间必须有内在、本质、客观的联系，而不是现象的、偶然的、主观臆想的联系，更不是毫无联系。否则就叫作论据与论题"不相干"。论据必须能够从整体上说明问题，而且具有充足性。那种以局部代替整体或者将必要条件混同充分条件的论据，只能判为"证据不足"。

论证方式是论证中所运用的推理形式。它所回答的是"怎样论证"的问题，即如何将论题与论据联结起来，由论据推出论题。它可以是由一个推理充当，也可以由多种或多个推理充当。一般而言，论证方式必须由必然性推理充当，或然性推理只是辅助性的。不少场合，必然性推理又伴随着或然性推理，二者相辅相成，构成统一的论证体系。

3. 论证的规则

应用推理并要求前提真实，是逻辑论证的两个主要特征。而解决思维内容的去伪存真问题，解决论题与论据在联结方式上的对错问题则涉及论证的规则。

就论题而言，首先是构成论题的概念要明确，论题断定什么要明确。而且不管论证过程如何复杂或涉及多少方式，论证都要自始至终地围绕着既定的同一论题来进行，即按同一律进行证明。

就论据而言，论据必须真实，不得虚假。而且，论据的真实性应是已知的，不能是尚待证明的；论据的真实性应先于论题的真实性，不能依赖于论题。

就论证方式而言，论证必须遵守推理规则。只有遵循推理规则，借助正确的论证方式，才能由真实的论据推出真实的论题。否则，即使已知论题事实上为真，论据也真实，由于论据与论题缺乏必然联系，其论题仍是或然的、不可靠的。

4. 论证的种类

按论证方式的不同，论证可分必然性论证和或然性论证；按论证的论题与论据的联系是否经过中间环节，可分为直接论证和间接论证。

（1）必然性论证。必然性论证是指以必然性推理（演绎或完全归纳推理）为论证方式的论证。该论证论据真实、推理形式有效，论题就必然为真。所以，它属于严格的逻辑证明，是论证的基本形式。

（2）或然性论证。或然性论证是指应用不完全归纳推理或类比推理为论证方式的论证。由于推理结论具有或然性，即使论据真实，推理形式合乎逻辑要求，论题的真实性仍是或然的。

（3）直接论证。直接论证是指不需要经过对反论题的否定而由真实论据直接确定论题真实性的论证。

（4）间接论证。间接论证是指由真实论据出发，先通过对反论题的否定，再确定论题真实性的论证。

间接论证常用的有：

① 反证法。反证法即通过对与论题相矛盾的判断（即反论题）的否定来确

定论题真实性的间接论证，其逻辑结构是：

　　求证：A 正确（或不正确）。

　　证明：假设非 A 正确（或不正确），

　　　　　则 B、C、D 正确（或不正确）；

　　　　　因为已知 B、C、D 不正确（或正确），

　　　　　所以非 A 不正确（或正确）；

　　　　　因为非 A 不正确（或正确），

　　　　　所以 A 正确（或不正确）。

②选言证法。选言证法即通过否定与论题相关的某些反论题（一般是指反对判断）来确定论题真实性的间接论证。

反证法的反论题是论题的矛盾论题，由否定矛盾论题进而确定论题为真是应用排中律；选言证法反论题是论题的反对论题，论证方式是选言推理的否定肯定式。

通过上述对论证的有关知识的介绍，我们要弄清逻辑论证的特点，明确它与推理的联系和区别；掌握逻辑论证的结构、规则以及论证的各种具体形式、方法；学会识别和揭露论证中的谬误和诡辩。

5. 论证的一些典型案例

理工学科学生，早在小学阶段，学习用"因为……所以……，不但……而且……"之类的词来造句时，就开始运用到论证。到了初中学习平面几何时，利用三角形全等（或相似）的判定定理证明平面图中两个三角形全等（或相似）等，更是进一步在逻辑思维上进行论证方面的训练。有一个成语"自相矛盾"，说的是一个专门卖矛和盾的商人，一边吹嘘他卖的矛尖锐无比，任何盾牌都能够穿破；同时，又吹嘘他卖的盾坚硬无比，再锋利的枪都砍不烂，穿不破！结果，有人上前问他："用你的矛去刺你的盾，情况会怎样？"简单的一句话，让吹嘘者无地自容。这也是简单的论证。事实上，我们只要认真回忆，在各阶段的学习中，我们有许多论证的经历是值得总结的。

下面，我们仅以两个典型的案例来说明有关论证的方法。

[例1]

伽利略有关"落体实验"的证明

早在古希腊时代，在当时的学术界影响极大的亚里士多德（Aristole）有一个与今天的物理学相悖的论断："重的物体比轻的物体下落得快。"这个论断统治了人们的思想很长时期。直到意大利科学家伽利略于1638年，在他的《两门新科学》的著作中，做了思维严密的论证，我们才彻底摆脱了"亚氏落体定律"的束缚。

伽利略的论证思路如下：

如果亚里士多德所说的是对的话,假定一块大石头以较大的速率(比如说8)运动,而一块较小的石头以4的速率运动,那么,把二者联系在一起,这两块石头将以小于8的速率运动;但是,两块联系在一起的石头当然比先前以8的速率运动的石头要重。按照亚里士多德所说的,重的东西比轻的东西速率应该大,那么究竟其速率是大于8还是小于8呢?由此可见,亚里士多德的论断是无法自圆其说的。

伽利略的论证,是从一个理想实验的叙述揭示出亚里士多德"落体理论"的破绽和逻辑混乱,其严密的逻辑思维令人叹服。

[例2]
恩格斯关于"数学中的转折点是笛卡儿的变数"的论证

恩格斯在他的《自然辩证法》(人民出版社,1971年版,第236页)中写道:"有了变数,运动进入了数学;有了变数,辩证法进入了数学;有了变数,微分和积分也就立刻成为必要的了,而它们也就立刻产生,并且是由牛顿和莱布尼茨大体上完成的,但不是由他们发明的。"这个论证用了三个论据,是简单、有力的直接证明。

通过上述两个案例,我们可以感悟到严密的逻辑思维在论证中是多么重要。

还须说明的是:一些看似严密的逻辑思维,得出的论断不一定正确。这就涉及下面要提及的悖论。

二、悖论

悖论虽属形式逻辑学的范畴,但不是一两句话能概括得清楚的。让我们先来回顾一下历史上一些"逻辑难题",进一步理解悖论产生的积极意义。

1. 历史的回顾

所谓"逻辑难题"是指:通过形式逻辑思维,对其事物进物进行思辨,其结果却无法解释的哲学命题。让我们举几个例子来说明。

[例3]
"阿克琉斯命题"

古希腊埃利亚学派的代表人物芝诺(Zenon Eleates)曾经有一个名为"阿克琉斯命题"的论断。意思是:甲、乙两个人分别从A地和B地同时出发。甲虽然跑得比乙快,但是因为乙在甲的前方。所以甲要超过乙,必须先从A赶到乙处在的出发点B;而当甲到达B点时;乙已到达C点;当甲到达C点时,乙又进入到D点……如此下去,结果是甲永远赶不上乙(如图3-2所示)。

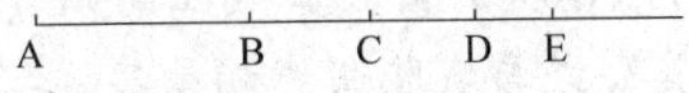

A　　B　　C　D　E

图3-2　图例1

芝诺企图通过上述的"逻辑思辨"否定运动的真实性。在今天看起来，简直不值一驳。因为只须列出如下的方程式 $V_甲 t = S_{AB} + V_乙 t$，很快计算出甲追上乙所需的时间：$t = \dfrac{S_{AB}}{V_甲 - V_乙}$，从而说明在时间 t 内甲就追上了乙。然而，在公元前四世纪的当时，芝诺的"逻辑难题"竟引起了学术界极大的骚动。因为当时人们无法找到该命题的逻辑破绽。

[例4]

"说谎者难题"

也是在公元前4世纪，古希腊麦拉加（Magara）学派的哲人欧布里德（Eubulides）说了一句："我说的这句话是谎话。"让人们判定这句话是真话还是假话。若把它判作真话，则它是谎话；把它判作谎话，则因为它本来就是自己在说谎，讲的是真实情况，就成了真话。这样，就出现了"真→假→真"循环。当时，有一个"二值逻辑法则"，即任一命题具有并只具有"真"或"假"二值之一的各种形式逻辑的统称。用此法则，没有人能找到造成这种"循环"的原因，用形式逻辑有关论证的基本规律：同一律、矛盾律、排中律等都无法做出令人信服的解释。

与"说谎者难题"类似的例子还不少。例如数学上有如下的命题——"对角线归属谁?"说的是：若将一个正方形用对角线隔开（如图3-3所示），则正方形被分成A、B两个全等直角三角形。今若假定对角线属于A或B一方，则另一方B或A就失去了斜边，而不成其为三角形。也就是说，A是三角形，B就不是三角形；B是三角形，A就不是三角形。同样，用"二值逻辑法则"是无法解释清楚上边的命题的。

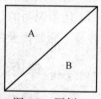

图3-3　图例2

现代形式逻辑学家们把上述认为是"不可解的命题"统称为"悖论(Paradox)"。

[例5]

"紫外灾难"

"紫外灾难"也是物理学研究中曾经遇到的"逻辑难题"。它指的是19世纪末，在处理黑体辐射问题上，热力学和经典统计物理学遇到的令人困惑的问题。

1896年，德国物理学家维恩根据一些经典物理理论，推导出黑体辐射能量分布的公式：

$$\rho(v, T) = \alpha v^3 \exp(-\beta v/T)$$

式中，ρ 为能量密度；v 为频率；T 为绝对温标；α、β 为常数。

维恩公式表示的规律与黑体辐射实验曲线在高频（短波）部分吻合得很好，但在低频（长波）部分，其公式与实验曲线相差甚远。

1900年，英国物理学家瑞利推导出另一种表述的公式，后经典国物理学家

金斯修改，将其公式表述为

$$\rho(v,T) = 8\pi v^2 KT/c^3$$

式中，ρ 为能量密度；v 为频率；T 为绝对温标；K 为玻耳兹曼常量；c 为光速。

这一公式在低频（长波）部分与实验相符，但在高频（短波）部分却与实验相差很远。更为重要的是，瑞利—金斯公式给出的结果：随着频率的增加，能量密度 ρ 将趋于无穷大。也就是紫外线在的电磁波高频部分，能量密度趋于无穷大，这是根本不可能的。科学界把这种情况称为"紫外灾难"。人们的困惑在于：要么经典物理中的"能量是连续的"理论有问题，否则不会出现"紫外灾难"，要么所做的实验有问题，使结果未能纳入经典物理的框架。

当时，认为经典物理学是完美无缺的许多物理学家，包括瑞利、金斯等人，为了维护经典物理学家的权威，千方百计把新实验纳入经典物理的框架，进行了许多推测，都无法解释清楚为什么会出现"紫外灾难"。

[例6]

"双生子佯谬"

物理学界在爱因斯坦的相对论时空效应的发现之后，曾经出现过"双生子佯谬"的逻辑命题。

按照爱因斯坦的狭义相对论，物体在静止参照系中的长度，会因为物体的运动，而沿运动方向缩短；物体相对于它做匀速直线运动的所有过程都比相对于它静止的相同过程进行得慢。这就是"尺缩与时滞"效应，又称相对论的"时空效应"。

于是，有人做如下的推论：

两个孪生兄弟，哥哥乘飞船以接近光速的速度离开地球；弟弟仍在地球上生活。若干年后，哥哥乘飞船回到地球时，因为"时滞效应"，仍显得那么年轻，而留在地球上的弟弟却显得老态得多。但既然运动是相对的，也可以把乘飞船的哥哥视为静止，弟弟以接近光速的速度远离哥哥而运动，同样因为"时滞效应"，应当是弟弟显得年轻，哥哥显露老态呵！……这就是著名的"双生子佯谬"，也称"双生子悖论"。

上述推论在逻辑思维上找不到破绽，理论依据看起来也十分充分，这在当时，也是困扰科学家们的一个"难题"。

通过上面几个例子，我们对何谓悖论可以有如下的理解：

悖论，即通过形式逻辑思维描述事物而引出的看似"不可解"的命题；悖论也是思维未能完整地把握客观事物的辩证矛盾而产生的困惑；悖论还是旧理论与客观新事物出现冲突时，人们思维中的一种反映。

2. 悖论的积极意义

悖论作为一种"显得荒谬"，被视为逻辑思辨中"不可解命题"，似乎让人感到，它仅仅是一种思辨方面的"脑力游戏"。其实，它的积极意义是不可低估的。

让我们以前面举的例子促使人们进一步研究的情况来说明悖论的积极意义。

关于"说谎者难题"和"对角线归属谁"，这两个"悖论"用二值逻辑法则是破解不了。这就促使形式逻辑家们研究新的逻辑法则。有人提出：如果不是只取"真""假"二值，而是承认有不是"是（真）"又不是"非（假）"的事物，即在"是（真）"和"非（假）"之外，补加上"即不是'是（真）'，又不是'非（假）'"以及"既是'是（真）'又是'非（假）'"的事物，两个悖论中出现的矛盾就能解决了。比如"说谎者难题"，可以说其内容上讲是真实情况，但作为表达是假的，是一句"真的假话"。"对角线归属谁"命题，可以说：对角线或属于A，或属于B，既属于A又属于B，既不属于A又不属于B，可能取四重值……这就产生了形式逻辑学中的"四重逻辑"新理论了。

关于"阿克琉斯命题"，促使后来者对其内容进行深入思考发现芝诺在揭露运动的矛盾的同时，也不自觉地预示一点，即解决矛盾的途径——跑得快的甲和跑得慢的乙，二者在运动过程中，随着时间的推移，二者的距离在逐渐缩小，那么，当时间继续推移，二者距离逐渐缩小，必然在某一时刻，二者的距离缩小到极限值——零。此时，甲追上了乙。可见，芝诺的命题蕴含有限和无限二者的辩证关系，一旦加入极限的思想，该命题就迎刃而解了。

解开令人困惑的"紫外灾难"之谜的是德国物理学家普朗克。经过大量的研究，普朗克提出：辐射体中具有带电的线性谐振子，由于带电，它们能与周围的电磁场交换能量，但每一个线性谐振子所具有的能量是不连续的、分立的；这些能量只能是某一最小能量 ε（能量子）的整数倍。对于频率为 v 的线性谐振子，$\varepsilon = hv$（其中 $h = 6.626 \times 10^{-34} J \cdot S$ 称普朗克常数），至此，普朗克总结出黑体辐射能量分式的公式：

$$\rho(v,T) = \frac{8\pi hv^3}{c^3} \cdot \frac{1}{e^{hv/KT} - 1}$$

显然，在低频部分，$e^{hv/KT} = 1 + hv/KT + \cdots$ 代入上式，即得到瑞利——金斯公式；在高频部分，$e^{hv/KT} - 1$ 则普朗克公式变为维恩公式。这表明，普朗克公式对低频和高频情况下的黑体辐射实验曲线都做出了令人信服的表征。

正是普朗克抛弃了经典物理学理论中有关能量吸收和释放是连续的论断，建立起能量量子化理论，才使物理学研究叩开了微观世界的大门。有人评价：是"紫外灾难"这一悖论促使普朗克为量子力学的建立放下了第一块奠基石。

"双生子佯谬"的出现，是在爱因斯坦的狭义相对论问世之后。这就促使包括爱因斯坦本人在内的一些物理学家，对在各种参照系中描述物体的运动情况进行深入研究。研究结果表明：各种参照系具有不完全平权性。在"双生子佯谬"中，哥哥相对于弟弟所在的参照系的运动和弟弟相对于哥哥所在的参照系的运动是有区别的，只有乘飞船遨游太空的哥哥才可能产生"时滞效应"。这就进一步使我们懂得相对论理论并没有支持只承认相对性而否认任何绝对性的观点。

综上所述，我们可以较深刻地理解悖论的积极意义。

有人称"悖论"是孕育着新突破的科学迷雾。悖论是科学发展的一种强有力的内在的逻辑力量。科学的发展历史已经证明：事物的辩证本性和辩证联系常常是以悖论的形式出现的。这时，思维虽然不能完整地把握客观事物的辩证矛盾，但由于悖论的出现，却使人们看到了旧的理论与客观事物的辩证性之间的尖锐矛盾。在这种情况下，总会出现一些科学上的革新者，他们面对矛盾，提出新的范畴、新的科学理论。而当新旧科学理论的对应关系或从属关系被人们阐明时，悖论就转化为一系列的辩证命题了。正因为如此，可以说，悖论的出现成了逼迫人们进行辩证思维的一种动力。一旦悖论的命题得以破解，科学也随之得到突破性的发展。

思考与练习

1. 将你所在专业要学的所有课程开列出来，对它们进行分类，力求避免简单的现象分类，避免分类重叠或过宽、出现越级或子项不穷尽等错误。

2. 在专业课中任选一门课，查一下其中哪些概念是用比值定义法建立的概念？哪些规律是用控制变量法写出的表达式？哪些实验过程用到了等效替代法？把它们记录下来，写一篇1000字以内的心得。

3. 查阅一下你所学的哪一门基础课运用到了科学类比方法，并指出你列的案例属于三种类比中的哪一种？

4. 试从你的学习实践中举一两个应用矛盾分析法或元抽象法的实例。

5. 结合你对本章介绍的系统法、对称法和移植法的学习，查阅一些科技史的书籍，设法从中找出一些实例来，写成一篇1000字以内的科普性文章。

6. 找一些形式逻辑知识的书籍来阅读，看看自己还缺少什么知识，并记下自己的读书笔记。

7. 你从本章有关"哥德巴赫猜想"的故事中获得哪些有益的启示？你能举几个生活中自觉不自觉地运用"穆勒五法"的例子吗？尝试从你的教科书中去寻找，只要积极去阅读并思考，就会从中受益的。

8. 举几个应用三段论的实例。

9. 回顾一下中学物理学习中，是怎样得出牛顿第二定律的？又是怎样从此定律推出动量定理、引出冲量、动量概念的？又通过哪些途径建立起动量守恒定律的？从中，你可以领悟出科学演绎方法在科学研究的理论建树中的作用。

10. 联系你所学的专业课程，举几个应用直接证明的实例，再举几个应用间接证明的实例。

11. 有人说，"信息是通过语言、文字、图片等方式传递的。因此，信息是物质；但传递的语言、文字、图片等，只有通过人的头脑的加工，以确定其价值。因此，信息是意识。"根据你对"悖论"的理解，你认为他的话属于"悖论"吗？还有人说："信息既不是物质，也不是意识，而是第三种存在。"你同意这样的说法吗？说出你的见解。

12. 查阅有关科学技术史方面的资料，看看还有哪些科学技术方面的"悖论"问题，我们的前辈是怎样找到排除悖论的方法的，并就此写一篇读书心得。

13. 达·芬奇曾经就练基本功谈在纸上画鸡蛋的故事。有人却做如下描述："达·芬奇画蛋的故事对我们很有教育意义，能在几厘米的蛋壳上画出优美的风景人物来，确实不是轻而易举的事。"此人在逻辑证明上违反了哪条规律，犯了什么样的逻辑错误？

14. 试根据逻辑中的排中律解答下题：

某专业的学生组织技能大赛活动。A、B、C、D四位学生中，有1人没有参加该活动，其余3人都参加了。班长询问时，他们做如下的回答：

A说：B同学没来。

B说：我不但来了，而且还参加了其中的比赛。

C说：我来晚了一会儿，但一直到比赛结束才离开。

D说：如果C同学来了，那就是我没来。

若四个人中只有一个人说了谎，请推理说出哪位同学没有参加该活动。

15. 关于艺术品的价值问题，A、B两位同学产生争论：

A说：如果视觉上辨别不了复制品和真品之间的差异，它俩就有相同的品质，其价值就应当相同。

B说：由于复制品和真品产生于不同年代，即使凭视觉区分不了，它俩也不具有相同的品质，其价值就不应当相同。

A、B二位的分析有以下四个答案供选择：

① 不能仅凭视觉来区分复制品和真品。

② 是不是把复制品也当成了真品。

③ 复制品是否与真品有同样的时代背景。

④ 首创性是否是一件艺术品所体现的宝贵品质。

请认真分析后，选出正确答案。

16. "近几年参加质检工程师资格考试的人越来越多。因为所有想从事质检工作的人都想获得质检工程师资格证书。小李也想获得该证书，所以，小李一定是想从事质检工作。"上述"三段论"在中项上犯了什么逻辑错误？下边几个补充陈述，你认为哪一选项能使"小李想获得该证书"的结论成立？

A. 目前越来越多的从事质检工作的人具有质检工程师资格证书。

B. 不想获得质检工程师证书的人，就不是一个好的质检工作者。

C. 只有想从事质检工作的人，才想获得质检工程师资格证书。

D. 只有想获得质检工程师资格证书的人，才有资格从事质检工作。

E. 想要获得质检工程师证书，一定要对质检理论非常熟悉。

17. 由于工业废水的污染，淮河中下游水质恶化，有害物质的含量大幅度提高，这引起了多种鱼类的死亡。但由于蟹类具有适应污染水质的生存能力，因此，上述沿岸的捕蟹业和蟹类加工将不会像渔业同行那样受到严重影响。以下哪项如果为真，将严重影响削弱上述的论证？

A. 许多鱼类已向淮河上游及其他水域迁移。
B. 上述地区渔业的资源向蟹业转移，激化了蟹业的竞争。
C. 作为蟹类主要食物来源的水生物——蓝藻，无法在污染水质中继续存活。
D. 蟹类适应污染水质的生理机制尚未得到科学的揭示。
E. 在鱼群分布稀少的水域中蟹类繁殖较快。

第四章
>>>>>> 非形式逻辑思维方法

本章将科学技术前辈们在进行科学技术研究中运用到的想象、直觉与顿悟，以及唯物辩证的思维方法，归为非形式逻辑的思维方法。我们在其中还穿插有关思维导图知识的介绍。事实上，理工类学校的同学们，通过多年的学校教育，已经对非形式逻辑的思维具备一定的感悟，关键是能否系统地整理，让它们成为自己今后创新活动中具备的能力。

第一节 想象、直觉与顿悟

我们的科学技术前辈们在进行科学发现和技术创新的过程中，当现实条件尚不具备、科学材料尚不足够时，运用有限的科学知识和理论，发挥主观能动性，想象某些未知的自然变化过程，构思某事物的内部机理与运动变化规律，憧憬科学或技术的新成果，这样的过程称为科学想象。

在具备一定的知识积累的基础上，对客观事物及其关系产生一种直接识别或猜想的思维活动是直觉。同样，在具备一定知识积累的前提下，对长期思考而不得其解的问题，由于外界的某一刺激而突然醒悟，找出问题解决的思维活动则称为顿悟。

一、想象

人们通过观察、实验感知外界事物。当事物不在眼前，大脑会再现外界事物的情景，这是记忆表象。记忆表象一般只反映某一事物的个别特性。而在此基础上，进行思维加工，形成新的形象，从而反映一类事物的表面特征，创造出新形象，这种对表象加工的思维才能称为想象。想象不是表象的简单再现，而是表象的夸张、升华、理想化的改造，它可以脱离现实，却又以现实为基础。例如，物理学中研究刚体的平动，由于其形状、体积等方面的特征不影响平动时的运动变化，人们就把整个刚体的质量集中于其几何中心——质心，将刚体视为质点，然后研究质点的运动。这种想象中，质点不再是现实中的刚体，但质点的运动则完全可以代表该刚体的平动。

1. 想象的特征

丰富的想象力具有如下特征：

（1）形象化特征。表象具有形象性，建立在表象基础上的想象必然具备形象化。比如人们想象"千里眼""顺风耳"时，是在现实的眼和耳的基础上，因此，其形象没有脱离眼、耳的形象。

（2）概括性特征。表象具有一定概括性。想象是改造或创造新形象的过程，能使得一些原来不相关的形象联系起来，或突出表现原有形象的某些方面，因而更具有概括性。例如，在19世纪80年代，人们研究氢原子光谱，试图找出光谱线之间的关系，瑞士巴塞尔的一位中学数学教师巴尔末，不受力学、光学系统处理问题的传统观念束缚，而借助几何图形想象谱线波长会趋近于某个极值，猜测到波长之间的平方关系，从而得出氢光谱线系的公式——巴尔末公式，此公式是迄今为止凭想象获得的仍相当精确并广泛使用的物理学公式之一。

（3）整体性特征。想象时，呈现于头脑中的是一幅整体的图景，是从整体上对事物进行思考的，而且与形象性、概括性紧密相连。例如，伽利略设想的一个理想实验：在一个光滑斜面的对面再放置一个光滑斜面，下端相连，组成第二个斜面。在一个高度 H 上，沿光滑斜面放一个小球，它将沿斜面滚下并会沿着第二个斜面滚上。由于光滑，摩擦影响非常小，小球基本上会达到同样的高度 H。在没有摩擦的理想状态，小球会达到 H 高度；如果减小第二斜面的倾斜度，在理想状况下，小球不论时间路程如何延长，还是要滚到高度 H 处。这样，随着第二斜面倾斜度的减小，小球滚过的路程越来越长。由此，伽利略推论：如果第二斜面变成水平面，那么小球将以不变的速度值沿水平面一直运动下去。从而否定了原先所谓"力是使物体运动的原因"的理论。伽利略所想象的这个实验，实际上是不可能完成的。因为小球与斜面间的摩擦不可能完全清除，平面也不可能做到在空间中无限延伸。但是，这一想象是从整体上对事物进行思考的，且其形象性和概括性都与整体性联系紧密，因而十分令人信服。

（4）自由性和灵活性。想象可能对事物的局部和细节的描述是模糊的，也正因为如此，使得对象各部分的联系比较松散，从而带来自由性和灵活性。

例如，通常数学上的点是不可分的，而数学家在非标准分析中运用想象，建立了"单子"的概念，把"单子"说成是有结构的点，从而肯定了实无穷小存在的合理性，而其中，"单子"的内部结构就是模糊的。

由于想象的形象性、概括性、整体性、自由性和灵活性，使得它在科学发现和技术发明中显得特别重要。爱因斯坦就说过："想象比知识更重要，因为知识是有限的，而想象力概括着世界上的一切，推动着进步，并且是知识进化的源泉，严格地说，想象力是科学研究中的实在因素。"

2. 想象方法

人们在概括事物构造的普遍联系、推测事物现象的原因与规律时的想象有仿造想象、跳跃想象、复合想象等具体的方法。

（1）仿造想象。根据客观事物联想到对象，构想出其结构、性质等方面相类似的创造物的想象，称为仿造想象。其客观基础是同类事物的结构或功能的相似性。例如，很早以前，人们就凭借鸟能够在天空飞翔，想象飞机的结构和功能。这种想象的基本特点是通过同类事物某方面特性的启发，创造出思考着的对象的某些特征，即依照原来实际中所观察认识的某些事物（如鸟的翅膀），设想出在结构功能方面相似的新事物（如飞机的翅膀）。由于仿造想象的直接性和仿造性，其概括的广度和深度是有限的。

（2）跳跃想象。在科学技术研究中，常常在联想物的诱导下，创造性地构想出一般性结论的思维方法，这就是跳跃想象。例如：物理学家劳厄将光的衍射实验和晶体晶格实验两个原本相距甚远的分支学科问题联系起来，用晶体当光栅做衍射实验，既解决了研究 X 射线时遇到的光栅难题，又推动了晶格的研究，被后人称为"劳厄图"的 X 射线晶体衍射实验构想，也被爱因斯坦称为现代物理学中最漂亮的一个想象。这种想象常常是依不同类事物之间的联系，创造出新方法、新理论的想象；其创造物和联想物是不同类的东西，因此具有跳跃性。其客观基础是事物深藏于其中的复杂联系，需要更为丰富的想象力。

（3）复合想象。把前两种想象综合起来的想象就是复合想象。例如，现在的手机除了能够把声音、图像传递之外，还能够照相、录像，能够当镜子、照明灯、计算器等工具使用。它的发明离不开当初的复合想象。在复合想象中，联想物与创造物之间，既有直接的联系，又有间接的联系，是在同中求异、异中求新。其客观基础是事物间多种多样的复杂联系，需要的想象是一种更为复杂、更为深刻的想象，其中既有仿造想象，又有跳跃想象，更多的是将二者综合起来思考的想象。

必须强调的是，科学的想象，要遵循以下原则：

（1）想象立足于一定事实和科学知识之上。爱因斯坦创立相对论时，那一系列著名的理想实验，曾经使人认为相对论是纯粹思辨的产物。为此，爱因斯坦强调指出："相对论的理论并不是起源于思辨；它的创造性完全是由于想要使物理理论尽可能适应于观察到的事实。"所以，诸如"永动机"一类违反科学的东西，只能是不切实际的空想。

（2）想象要经受实践的检验。首先，想象提出的结论必须能够解释事实，这是正确想象的基本要求。另外，想象提出的结论要能够被以后所观察到的事实所检验。结论必须有普遍性，不应只能说明已经考察的事实，而且应该可以说明未来新发现的事实，即由该命题演绎出来的结论应与事实相符。

在理工科学习中，凡需要认真观察和记忆的地方，总有学生表现出丰富的想象。

"格式塔"出自德文，意为"形状""样式"。格式塔心理学认为，人的知觉不是先感知个别成分再注意到整体的，而是先感知到整体的形象，然后才注意到构成整体的个别成分的。如图4-1所示，人们或看到的是一个高脚玻璃杯，或看到两个相对而视的侧面像。从一个图像转到另一个图像是作为整体实现的，这种转变称为"格式塔转换"。

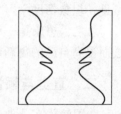

图4-1 格式塔转换图例

笔者曾经拿此幅图去测试一些中等职业学校的学生：请说出你看到的图像是什么？说得越多越好，但要与事实基本相符。

开始，同学们说，像酒杯、像痰盂、像一个人在照镜子等。再启发大家思考：能不能结合学过的数学、物理、化学、生物知识，对这幅图产生联想，再说它像什么？经过一段沉思，学生的回答让人惊喜：

从数学的角度思考的同学说：它是一个左右呈轴对称的平面曲边形。曲线段与直线段有些地方吻接，有些地方不吻接。如果要计算中间那块曲边形的面积，只需用切割填补法将两侧中任一侧的曲边形面积算出来，再用整个矩形面积减去这一侧曲边形面积的2倍就可以了。

从物理学的角度思考的同学说：它是一个能说明平面镜反射原理的图形。中间对称轴的位置是平面镜的位置，左右两侧的任一侧可看做一个人头，另一侧则是通过平面镜反射后这个人所看到的与他一模一样的像。

从化学的角度思考的同学说：它像一个化学实验管道中控制阀上半部分的剖面图。腰部曲折多道旋纹是为了衔接部位啮合得更紧密，以防泄漏。下部是起开启和关闭作用的门的一部分剖面。

从生物学的角度思考的同学说：它像一个动物解剖后，需做干燥防腐处理而撑开的部分剖面图。中间的对称轴位置是动物脊椎的位置。

还有的学生说，该图像一盏火焰熊熊的酒精灯、像安装在实验装置底座上的橡胶弹性垫子、像某种工具的手柄……可见，我们的学生一旦开动脑筋，头脑里潜藏着多么丰富的想象力。

又如，在普通物理力学部分，讲到弹簧振子的周期 $T = 2\pi \sqrt{m/k}$；还有单摆的周期 $T = 2\pi \sqrt{L/g}$。这两个公式需要记忆，而同学们常常把根号里边的分子、分母对应的物理量：振子小球质量 m 和弹簧倔强系数 k、单摆摆长 L 和重力加速度 g 位置弄颠倒。有同学发挥想象，利用："沙发上的小孩在弹力作用下抖动"和"悬线下的小球在重力作用下摆动"两句话来记这两个公式。"沙发上的小孩"表明 m 写在分数线上方，"弹力 $F = -kX$"表明倔强系数写在分数线下方;"悬线下"表明摆长 L 写在分数线上方,"重力 $G = mg$"表明重力加速度 g 应写在分数线下方。简单的两句"顺口溜"避免了记忆公式可能出现的错误……可见,想象帮助学习中的记忆,效果是很明显的。

总之,想象是一种十分可贵的能力。我们应努力培养自己丰富的想象力,进而提高自己的创新能力。

二、直觉与顿悟

我国清代文艺理论家王国维,曾借用三句诗词来描绘做学问的经历。第一句:"昨夜西风凋碧树,独上高楼,望断天涯路";讲的是:开始做学问,要占有资料、熟悉情况、高瞻远瞩、看清方向,这是第一阶段;第二句:"衣带渐宽终不悔,为伊消得人憔悴",讲的是:为了实现目标,要精力专注、刻意追求,甚至要到废寝忘食、茶饭不香、身心憔悴的程度,这是做学问的第二阶段;第三句:"众里寻他千百度,蓦然回首,那人却在灯火阑珊处",即是说:虽然苦心追求,千百次寻觅,仍然不见踪影,但在猛然回头的一刹那,却发现了久久追求的对象就在眼前,这是做学问的第三阶段。"蓦然"可以理解为直觉和顿悟。可见,直觉和顿悟的产生有它的现实基础,绝不是凭空就可以闪现出来的。正如华罗庚所说:"天才在于勤奋,聪明在于积累。"

直觉与顿悟都不是对事物先做各方面的详尽分析,不是按部就班地运用逻辑推理去达到对事物的认识,而是从整体上对待对象,越过思考的中间阶段,直接接触到结论或解决问题的办法的一种心智活动。

平面几何里,数学家认为"两点之间以直线距离为最短""过直线外一点,只能作一条直线与已知直线平行"等结论,凭的是直觉。

相传,古希腊时代,亥洛王请人打造一顶金冠。他怀疑打造者在其中掺假,便请阿基米德来鉴定。阿基米德一直为此苦思而不得法,碰巧有一次到浴室去洗澡,他突然觉察到:当自己的身体进入澡盆时,一些水溢出盆外,而自己的身子也似乎变轻而浮起来了。由此,他获得启发,找到鉴定金冠的办法:不同材料的头冠浸入水中后,会有不同的表现,并通过实验得出关于浮力的原理——这是顿悟。

1. 直觉与顿悟的特征

科学技术史表明,创造性的直觉与顿悟有如下特征:

(1) 它们的产生有一定的条件,绝不是无中生有的。产生直觉与顿悟的条件包括:创造者具备一定的知识素养、存在一个或多个待解决的问题、具备解决问题的一些客观因素、曾经历一段紧张的思考等。

(2) 直觉和顿悟是迅捷的。直觉是一种瞬间的思维判断;顿悟则是被偶然发生的事件催化,而突如其来的思维判断。它以头脑中保持的信息为基础,而且是凭借大量知识和经验的积累,在瞬间爆发的。

(3) 直觉和顿悟所产生的思维必须进行逻辑加工和实践检验。未经逻辑加工和实践检验的直觉与顿悟,具有很大的随机性和不确定性。只有通过严格的逻辑证明,并通过实践的检验,才体现其价值。

2. 聚敛思维和发散思维训练有助于产生顿悟

从某种角度看,聚敛思维和发散思维瞬间爆发的结果,就是直觉和顿悟。

聚敛思维是指:围绕同一问题,调动各种知识和方法让思维指向这个问题,寻求解决办法。

例如,1898年,居里夫人在实验时观察到一定量的沥青铀矿所发出的放射线强度要比它所含的纯铀所发出的放射强度大得多。这究竟是什么原因?围绕这一问题,她凭借多年从事放射性研究的知识与经验,诸如放射线强度的检测、沥青铀矿含铀量多少等,把思维指向物质的放射性,于是产生了顿悟:沥青铀矿中可能含有未知的放射性元素。为此,她又进行了不懈的实验研究,终于找到了放射线强度比铀元素大得多的新元素——镭。

在现实中,为解决一个技术方面的难题,常常是调动数理化等各方面的知识,以及机械制造或工艺流程等方面的经验,围绕这一难题进行思考。有时候,让攻关小组的成员都集中在一起,围绕同一问题展开讨论,让每个人都开动脑筋,各抒己见,甚至发生激烈的争吵。往往通过互相启发的聚敛思维能激发起新的设想和方法,即产生顿悟来。

发散思维与聚敛思维不同之处在于:思维指向相反,即以问题为出发点,从不同的方向和层面,以不同的角度去思考。看还有哪些值得研究的问题、值得借鉴的方法、值得关注的现象(对象)等。

在科学技术史上,科学家与工程技术专家运用发散思维产生顿悟,从而有了新发现的例子不少。

不妨以德布罗意关于物质波的假设过程为例:

众所周知,关于光的本性在很长时间内一直是物理学界争论的话题。以牛顿为代表的一批物理学家认为光的本质是一种"细微的物质",即光的粒子性;而以惠更斯为代表的一批物理学家则认为光的本质是一种"波动过程",即光的波动性。直到1905年,爱因斯坦在光量子理论中提出:辐射中的波和粒子共存是自然界的一个本质属性,即光的波粒二象性之后,才使各执一词的物理学家开始思考:波动性与粒子性应当统一起来。在这方面研究中,做出卓越贡献的当数年轻的物理学家德布罗意。

德布罗意回忆他的思维过程:"人们无法理解,为什么对于光来说,需要有两种相互矛盾的学说,即波动说和微粒说,为什么原子中的电子只有可能进行某些运动,而按经典概念它应有无穷多种运动。这就是我重新开始理论物理研究时，物理学家所面临的哑谜。当我开始思考这些困难时，主要有两个问题吸引我。第一个问题是，不能认为光子理论是令人满意的，因为它是用 $W=h\nu$ 这个关系式来确定光微粒的能量的，其中包含着频率 ν。可是纯粹的粒子理论不包含任何定义频率的因素。对于光来说，单是这个理由就需要同时引进粒子的概念和周期的概念。另一个问题是，确定原子中电子的稳定运动涉及整数，而至今物理学中涉及整数的只有干涉现象和本征振动现象。这使我想到，不能用简单的微粒来描述电子本身，而应当赋予它们以周期的概念。于是我得出指导我进行研究的全部概念，对于物质和辐射，尤其是光，需要同时引进微粒和波动概念。"

1923年9月，德布罗意提出了一个大胆的设想："一般的物质也具有波粒二象性"，并预言："从很小的孔穿过的电子束能够呈现衍射现象。"很快，1925年，美国实验物理学家戴维孙通过实验验证了德布罗意的预言，确实在重复的实验中发现电子被散射后出现类似光的干涉、衍射图样，此后，英国剑桥大学的汤姆逊在观察电子束通过金箔时，也发现圆环条纹，从而又为德布罗意的物质波理论提供了又一有力的实验证据。

德布罗意的物质波假设的验证，意义非凡。它提示了物质世界所具有的普遍属性，启示人们对微观粒子进行研究时，不能仅局限在原有理论的框架内。这就为建立一门研究具有波粒二象性的微观粒子运动规律的新理论——量子力学扫清了思想障碍。

通过上述例子，我们可以想象，正是德布罗意把光的本性的研究拓展到实物粒子，这种发散性思维产生的顿悟，才取得如此卓越的成就。

值得指出的是：发散思维中比较常见的且最容易产生顿悟的是逆向思维。

人们思考问题，往往是从原因分析结果，从前提推导结论，从目的决定办法，这种按常规进行的思维，我们称为正向思维。上边叙述的聚敛思维多为正向思维。而由结果倒推出原因，由结论回溯到前提，由办法的改变去思考达到的新目的，就是逆向思维。

20世纪50年代，美国工程师兰米尔在研究灯泡钨丝蒸发现象时发现：钨丝通电后发脆变黑。常理是：钨丝被氧化才发脆变黑，因此必须提高灯泡的真空度，尽量减少灯泡中残存的气体。兰米尔却反其道而行之，有意降低灯泡的真空度，将氢、氮、氧、二氧化碳、水蒸气等分别通入灯泡中，他发现，氮气有减少钨丝蒸发的明显作用。那一年，兰米尔因这一高温高压下的化学反应研究的成果而获得帕金奖。

事实上，许多技术上的发明创造是由于逆向思维的成功运用。比如：

刀削铅笔，笔不动刀动；反方向去想：让刀不动而铅笔动，行不行？——卷笔刀由此诞生。

人上楼梯,梯不动人动。反方向去想:让梯动人不动,行不行?——电梯由此诞生。

现实中,某项技术上的革新前,人们往往有一些聚敛思维和发散思维的做法。有人为此总结出一些具体的方法:

(1) 缺点列举法。对要解决的问题,有意识地挑它的毛病,从"有什么缺点需要改善?"去思考解决问题的办法。它侧重于对研究对象局部存在缺点的分析。

(2) 希望点列举法。对要解决的问题,有意识地思考:"如果能如何将该是多好!"由这一想法出发去开拓创造设想,将想出来的希望点一一列出。

(3) 特性列举法。对要解决的问题,先从"物"的名词、形容词、动词三条脉络去分析其特性。分析得越详细越好。由此思考:"有什么更好的办法?"从而激发创造性设想。

(4) 智力激励法。对要解决的问题,召开10人以下的小型学术讨论会,开会前让参会成员先了解题目,开会中让每人各抒己见,允许讨论,想法越新奇越好,并详细记录,会后加以整理。这种在会上通过互相启发(激励),让创造性设想产生连锁反应(共振),从而启迪出更多的创造性设想的方法,就是我们常说的"集思广益"。

需要指出的有两点:

1. 太囿于聚敛思维,有可能失去一些科学的机遇

例如,从19世纪70年代开始,当时围绕着"阴极射线到底是什么?"的问题,引起物理学家们很大的争议。有人认为是一种电磁波,也有人认为是一种带电的粒子流。为此,若干物理学家开展了探明阴极射线的性质的实验研究。由于许多物理学家太专注于聚敛思维,只关注阴极射线管中发生的放电现象,而忽视其他现象。如1879年英国的克鲁克斯、1890年美国的兹皮德和詹宁斯、1892年德国的勒让德和其他物理学家,他们做同样的阴极射线实验都比较早,而且都曾先后发现阴极射线管使附近的密封照相底片曝光了,但他们有的只埋怨自己可能不小心,有的则只对这种"干扰"感到气恼,有的认为与自己的研究课题无关而不予深究,结果都失去了可能有新发现的机遇。直到1895年,德国的物理学家伦琴在研究阴极射线管的放电现象时,偶然发现:一包密封在黑色纸包里的照片底片被无端曝光了。他分析一定有某种射线在起作用,并称它为X射线。经过进一步的实验,证实了他的假想。伦琴意外发现X射线成为当时重大的科学发现,也因此获得诺贝尔物理学奖。可见,囿于聚敛思维的束缚,有可能失去一些科学的机遇。

2. 发散思维中的逆向思维有时可行,有时不可行,但却是有意义的

比如,热力学研究中,人们发现:功可以完全转变为热,而不引起外界的变化；但逆向思维后，去进行实验，发现：热不能完全转换为功，即热要完全转换成功，必然引起外界的变化。尽管功热转换不可逆，但引出的结论"任何与热现象有关的宏观实际过程都是不可逆的"却是非常有意义的。它指出热力学过程进行的方向性，指出热机工作效率达到百分之百的不可能性，即第二类永动机不可能造出。从而促进人们深入研究这种不可逆性的微观机理。

总之，直觉和顿悟作为一种创造性思维方法，是一种潜能，是人的潜在意识在瞬间的爆发。只要注重这方面能力的培养，并有意识地去实践上述的几种方法，每一个有志者是能够促使其具有创造价值的直觉与顿悟从潜伏期脱颖出来的。

第二节 思维导图

通过科学家对人脑研究得出的结论，以及从20世纪60年代末问世以来，现被人们当作"终极思维工具"的思维导图的简单介绍，我们会感到：前边提及的发散性思维还需要进一步强调。

一、关于人脑的研究

科学家对人脑的研究已经进入分子生物学的水平。现代技术已经证明：每个人的大脑中拥有1万亿个脑细胞，其中负责思考的脑细胞（称神经元）有1000亿。每个脑细胞都包含有一个巨大的电化复合体和功能强大的数据处理及传递系统，亦即每个脑细胞可以产生的连接数可达10^{28}数量级！每个个体细胞都可以在同一时刻与相邻的1万多个脑细胞发生接触和拥抱。正是这种闪烁不定、连绵不断的拥抱，才使人的思维当中无尽的模式和图谱被创造出来，得到营养，不断增多。

美国生物学家罗杰·斯佩里（Roger Sperry）在20世纪60年代末公布了他对大脑的研究成果：

人脑皮层的两边，右半脑主要负责节奏、空间感、格式塔（完整倾向）、想象、白日梦、色彩及维度；左半脑主要负责词汇、逻辑、数学、顺序、线性感、分析和列表。尽管两个半脑各司其职，可是，它们在所有的领域里基本都发挥功能，而且两个半脑可以同时使用。

上述研究告诉我们：

即使你的大脑在100年的时间里，每秒钟输入10条数据（每个条目都是一个简单的词汇或者图像），那仅仅占大脑存储量的不到1/10……这就是说：我们每个人的大脑都具有无限能量和潜力。

二、关于人的学习过程的研究

在对人脑进行神经生理学研究的同时,科学家从心理学的角度研究人的学习过程。他们的研究归纳起来有如下几点:

(1) 在学习过程中,人脑主要记忆六个方面的内容,它们是:开始阶段的、结束阶段的、与已经存储或正在学习的东西发生联系的、突出或独特或被强调的、对五种感官(视、听、味、嗅、触)之一特别有吸引力的、个人特别感兴趣的内容。

(2) 大脑有寻求"格式塔"倾向,即需要通过词汇和意象填充空白,以求整体的自然倾向。

(3) 在学习过程中,人脑发挥五大功能:接收、保持、分析、输出、控制,而且,这五大功能都是彼此强化的。

(4) 杰出天才的人在学习过程中,思维是多面的,包括:幻想、渴望、计划、学科知识和大脑认知。他们还有一个共同的特点是经常记笔记,而他们的笔记表明与同时代的其他人的线性思维不一样。他们使用了人人都具备的大脑技能中更多的部分。

在上述基础上,英国著名学者东尼·博赞专门研究了传统学习方式中的制作笔记和记笔记。他发现:

(1) 传统学习方式中的主流线性笔记主要有三种风格:①句子或者叙述风格:简单地把要说的话以叙述的形式写出来;②列表风格:记下产生的想法;③数字或者字母轮廓风格:按照层级次序制作笔记,该层级次序主要由主分类和次分类构成;

(2) 在主流线性笔记三种风格中,每一种风格所使用的工具有以下几种:①线性模式:这些笔记通常是以直线模式写下来,还用到了语法、时间顺序和层次顺序;②符号:包括字母、单词和数字;③分析:用到分析,但表达形式过分线性化而不是内容。

(3) 主流线性笔记中几乎完全没有视觉节奏、视觉模式或正确模式、色彩、图像(想象)、视觉化、维度、空间感、格式塔(完整倾向)、联想。以至,连接大脑左、右半球的各种技能无法通过向上螺旋运动和生长的方式产生互动。

(4) 主流线性笔记系统让大脑产生拒绝和遗忘是因为该系统关键词模糊、不易记忆、浪费时间、不能有效地刺激大脑。

针对上述传统学习方式中制作笔记和记笔记的弊端,东尼·博赞指出:

将人区分为左脑人(科学家)和右脑人(艺术家),这种区分限制了我们的潜力,即限制自己开发新策略的能力。让人类大脑的各个物理方面和智力技巧彼此协同工作而不是彼此分隔,则其发挥作用的效益和效率都会更高。

发散性思维是一种更清晰、更自然和更有效的使用大脑的方法。

发散思维体现了大脑内部结构和程序。思维导图是它的外在表现，而且能够启动大脑的无限思维能量库。

三、何谓思维导图

鉴于对人脑的研究和人的学习过程的研究，英国著名学者东尼·博赞和巴利·博赞兄弟俩于20世纪60年代推出了他们的专著——《思维导图》。

思维导图又称心智图，实际上是一种笔记方法、一种可视图表、一种整体思维工具、一种可应用到所有认知功能领域的学习工具。

思维导图有如下特征：处于图中心的能捕捉主要内容的关键词或图像，然后从中心向外辐射形成若干分支。每个分支由一个关键图像或者印在相关线条上的关键词构成。这样，图中心的主题被分成多个次主题。由于图可以通过添加颜色、图片或者维度（将词汇和图片变成三维立体状）来丰富它，使之具有视觉冲击力。加上它模仿脑细胞的无数突触和连接，揭示了我们自身思维的产生和连接方式，从而更易调动人的发散性思维，以激活大脑技能中的更多部分。

作者在《思维导图》一书中举了一个浅显而生动的例子：让人写下"幸福"一词，然后将它圈起来，以它为中心，画10个分支，在每个分支上写下想到"幸福"这个概念就会联想的词。他们发现：这种小型思维导图练习，大多数参试者一旦开始进行词汇联想，词与词之间便会一直连锁下去，有点像在网上跟踪链接，读完这个内容，链接又会带你去另一个内容，然后周而复始。大脑正是以这种方式工作，思维导图打开了联想和连接的通道，激活了自由思考和创造的潜力。

作者在使用词汇教人做小型思维导图的基础上，进一步说明用图形进行思考和交流的重要性。我们可以归纳如下：

人脑思考的主要形式是图片和联想，词汇只不过是传递大脑图片意象的货船，大脑注意的中心永远是意象。

图片使用了大量的大脑技能：色彩、外形、线条、维度、质地、视觉节奏、想象，从而引发广泛的联想，加强了创造性的思维和记忆。

必须在画画的技巧和词汇表达技巧之间建立某种新的平衡。

接下来，作者让读者以"家"为中心概念，用一张白纸和一些水彩笔，先在中央画"家"，然后从中央散射十个分支，每个分支线上画一些联想画，称之为小型思维导图的画图练习。

再往下，读者可以让图像和词汇结合，让某个中心概念发散出来的十个（或更多）词汇或图形再次通过联想而产生次一级的分支，以建立"思维导图之树"。

作者指出：按照思维发散的本质，每个加到思维导图上的关键词或者关键图形都可以自成一体地产生无穷多的联想的可能性。

作者还分析了完成思维导图必须正确使用层次和分类。从中心词或图到最早出现的 10 个图或图形，应是按其内在的重要性来定位的。

发现主要基本分类概念的简单办法是提问：

需要什么样的知识？

如果是一本书，章节的名称是什么？

我的具体目标是什么？

在所考虑的领域当中，最重要的几个分类是什么？

我的基本问题是"为什么""是什么""在什么地方""谁""什么时候""怎样"……通常都可以作为一张思维导图的主要分支。

如果要将这些包括进去，更大的分类是什么？

一旦掌握了正确使用层次和分类的方法，我们就可以以诸如"幸福"为中心概念，用图像、文字来表示基本分类概念、层次、序号、维度和代码来做完全思维导图的练习了。

在如何操作思维导图方面，作者强调了以下几点：

第一，思维导图对应三个"A"，即接受（Accept）、应用（Apply）和改编（Adapt）。

所谓接受，是指撇开成见，尽量模仿范式。

所谓应用，是指完成基本训练后，至少画 100 幅思维导图，把规则和建议都用到。

所谓改编，是指发展自己的思维导图技能。

第二，思维导图技巧和准则是：不把生硬的秩序与混乱的自由混同起来，真正的精神自由是从混乱中创造秩序。

第三，突出重点，让所使用到的一切技法都可以用在联想上。它包括：①一定要用中央图像；②整个思维导图中都要用图像；③中央图像上要用三种或者更多的颜色；④图像和词汇的周围要有层次感；⑤要用通感（多种生理感觉混合）；⑥运动感，让词汇、图片、整个思维导图都可以移动；⑦字体、线条和图像的大小尽量多一些变化以表明层次；⑧间隔要有序以增大图形的条理性；⑨间隔要恰当，条目之间的空间可以与条目本身的重要性相比。

第四，发挥联想。它包括：①要在分支模式的内外作用连接时，可以使用箭头；②使用各种色彩；③使用代码。

第五，清晰明白，使联想思维和回忆更加流畅。它包括：①每条线只写一个关键词；②所有的字都用印刷体写；③线条的长度与词本身的长度尽量一样；④线条与线条之间要连上；⑤中央的线条要粗些；⑥将思维导图的分支设计成不同的形状；⑦图形画得尽量清楚些；⑧让纸横向放在你面前；⑨让思维导图尽量笔直。

之后还有对思维导图的检查、复习等内容，限于篇幅，不再陈述。

仅就上述对思维导图的简介，相信同学们对何谓思维导图已略知一二，如果你肯花一点时间，按思维导图的一些规则、步骤，自己来制作某一主题的思维导图，你会在发挥眼、手配合方面，在发挥联想方面有所收获。

四、思维导图的基本应用

东尼·博赞和巴利·博赞兄弟俩合著的《思维导图》这本书详细介绍了思维导图的应用。它包括用于记忆、用于创造性思维、用于决策、用于组织他人观点（记笔记）的基本应用；还有用于自我分析、用于写日记、用于提高学习技巧、用于会议、用于演讲、用于经营管理方面的在学习、生活和工作领域的高级应用。

下面，仅就记忆和创造性思维这两方面的基本应用做简介：

1. 用于记忆

不妨先向读者展示一下"记忆法则思维导图"（见图4-2）：

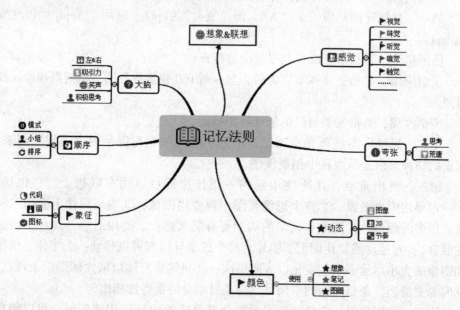

图4-2　记忆法则思维导图

此图可作为思维导图的一个范例。它从中央图像"记忆法则"向四周发散成多个分支：大脑、联想＆想象、感觉、夸张、动态、颜色、象征、顺序、大脑。每个分支再继续发散次一级的分支，比如："动态"这一分支的次一级分支是：图像、3D、节奏；而"图像"再往下的更次一级分支是"移动"；"节奏"

有更次一级分支……统观全图，我们会感觉：它把人的左、右脑的一些功能都用上了。

作者从三个方面分析思维导图是如何提高人的记忆力的。

首先，你亲手制作的或借鉴别人的思维导图摆在你面前时，它让你在放松的专注中储存信息。

其次，导图利用颜色、形状、联系、结构、字体大小，等等，提供了更多的数据分类组合，这是传统的线性笔记模式所不具备的。

最后，思维导图从两方面满足重复，而重复有助于信息的回忆：①仅一页的导图，让加工好的数据一直在你的视野范围内；②导图短小精悍、漂亮美观。

值得提醒读者的是：现在有专门的思维导图软件，使绘制思维导图变得相对简单。已经有不少人利用软件绘制"思维导图"来增强记忆。比如，不少中学理科教师在给学生上复习课时，会绘制专门的思维导图，让学生在较短的时间内对知识的脉络进行重新组织、整合。学生面对新颖的思维导图表现出极大的热情，在教师适当的引导下，积极参与联想、想象和分类组合等项活动，大大促进了学生对知识的记忆。

2. 用于创造性思维

在《思维导图》一书中，作者对创造性思维的重要因素做出了简明的阐释，除了思维中的灵活性，作者认为其他重要因素包括进行下列活动的能力：

- 用以前存在的一些想法联想新的和独特的创意。
- 把异乎寻常的因素合并起来。
- 把先前的概念重新布置联络起来。
- 把先前的概念倒置过来。

作者认为思维导图可通过以下几个方面推动我们的创造性思维：

- 探索一个给定主题所有创造性的可能。
- 把思维当中对这个主题以前的一些假设全部清除掉，从而让位于新的创造性思想。
- 从正在进行的一些活动当中得出一些新的想法。
- 创造出一些新的概念框架。
- 一旦闪现出思维的火花，应立即捕捉住，并延伸出来。
- 创造性地筹划。

作者认为，可以通过一个特定过程产生比传统头脑风暴至少多一倍的创造性想法，这一过程共有5个阶段。

第一阶段称为速射思维导图爆发，即用尽可能大的空白纸，在其中央将给定主题的图像画上，然后从中央开始，在不多于20分钟的时间内，让能够想得起来的所有点子都沿着它发散出来。这种大脑高速运转的情况，松开了原先镇住大脑的习惯性思维模式，因此就激励了一些新的和通常看来明显荒诞的念头。

第二阶段称为重构和修正，即先短暂休息，让大脑安静下来，好好地整合一下目前为止生成的所有观念。然后再画一张思维导图，在里边辨认出主干（基本分类概念）、合并、归类，建立起层次，找到新的联想。考虑一开始认为"愚蠢"或者"荒诞"的一些想法，看看它们是否适应于思维导图的大框架——思想越是不受拘束，结果就会越好。

第三阶段称为沉思，即完成思维导图的第一次修正之后，通过做别的事情，或散步、听音乐、泡澡等，让灵感在大脑松弛、安详时出现；让发散性思维过程扩大到大脑最边远的角落，以增大新创意突破的可能性。

第四阶段称为第二次重构和修正。针对第一、第二、第三步得到的所有信息以及第二幅速射导图，思考制作一幅全面的思维导图。

第五阶段称为最终答案，即寻找答案、决定或者结果。这一步常常包括了将最终的思维导图中分开的一些元素合并起来工作，以期有新的发现和大突破。

作者还特别强调：在长时间深奥的创造性思维中，如果新的洞察力在第一次重构和修正阶段即被发现，则沉思也许会在集合洞察力的基础上产生一个新的视角。

最后，需要告诉读者的是，能够把思维导图应用于创造性思维，不是一朝一夕就能成功的。它需要我们更加努力学习，不断增加自己的知识积累。只有丰富的知识积累，才可能在发散性思维中，调动各方面的知识去产生联想……另外，它需要我们在制作自己的思维导图方面更加努力。只有自己动手去做，积极参与其中的联想、想象、分类组合等项活动，才可能让发散性思维过程扩大到大脑原先"沉睡"的角落，以增加新创意突破的可能性。

第三节　唯物辩证法

辩证唯物主义属于哲学范畴，用其理论去说明世界时，是辩证唯物主义的世界观；而用其去指导认识和改造世界的活动时，就成了唯物辩证法。

本节先回顾我们学过的辩证唯物主义的三条基本规律，并据此分析唯物辩证法在科学技术研究中的重要作用。

一、辩证唯物主义的三条基本规律

辩证唯物主义对世界的看法既是唯物的，又是辩证的。这可以从以下两个方面理解：

（1）世界是由物质组成的。物质是第一性的，意识是第二性的；物质是意识的根源，意识是物质发展到一定阶段的产物，即人脑的机能，是对客观物质世界的反映。

(2) 世界上的一切事物都是互相联系的。物质世界是按照它本身所固有的规律不断由低级向高级、由简单向复杂发展的，事物发展的根本原因在于事物内部的矛盾性。

辩证唯物主义有三条基本规律，它们是：

(1) 对立统一规律。任何事物都是对立面构成的统一体。其内部都包含着互相对立、互相排斥，又互相联系、互相依赖的两个方面，这两个方面形成既斗争又统一的事物，从根本上推动着事物的发展变化。

(2) 质量互变规律。任何事物都是质和量的对立统一体，都有其特定的度。事物运动发展首先从量变开始，量变到一定阶段突破度而引起质变，在总的量变过程中又有部分质变，在质变过程中又有量的扩张；质变后又开始新的量变。循环往复，以至无穷。

(3) 否定之否定规律。任何事物都是肯定和否定的对立统一。事物的发展是自我否定的辩证过程。事物经过两次否定，便形成肯定、否定和否定之否定三个阶段，完成一个周期。在否定之否定阶段，仿佛重复肯定阶段的某些特征。因此，事物的发展是波浪式前进或螺旋式上升的。

辩证唯物主义涉及原因—结果、必然—偶然、可能—现实、形式—内容、现象—本质等范畴，也包含了量、质、量变、质变、矛盾、对立、统一、肯定、否定等基本概念。当我们在科学技术的学习与研究中，运用其中实践的观点、发展的观点、创造的观点指导我们的思考和行动时，我们就已经在运用唯物辩证思维方法了。

二、唯物辩证法的指导应当贯穿科学技术研究的全过程

让我们通过实例来说明唯物辩证法的作用。

20世纪90年代，我国申请加入世界贸易组织（WTO）。当时，有人做如下分析：

(1) 出口市场的多元方向给我国的外贸企业提供避开风险、寻求其他市场的机遇，增强了我国经济的适应性和灵活性。

(2) 我国在履行义务的同时，将获得成员的正当权利，这样可以大大改善目前的外贸环境，增加我国商品对其他国家和地区的进入机会，从而可以依靠固有的比较优势，在新规则下获得更大的收益。

(3) 我国将借助外力继续深化经济体制改革，进一步改革经贸体制以适应WTO基本原则，扩大国际经济合作和交流，更大程度地参与国际分工，更迅速地根据国际市场需求进行产业结构调整和价格体系改革，解决一些改革需要解决的深层次问题。

（4）"入会费用"增高，关税减让更多相关产业（如农业）减让幅度超过我们的预期，给相关产业带来不小的冲击；相关市场还未建立，使我国在新一轮贸易谈判中遇到难题；我国的价格体制、单一汇率改革尚未完成，配套的法规不成熟，可能在外贸交往中给我国带来不利影响；由于我国高悬的贸易壁垒的打开，成熟的外国企业会立刻涌入我国，给国内不成熟的产业带来极大的冲击……这些是我国加入WTO要付出的代价。这里边，运用唯物辩证思维方法，使我们更清楚了解我国加入WTO后面临的机遇和挑战。

用唯物辩证法指导科研取得成功的例子不少。

曾经在粒子物理上做出卓越贡献的日本物理学家坂田昌一就说，当年，他对把"基本粒子"当作物质始原的观点提出质疑，是看了一些辩证唯物主义方面的著作，受其影响，才提出基本粒子的"坂田复合模型"，从而促进基本内部结构的研究的。

我国的粒子物理学家们更是坚信辩证唯物主义的物质观，他们提出的"层子模型"认为：强子由更深层次的实体粒子——层子所组成，由于它也未必就是物质结构的最终单元，而只是物质结构许多层次中的一个层次，故名"层子"。他们还借助相对论性的结构波函数来描写强子的内部结构和强子内层子的运动。这个波函数不仅考虑了层子的对称性质，而且考虑了强子整体高速运动的特点，还包含了层子动力学性质的某些信息，因而原则上适用于统一地描述强子的一系列相互转化这种涉及高速运动的过程。他们的研究大大丰富了粒子物理关于粒子内部结构的理论。

又如，在函数值分布理论的研究中，国际上对亏值和奇异方向曾孤立地分别进行研究。我国数学家杨乐和张广厚自觉运用唯物辩证法分析其中的问题，认为对立统一是事物的根本规律，亏值和奇异方向这两个概念之间也应该是一种对立统一的关系。为此，他们不仅对这两个概念分别考虑，而且还联系起来思考，从中找出二者的对立统一的辩证关系，终于得出了新的数学表达式，使函数值分布理论的研究取得重大突破。

唯物辩证法的指导应当贯穿科技研究的全过程，我们有如下理由：

首先，在如何选择科研课题、确定研究方向的问题上，发现问题、提出问题、确定主攻目标等，都是一系列复杂的思维过程。有了唯物辩证法，就容易从平常的事物或现象中发现不平常的情况，从而发现和提出问题；就能够以一定的科学事实和经验材料为依据，以一定的科学理论为指导，唯物地、辩证地分析未知的事物，从而寻找和确定出有创见、能出成果的研究方向和课题。

在设计实验、分析实验结果的问题上，除了动手去做，还需要思考：怎样才能做到有计划、分步骤、有目的地把实验完成。运用唯物辩证法，就可以注意到继承和创新的辩证关系、注意到区分主要矛盾和次要矛盾，设计出切实可行的实验来；就可以注意到自然界乃至社会上的各种事物都是质和量的对立统一，求出某些因素之间量的关系，分析出质量互变的外因和内因，从而对实验结果做出正确的判断。

在提出新假设、建立新理论的问题上，有唯物辩证法的指导，就可以排除各种毫无事实根据的主观臆断和迷信，把假说建立在一定实验事实和经验材料的基础上；就可以勇于让假说回归到实践中去验证，使之在反复实践验证中得以完善而上升为理论；就可以使建立起来的理论做到客观、全面、系统和逻辑严密；就可以正确认识各种科学理论的内在联系和真理相对性的辩证关系，从而把科学研究引向深入。

用发展的眼光看：科学领域中各学科的互相渗透、互相促进，以及技术领域中各种技术间的互相借鉴、综合运用的趋势，让人们深刻地感受到，如果我们不能正确理解整体与部分、或然性与确定性、有序与无序、对立与统一、质变与量变、肯定与否定等辩证关系，就不可能有今天科学与技术的进步和发展。

钱时惕教授曾经剖析"理性"和"非理性"这两个被人们经常使用的概念。（详见：钱时惕·理性与非理性·物理通报，2010（8）：87-89）

钱教授认为：理性，包括逻辑、规律、秩序等多种含义；非理性，包括意志、情感、兴趣、冲动、欲望、信仰等含义。理性在人们的认识活动中起到指导、解释、预见等重要作用；而非理性因素本质上是由人的本能所决定的，在一定范围内，非理性因素，起着动力、抗压、凝聚等积极作用。理性与非理性是人性的两面，它们统一于个人的生理与心理状态，抹杀任何一个方面都无法理解有关人的一切；而且，理性与非理性是互补的，没有理性的非理性是盲目的、危险的；没有非理性的理性是空洞的、乏味的；个人的非理性因素应当受到尊重，但是，非理性的东西不能超出理性的底线，否则，就可能走向违背规律、破坏秩序、甚至触犯法律等歧途……

只要认真阅读钱教授的这篇论文，我们就能够感受到其中的唯物辩证的观点。当我们结合自己的专业，也去剖析一些常见的彼此看起来是对立的概念或规律，认真比较它们之间的区别与联系，我们实际上就是在运用唯物辩证法思考问题了。

总之，无论从科学技术研究活动过程的角度还是科学技术发展的眼光去理解，唯物辩证法的指导是必需的。

三、做一个自觉的辩证唯物主义者

大量科学技术史实表明，凡是对科学有重大发现的科学家或对技术有重大发明的工程师，在他们的研究过程中，都自觉或不自觉地运用了唯物辩证法。他们重视实践、尊重事实，善于发现问题，并能从要研究的问题中分析主要矛盾或矛盾的主要方面，能用发展变化的观点考察研究对象……这些都体现出唯物辩证法的指导。

作为理工学科学生，除了学好自己的专业知识，努力掌握专业的基本技能外，我们还应重视辩证唯物主义理论的学习。其理论中的许多基本观点，诸如：物质观、意识观、运动观、时空观、矛盾观、质量观、否定观等；许多基本原理，诸如：实践与认识、感性与理性认识、相对与绝对真理的辩证关系等；许多基本规律，诸如：对立统一、质量互变、否定之否定规律等；都是值得我们认真领会的内容，只有领会了其中的观点、原理和规律，才能把它们运用于我们的专业学习与研究中。而当我们能自觉地运用其中的观点、原理和规律时，我们会在分析和处理各种学习研究中遇到的问题上更加得心应手。

除了学习辩证唯物主义的哲学原著，还要关注科学技术史方面的资料，如果我们能从历史的联系中去研究科学技术的前辈们是如何发现问题、确定课题，如何找到解决问题的途径和方法、如何得出正确的见解和结论，就会更深切地懂得，怎样去培养自己的创新能力与更深刻地领会各门学科、各种技术的历史是构成认识论和辩证法的知识领域。更重要的还有：重视科学技术发展史的学习与研究，才有可能从历史的角度，用发展的眼光去理解和把握科学技术与辩证唯物法的关系，正确理解为什么唯物辩证法要植根于科学技术研究这片沃土；正确认识科学技术研究应当自觉接受唯物辩证法的指导，也才可能自觉地运用唯物辩证法的观点和方法去分析与解决实际的科学技术研究中遇到的各种问题。

总之，尊重历史、正视现实、认真学习、努力实践，才可能成为一个自觉的辩证唯物主义者。

思考与练习

1. 查阅各种科学技术史料，结合自己的专业，举例说明哪些科学发现或技术发明运用了想象或直觉与顿悟。详细记下科学发现者或技术发明人运用想象或直觉与顿悟的思维过程。

2. 你知道写出苯 C_6H_6 的分子结构式是法国化学家凯库凯在有机化学上的杰出贡献吗？请通过查阅资料，写出当时化学界的困惑以及凯库凯是在怎样的思考中产生顿悟，写出了苯的分子结构式。此结构式的产生为什么"为有机化学的进一步研究开辟了一条新路"？

3. 你在平时学习记忆或解题中，有过想象、直觉和顿悟的经历吗？如果有，写出来，让同学们和你一道分享。

4. 设想你将来从事的职业，试以敬业为中心主题词，设计一个思维导图；尽可能用不同的彩色和图像来表示各个分支的关键名词；完成思维导图后，再认真分析一下各个分支的层次和分类是否正确。

5. 结合你专业学习的某门课程，以某一基本概念为中心主题词，然后将和这基本概念相关的概念和规律联成一个思维导图，体会一下这种练习是否能帮助你记忆。

6. 东尼·博赞和巴利·博赞在他们的《思维导图》一书中展示了一个右脑潜能开发的思维导图，请对比图4-3，想想你受到什么启发？

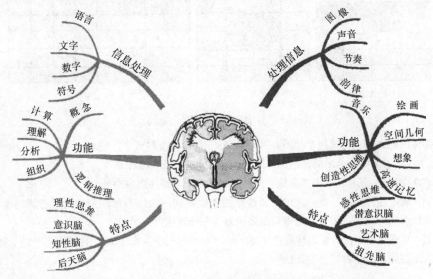

图4-3 右脑潜能开发的思维导图

7. 就辩证唯物主义的物质观、运动观、矛盾观写下你的读书笔记，最好能在记下理论要点的基础上，联系自己专业学习的实践，写一点心得体会。

8. 试就唯物辩证法的三个基本规律，联系自己专业的实际，举例佐证，写一篇心得体会。

9. 我国著名学者张宪魁教授在他的《物理科学方法教育》一书（详见：张宪魁·物理科学方法教育·青岛：青岛海洋大学出版社，2000：116）中，曾经为创造性科学想象的产生机理作图，如图4-4所示。请认真阅读图示，谈谈自己对科学想象的认识。

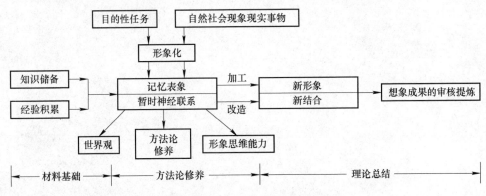

图4-4 创造性科学想象的产生机理图

10. 图4-5A（4×2）是两个矩形组合的图形，B（2×2）是一个圆形。

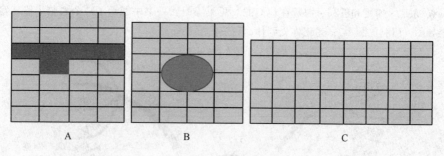

图 4-5　图例

请发挥你的想象力，将这两个样图画入 C 的 8×5 规格的方格纸上。要求：

（1）必须是将所给出的样图画入图中，且每个样式不得少于两个。

（2）图中样图不可以相互重叠，且样图要尽可能多地占用方格纸。

11. 通过各种渠道，查一查中医和西医关于"异病同治"与"同病异治"方面的实例，进一步说明两种医学是怎么运用唯物辩证法思考和处理医疗问题的。

12. 查查气象工作者是怎样看待地球上的"台风""沙尘暴"和"温室效应"的。他们的观点是否体现出一种唯物辩证法？

第五章
>>>>>> 理工学科学生应该了解的数学方法

数学为科学与技术的研究提供了简洁、精确的形式化语言，提供了数学分析和数值计算方法，提供了严密的逻辑推理与证明的抽象思维，使科学与技术的研究能引申一些新结论、新预见，甚至能把握一些超出感性经验的东西……可以说，今日科学与技术的发展与进步，无处不有数学的功劳。正因为如此，面对内容丰富且博大精深的数学方法，我们就是全身心投入其中的学习，也不一定能全面掌握它。但是，作为理工类学校的学生，至少应该对科学技术研究常用的数学方法有所了解。我们至少应该知道：什么是数学公理化方法？数学建模应当经历哪些思考、具备哪些条件？至少应该掌握本专业的科学实验中的误差分析和数据处理的基本方法，并对相关的统计与效益方面的知识有一定的了解。

第一节 公理化方法与数学建模

数学的某些分支学科以及自然科学中的不少学科，在建立理论体系时，常采用公理化方法；对实践中的一些问题，将其变换或抽象成具备解析形式表达的数学模型则用的是数学建模。

一、公理化方法

让我们从欧几里得的《几何原本》谈起。

公元前300多年，欧几里得借助亚里士多德的演绎法，总结人们长期积累的大量几何知识，完成名著《几何原本》。其理论体系的安排大致如下：

给基本概念下定义或确定其具体内容，即一个公理系统所研究的对象的范围、含义和特征先于公理而被给定，公理只是表述这类特定对象的基本性质，而且必须是不证自明的。

例如，《几何原本》首先提出三个基本元素（点、线、面）作为它的几何对象；然后提出三个基本关系（属于、介于、合同）作为基本元素所具有的基本关系。以上三个基本元素和三个基本关系构成了欧几里得公理系统的基本概念，这些基本概念都有其具体的几何意义。在此基础上又提出反映这些基本概念特有的最基本的性质，即它的公理组（包括逻辑公理），最后从这些基本性质（公理）出发，推理出其他性质（定理）。

由于《几何原本》在建构理论体系方面逻辑思路清晰，科学界首肯，并纷纷进行效仿，这在数学理论的建构上被称为公理化方法。

到了20世纪初，德国数学家希耳伯特完成他的《几何基础》的理论著作。该书放弃欧氏几何中公理的直观显然性，抛弃他认为与空间直观进行逻辑分析时无关紧要的内容，着眼于对象之间的联系，强调了逻辑推理，从而提出了一个更为简明、完整、逻辑严谨的形式化公理系统。首先，其基本概念是不加定义的原始概念，即在一个形式公理系统中所研究的对象范围、含义和特征不是先于公理而确定，而是由公理组给予确定。例如，希耳伯特的《几何基础》，其公理系统共有八个基本概念（点、线、面、属于、介于、合同、连续、平行）和五组公理。由于基本概念不是先于公理，谁能满足公理组所要求的条件，谁就有资格作为公理系统的对象。比如，把希氏几何公理系统中的"点""线"解释成几何中的点、线，就可以得到一个初等几何理论系统；若把它解释成代数中的点与线，即点与线分别对应坐标 (x,y) 和线性方程 $(ax+by+c=0)$，就可以得到一个代数理论系统。这正是希尔伯特公理系统中公理独立于基本概念而带来的最大优点。

人们发现，要使形式化公理方法充分发挥更大作用，就必须使形式化公理系统来自具体模型，并摆脱具体模型过多的条条框框的束缚。只有这样，才能达到发现更多新模型的目的。在众多数学家的努力下，现代形式公理化方法具有高度形式化和抽象化的特征。除了具有希耳伯特所倡导的公理系统的特征外，基本概念、基本关系的表达、全部命题的陈述、证明均符号化。它的对象、基本关系不仅用抽象的符号表示，而且将命题表示成由符号组成的公式，命题的证明用一个公式串来表达。从而使形式公理化系统有可能最大限度地容纳更多的具体解释，即为覆盖更多的模型而留下余地。另外，该方法主要采用了现代数理逻辑作为它的演绎推理工具。

概言之，公理化方法是：由一组公理作为出发点，以推演规则为工具，把某一范围内（或系统）的真命题推演出来。对于已给的公理和推演规则，人们希望从它能推出更多的真命题，最后能把某一范围（系统）内的真命题全部推出来，而且最好还能使其作为出发点的公理为最少。即公理要最少，而推出的结论要最多。同时还要求从它不能推出我们不希望出现的结论，特别是逻辑矛盾。

也鉴于对公理化方法作用的分析，可以说，一个公理系统是不是科学的，其基础在逻辑上是否已奠定，应满足下列条件：

（1）无矛盾性（相容性）。一个公理系统中绝对不允许命题 A 与非 A 皆真。这是公理系统的一个基本要求。

（2）独立性。在一个公理系统中被选定为出发点的一组公理，每一个都是独立存在的，不能由其他公理推出，否则，被推出的公理就成为多余的。即要求公理的数目减少到最低限度。

（3）完备性。在一个公理系统中，要求保证从公理组能推出该系统的全部命题，所以公理必须足够，否则就推不出应该推出的命题。

满足了上述三条件所构建的公理化系统，应当说在科学性和严密性上是经得起检验的。

数学公理化方法在科学研究中起着十分重要的作用。

第一，它的形成和发展让数学的研究大踏步前进。

比如，由于对欧氏几何公理系统第五公设的"审查"，人们发现了非欧几何；由于对公理系统协调性的研究，希耳伯特等人创立了元数学或证明论；由于对形式系统及与其相适应的模型之间关系的研究，使抽象代数与数理逻辑相结合，产生了新的边缘学科——模型论；由于对非标准模型的研究，产生了非标准分析等，就是突出的例子。

又如，由于 20 世纪初公理集合论的出现，不仅避开了康托朴素集合论中的悖论，而且使一些长期以来尚未解决的"老大难"问题，有的得到了解决；有的虽未彻底解决，但已取得很大的进展，如 20 世纪 60 年代柯恩对连续统假设及选择公理所获得的重要结果。

此外，由于现代公理化方法与现代数理逻辑结成"伴侣"，从而对数学向综合化、机械化方向的发展起到了推动的作用。

第二，公理化方法对于概括和整理已有的科学知识、建立科学的理论体系，以及各门自然科学理论的陈述都起到了积极的借鉴作用。

例如，牛顿在他的《自然哲学的数学原理》一书中，是把运动三定律和万有引力定律作为少数几条公理，然后运用逻辑推理推出动量定理、角动量定律等，从而组成一个完整的逻辑体系。法国的拉格朗日则在牛顿的基础上，用变分法原理研究任意力系的微分方程和轨迹，同时应用公理化方法对该领域的成果进行概括和总结，写成《分析力学》一书。到了 20 世纪 40 年代，众多物理学家更借用公理化把牛顿普通力学和拉氏分析力学揉合在一起，使之成为更加连贯更加系统化的理论力学。

第三，公理化方法研究的深入，为人工智能的开发利用创造了一定的有利条件。公理化方法本身已是数理逻辑研究的一个重要内容。数理逻辑是用数学的方法研究推理过程的规律的,它对公理化的研究,一方面使公理化方法更加形式化和精确化,另一方面又把人的某些思维形式,特别是逻辑推理形式更加公理化、符号化。这就为电子计算机模拟人脑的某些功能提供了理论依据。随着公理化方法研究的深入,以及各种形式系统和形式语言的建立,人工智能的开发和利用将是一片光明的前景。

值得注意的是,公理化方法虽然重要,但也不可避免地存在着一些局限性。首先是公理化方法所构造的公理系统的不完全性以及公理系统的无矛盾性不可能在本系统内得到证明。一个理论的真理性不可能在这个理论本身的领域内来解决,数学家哥德尔的不完全定理就是说明这个道理的。另外,一门新的学科刚诞生,就强调其逻辑的严密性、系统性,可能对其发展起束缚作用。所以,有人认为,公理化方法只能运用于某学科分支已发展到一定的成熟阶段,对未成熟的学科,不能强求。再由于公理化方法主要用于"回顾"性"总结",对"探索"性的"展望"作用较少,所以它的作用和意义的评价要恰当,否则不论是从认识论还是方法论上讲,都有束缚作用。

二、数学建模

让我们先从哥尼斯堡的七桥问题谈起。

18世纪欧洲东普鲁士有个名叫哥尼斯堡的城市,其近郊有一条河,河中有两个岛,两岸与两岛之间架有七座桥,如图5-1a所示。

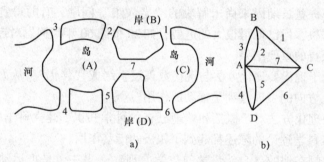

图 5-1 哥尼斯堡七桥问题

当时,城中居民热烈地讨论着这样一个问题:一个散步者怎样走才能不重复地走遍所有的七座桥而回到原出发点?这个问题初看起来似乎不太难,很多人都想试一试,寻求这种走法。但都以失败告终。人们去请教数学家欧拉。欧拉从众多人的失败中认识到:这种走法可能就根本不存在。随后,他用数学方法证明了自己的判断,并于1736年发表了图论的第一篇论文《哥尼斯堡的七座桥》。他的证明思路是:

(1)用符号A、C表示两个岛,B、D表示两岸,1、2、3、4、5、6、7分别表示七座桥。

(2) 将两个岸和两个岛看成点,七座桥看成七条线,哥尼斯堡七座桥问题转化成图 5-1b 所示的"一笔画问题",即一笔能否不重复地完成此图的问题。这需要满足三个条件:①下笔后再不能离开纸;②每一条线不能重复,只能画一次;③画时任两条线允许交叉而过。

欧拉进一步分析,凡一笔画成的图形,如若起点和终点重合,则过此点的曲线必须是偶数。然而图 5-1b 是封闭的复连通域,而且过 A、B、C、D 四个点的曲线皆为奇数,故该图不可能一笔画成,从而可断定哥尼斯堡七桥问题没有解。

上述过程所采用的方法,称为数学模型法。即是对许多现实世界中的问题,通过科学抽象,建立起数学模型,然后通过演绎运算等严密的逻辑推理,求出数学解,再对数学解进行必要的解释评价,返回到现实世界中的问题去,从而获得该问题的解。

一般地讲,建立数学模型的方法和步骤是:

(1) 寻清实际问题,包括分析原型的结构、要达到什么目的、以及能给我们提供什么信息等。

(2) 分析处理资料(数据),确定现实原型的主要矛盾,扬弃次要因素,提出必要的假设。

(3) 根据主要矛盾及所提出的必要假设,进行数学抽象和概括,运用数学的工具建立各种量之间的关系。

(4) 根据所采用的数学工具进行推理或求解,找出数学上的结果。这里常常涉及初始值和边界条件的讨论。

(5) 把数学上的结论返回到实际问题中,即根据数学上的结论对现实问题给以解释,由此再判断其数学模型是否准确。倘若根据实践检验还有一些问题,即与实际有一些不符,还得修正,经多次反复,才能成功。

数学建模如图 5-2 所示。

关于"七桥问题",欧拉开始是找形与形之间的对应关系,抽象出来的几何图形中的点和线数上的奇偶性及对应关系,是在找量与量之间的关系。而现实中的许多问题,常常还要找量与形之间、运动变化的各种原因之间存在的某种函数关系,所建立的数学模型是方程解析式或其他能够定性或定量分析的数学表述形式。

关于数学建模中的方程法,我们放在第二节有关误差分析与数据处理的内容中举例说明。

实际上,人们依研究的不同问题,总结出一些行之有效的数学模型。例如,振动现象、波动过程,常用双曲线型偏微分方程来描述;各种稳定过程常用椭圆型偏微分方程来描述；对于不连续的突变现象（如桥梁断裂、热学相变等）则用到数学中的"突变论"，归结为若干突变的基本数学模型；对于或然现象（如气体分子、核外电子等微观粒子分布等），则用概率论与数理统计方面的知识来描述；对现象中的模糊现象，还用到模糊集合理论来构建适当的数学模型。

我们知道，有些实验，被检测对象并不是研究对象——原型，而是与原型具有某种同一性的替代物——模型。

比如，某新型飞机的研制，先用同种材料制作成按比例缩小的飞机模型，让它在能够人工制造的类似飞机飞行时可能遇到的气流、气压、气温的不同环境的风洞中经受检测，然后将检测结果反推到真实的飞机上去，从而研究飞机的气动特性。这种以模型与原型之间的物理过程相似或几何相似为基础的实验研究称为物理模拟。

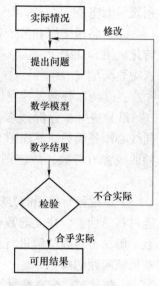

图 5-2　数学建模

而以模型与原型的某种机制在数学形式相似基础之上进行的实验研究，则称为数学模拟。

例如，一个由质量、弹簧、阻尼器组成的机械系统和一个由电阻、电压、电容器组成的电路系统（如图5-3所示）。

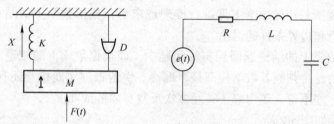

图 5-3　数学模拟图例

机械系统在外力 $F(t)$ 的作用下产生机械振荡，根据力学定律，其数学描述为

$$M\frac{d^2 X}{dt^2} + D\frac{dx}{dt} + kx = F(t)$$

而电路系统在电压 $e(t)$ 作用下产生电振荡，根据电学定律，其数学描述为

$$L\frac{d^2 Q}{dt^2} + R\frac{dQ}{dt} + \frac{1}{C}Q = e(t)$$

对比后发现，这两个物理过程不同的系统，其变量和参数彼此一一对应（用符号~表示对应）：距离 X ~ 电量 Q；速度 dX/dt ~ 电流 dQ/dt；质量 M ~

电感 L；阻尼系数 D～电阻 R；弹簧系数 K～电容的倒数 $1/C$；外力 $F(t)$～电源电压 $e(t)$。且各变量和参数之间的关系彼此对应，即描述系统的数学形式相同。

由于此电路模型与机械模型相比，更易制造，元件参数更容易调节，实际所需的各种数据更容易测量。于是人们将两个抽象成数学表达式的系统进行分析比较。先研究具备同一性的电路，对该电路进行模拟实验，然后利用所测得的各种数据对机械系统也可能有的各种情况进行分析，从而达到研究机械系统的目的。这种花费少效率高的研究，正是数学建模后再进一步进行数学模拟所提倡的。

由于数学建模获得的数学表述简明清晰且具有较高的精确程度，要比较模拟实验中模型是否与原型相似（反映条件）、模型在科学认识过程中是否能代替真正的研究客体（代表性条件）、对模型的研究能否从中获得有关原型的信息（外推条件）这三个模拟方法强调的条件，在许多方面优越很多。正因为如此，对实际问题除了物理模拟之外，人们还十分关注与之相关的数学模拟问题。

比如，人们对地下水运动规律的研究，无法直接进行实验。而流体力学中的流水水位（高度）h 与三维空间坐标满足偏微分方程：

$$\frac{\partial^2 h}{\partial x^2} + \frac{\partial^2 h}{\partial y^2} + \frac{\partial^2 h}{\partial z^2} = 0$$

它与电学中电势 u 与三维空间坐标满足拉普拉斯方程：

$$\frac{\partial^2 u}{\partial x^2} + \frac{\partial^2 u}{\partial y^2} + \frac{\partial^2 u}{\partial z^2} = 0$$

二者形式上完全相似。于是，可以将要研究的渗流场用一个与之相似的电流场代替，制作一个相应的电路装置，在实验室内做模拟实验，从而探求地下水运动规律。

总之，数学建模对我们理工学科学生当下的专业学习与研究，是十分值得认真学习的内容。

第二节　误差分析和数据处理

理工学科的科学实验必然遇到误差分析和数据处理的问题。本节通过简单的案例介绍相关的基本常识。

一、误差分析

科学实验中，测量值与研究对象的被测量的真实值间存在的差异称为误差（error）。世上没有绝对准确的测量结果，即使让技术最熟练的人使用最精密的仪器、最恰当的方法，也不可能获得绝对准确的结果；即使同一个人测定同一试样，用同一种方法，在完全相同的条件下进行几次平行测定，也难获得完全相同的数据，这就是说，误差是不可避免的，是绝对存在的，准确是相对而言的。

分析误差产生的原因后，人们把误差分为两大类——偶然误差和系统误差。

由于一些偶然的因素，造成的误差称为偶然误差（Accidental Error）。偶然的因素虽是随机突发而不可预测的外界干扰，但它造成的偶然误差往往表现出：当多次重复同一测量时，偏大或偏小的机会比较接近。所以，可以取平均值的方法来减少偶然误差。

例如，对研究对象的某特征量进行多次测量，先算平均值，即做 n 次测量对应的测量值 $x_1, x_2, \cdots, x_n$，其和为 $\sum\limits_{i=1}^{n} x_i$，其算术平均值为 $\bar{x} = \dfrac{1}{n} \sum\limits_{i=1}^{n} x_i$。

实验中，由仪器、实验方法、理论的缺陷或不完善，以及具体操作的人的某种习惯，造成的误差称为系统误差（Systematic Error）。系统误差的特点是多次重复测量的结果总是大于（或小于）被测量的真实值，呈现单一倾向。

人们把测量值与真实值之间的符合程度称之为准确度。显然，误差越小，表示测定结果越接近真实值，即准确度越高。

通常，我们是以测量仪器最小刻度（分度值）的 1/10 或 1/5 表示用该仪器测量时，造成的绝对误差。例如，某米尺的最小刻度为 1mm，则其造成的绝对误差 $\Delta x = 0.2$mm。如果我们知道研究对象某特征量的真实值 x_r，则其绝对误差可用 $\Delta x = |\bar{x} - x_r|$ 来表示，其中 $\bar{x}$ 是多次测量的算术平均值。

绝对误差与研究对象真实值的比值称为相对误差：

$$\delta = \frac{\Delta x}{x_r} = \frac{|\bar{x} - x_r|}{x_r}$$

由于两值的比是个纯数字，往往用百分数表示，则相对误差：

$$\delta = \frac{|\bar{x} - x_r|}{x_r} \times 100\%$$

在实际测量中，真实值往往是不知道的。因此，对该特征量的测量若为 n 次，第 i 次测量值 x_i，则第 i 次的绝对偏差 $d_i = x_i - \bar{x}$（$\bar{x}$ 即 n 次测量的算术平均值）；第 i 次的相对偏差 $\delta_i = \dfrac{d_i}{\bar{x}} \times 100\%$；进而算出算术平均偏差 $\bar{d} = \sum\limits_{i=1}^{n} \dfrac{|d_i|}{n}$。

也有用标准偏差：$S = \sqrt{\dfrac{\sum\limits_{i=1}^{n}(x_i - \bar{x})^2}{(n-1)}} = \sqrt{\dfrac{\sum\limits_{i=1}^{n} d_i^2}{(n-1)}}$ 来表示测量结果的可靠性的。

归纳起来讲，在相同条件下，几次重复测定结果彼此相符合的程度称为精密度，其大小用偏差表示。偏差越小，精密度越高。按数学理论，平均值的平均偏差为 $\bar{d}_{\bar{x}} = \dfrac{\bar{d}}{\sqrt{n}}$；平均值的标准偏差为 $S_{\bar{x}} = \dfrac{S}{\sqrt{n}}$。于是，实验结果的数值表示

应为 $\bar{x} \pm S_{\bar{x}}$ 或 $\bar{x} \pm \overline{d_{\bar{x}}}$。这样，不仅说明平均值的标准偏差或平均值的平均偏差，同时也说明其真实值可能落在的范围。

科学实验中，有些数据能够直接测量，有些数据则先通过别的测量值，依一定的公式计算而得。这样，各个测量值的误差，便要引入与传递到最后的结果中，这是必须考虑的问题。

假设最终结果 N 的计算公式用函数表示为 $N = f(u_1, u_2, \cdots, u_n)$，$N$ 由 u_1，$u_2, \cdots, u_n$ 各自直接测量所决定，在数学上 N 的最大误差 (Δn)，就是该函数的全微分类似的表达式：

$$\Delta n = \frac{\partial f}{\partial u_1} \cdot \Delta u_1 + \frac{\partial f}{\partial u_2} \cdot \Delta u_2 + \cdots + \frac{\partial f}{\partial u_n} \cdot \Delta u_n$$

式中，Δu_1，Δu_2，$\cdots$，Δu_n 分别代表各直接测量量的误差。

让我们以高中物理"用冲击摆测弹丸的速度"实验为例，说明误差递推公式的具体应用。

根据动量守恒和机械能守恒定律，用冲击摆测出的弹丸速度可由下式算出：

$$v = \frac{M+m}{m}\sqrt{2gh}$$
$$= \frac{M+m}{m}\sqrt{2gL(1-\cos\theta)}$$

式中，v 为弹丸的速度；M 为摆块质量；m 为弹丸质量；L 为悬线长度；θ 为指针偏转的角度。

根据误差传递的绝对值和法公式，由上式可得速度 v 的最大相对误差为

$$\delta_v = \frac{\Delta M}{M+m} + \left(\frac{1}{M+m} + \frac{1}{m}\right)\Delta m + \frac{\Delta L}{2L} + \frac{\Delta g}{2g} + \frac{\sin\theta \Delta\theta}{2(1-\cos\theta)}$$

当我们按 $g = 9.8$ 计算时，一般 $\frac{\Delta g}{2g}$ 只有万分之几，所以此项可以略去不计。

如果用厂制仪器，采用部颁标准中规定的参数○：$M = 80 \pm 2g$、$m = 7.6 \pm 0.1g$、悬线长 $L = 270 \pm 2mm$ 来计算误差，则 δ_v 的前 3 项的最大相对误差 δ_v' 为

$$\delta_v' = \frac{\Delta M}{M+m} + \left(\frac{1}{M+m} + \frac{1}{m}\right)\Delta m + \frac{\Delta L}{2L}$$
$$= \frac{2}{80+7.6} + \left(\frac{1}{80+7.6} + \frac{1}{7.6}\right) \times 0.1 + \frac{2}{2 \times 270}$$
$$= 0.023 + 0.014 + 0.004$$
$$= 4.1\%$$

○ 我国产品标准分为国家标准、部颁标准和企业标准。部颁标准也称为行业标准。厂制仪器一般按照行业标准规定。

如果实验中用学生天平（感量○0.02g）来测质量，则 $\Delta M = 0.01\text{g}$，$\Delta m = 0.01\text{g}$，用米尺测悬线长度，ΔL 仍可计为 2mm，那么 δ'_v 为

$$\delta'_v = \frac{0.01}{87.6} + \left(\frac{1}{87.6} + \frac{1}{7.6}\right) \times 0.01 + \frac{2}{540}$$
$$= 0.0001 + 0.0014 + 0.0037$$
$$= 0.5\%$$

再看由于测量 θ 引起的误差。因为刻度盘最小分度值为 $0.5°$，加上零点误差，故角度的读数误差 $\frac{0.5°}{2} + \frac{0.5°}{2} = 0.5°$。另外，由于指针轴存在摩擦呈现的阻力，使指针的最大偏角较实际的要小，其值因仪器调整情况不同而有显著差异，在调整适当时可按 $0.5°$ 计算。综合这两项影响，相当于 $\Delta\theta = 1°$。而误差的传递系数 $\frac{\sin\theta}{2(1-\cos\theta)}$ 是随角度 θ 的增大而减小的。

按部颁标准的规格，发射弹丸的弹簧枪有 3 档。如果采用低速档，则偏角 $\theta \approx 15°$；如果采用中速档，则偏角 $\theta \approx 19°$；如果采用高速档，则偏角 $\theta \approx 22°$。由此，我们可以算出这 3 档 $\Delta\theta$ 的分误差的大小：

$$\delta_{\theta 15°} = \frac{\sin 15°}{2(1-\cos 15°)} \times \frac{2\pi \times 1°}{360°} = 6.6\%$$

$$\delta_{\theta 19°} = \frac{\sin 19°}{2(1-\cos 19°)} \times \frac{2\pi \times 1°}{360°} = 5.2\%$$

$$\delta_{\theta 22°} = \frac{\sin 22°}{2(1-\cos 22°)} \times \frac{2\pi \times 1°}{360°} = 4.4\%$$

综合上述，我们得到这样的结论：在仪器调整适当的情况下，用冲击摆测定弹丸速度的最大相对误差为：

（1）若用学生天平测重量、用米尺测摆长、低、中、高 2 档的速度误差分别为 7.1%、5.7%、4.9%。

（2）若用说明书上给出的 M，m，L 值进行计算时，低、中、高 3 档的速度误差分别为 10.7%、9.3%、8.7%……以下略。

上例充分说明，误差分析要针对使用的工具、理论依据等具体情况，进行精密细致的思考，找出其中各测量工具的最小刻度，定出读数误差，然后利用误差递推的数学方法进行计算……每一步都需要认真对待。

○ 这个指的是天平的指针从平衡位置偏转到标尺 1 个分度所需的最大质量。

二、数据处理

对实验数据进行整理分析，找出实验因素改变时，实验结果变化的趋势，从而突出实验的主要结论，这就是数据处理。一般实验数据处理有三种方法：①列表法。列表法即用表格来说明实验的材料和方法的特征、特性，或统计实验结果。表格有观测数据列表、导出数据（如百分数、比值、总计、平均值等）列表和调查数据（统计、报表等）列表三类。②图解法。把数字及事物的发生发展过程变为点、线、面、角度或立体图等形象，通过一定的排列组合，直观地表达出它们之间的关系，或者用形态图（如研究课题所要的起说明和论证作用的各种图画、照片或图像等）来表达，称为图解法。③方程法。方程法即将实验中各变量间的依赖关系用解析形式表示出来的方法。由于此方法使实验结论表述清晰、形式紧凑、内容严密完整，不用过多的文字说明，就能概括若干内容，更重要的是，能利用计算机进行计算和若干数据处理。因此，由实验数据求取数学方程的方法，是我们理工学科学生应当学好会用的数据处理方法。

为了让同学们有一个清晰的认识，我们举例说明。

例如，某实验室测定酒精的体积和温度的关系时，得到下列数据：

温度 t（℃）	0	5	10	20	30	40	50
体积 V（cc）	5.25	5.27	5.31	5.39	5.43	5.49	5.53

已知酒精在常温范围内，其体积与温度是呈线性函数关系 $V = at + b$ 的，故有：

（1）图解法求方程：将测定的各对数据作为 $V - t$ 图线，由图线知斜率 $a = 0.006$，截距 $b = 5.25$，由此得方程：$V = 0.006t + 5.25$。

（2）平均值法求方程：先将测定的 7 组数据代入偏差 $N_i = at_i - b - V_i$，得到 7 个含有 a、b 待定系数的方程。再将方程分成两组（设前 4 个方程为一组，后 3 个方程为一组），将这两组方程的两边分别相加，让偏差之和为零，就可以得到下列方程组：

$$\begin{cases} 21.22 = 35a + 4b \\ 16.45 = 120a + 3b \end{cases}$$

解得

$$\begin{cases} a = 0.0057 \\ b = 5.255 \end{cases}$$

所以，要求的方程式为 $V = 0.0057t + 5.255$。

（3）最小二乘法求方程：基于偏差的平方和最小，则结果的误差最小的指导思想，设偏差的平方和为：

$$\delta = \sum_{i=1}^{k}(at_i + b - V_i)^2$$

$$= a^2\sum_{i=1}^{k}t_i^2 + 2ba\sum_{i=1}^{k}t_i - 2a\sum_{i=1}^{k}t_iV_i + kb^2 - 2b\sum_{i=1}^{k}V_i + \sum_{i=1}^{k}V_i^2$$

使 δ 为极小值的必要条件为：

$$\frac{\partial \delta}{\partial a} = 2a\sum_{i=1}^{k}t_i^2 + 2b\sum_{i=1}^{k}t_i - 2\sum_{i=1}^{k}t_iV_i = 0$$

$$\frac{\partial \delta}{\partial b} = 2a\sum_{i=1}^{k}t_i + 2bk - 2\sum_{i=1}^{k}V_i = 0$$

于是，有

$$a = \frac{k\sum_{i=1}^{k}t_iV_i - \sum_{i=1}^{k}t_i\sum_{i=1}^{k}V_i}{k\sum_{i=1}^{k}t_i^2 - \left(\sum_{i=1}^{k}t_i\right)^2}; \quad b = \frac{\sum_{i=1}^{k}t_i^2 - \sum_{i=1}^{k}t_i\sum_{i=1}^{k}V_i}{k\sum_{i=1}^{k}t_i^2 - \left(\sum_{i=1}^{k}t_i\right)^2};$$

我们将实验测得的 7 组数据分别求和得

$$\sum_{i=1}^{7}t_i = 155$$

$$\sum_{i=1}^{7}V_i = 37.67$$

$$\sum_{i=1}^{7}t_iV_i = 846.25$$

$$\sum_{i=1}^{7}t_i^2 = 5525$$

代入上式，求得 $a = 0.0058$，$b = 5.25$，则方程 $V = 0.0058t + 5.25$ 为所求。

上述三种方法所得结果，用偏差平方和 δ 来检验，图解法 $\delta = 0.009$；平均值法 $\delta = 0.000831$；最小二乘法 $\delta = 0.0007$。显然，后者比前者更精确。

上例是将实验中各变量间的依赖关系，用解析形式表达出来，通常称为数学模型法中的方程法。由于数学表达形式简洁，内涵丰富，不用过多的文字，就能较准确地说明问题；更由于计算机的普遍使用，实验室专用的计算机，对诸如上例中最小二乘法处理数据已不是困难的事，因此，在科学技术研究中已越来越被广泛采用。

第三节 统计与效益

我们搜集研究对象在数量方面的信息资料，目的在于了解对象的发展变化过程中可能的表现，包括它在具体的时间、地点、条件下，在规模、水平、比例、速率等方面的数量表现……这就需要对其数量方面的信息资料进行统计，而这种统计需要数学中的概率论与数理统计方面的知识。

我们从事各种经济活动，要把各种因素放在一起进行综合性的统筹安排，以期达到最经济地使用人力、物力和最优地收到总体效果。这里边有讲求效益的问题，有效益与时间因素牵涉的问题。这就需要数学中的运筹学与时效论方面的知识。

本节通过统计与效益相关的数学知识的简介，穿插实例，让同学们体会一下，在统计与效益方面，数学的贡献是不可或缺的。

一、统计方法应用举例

人们通过科学观测与实验、社会调查等活动，搜集大量的数据，对这些反映对象数量方面的信息资料，需要从中找出反映对象本质规律的东西，其过程就是运用统计方法。

数理统计知识告诉我们：研究某个问题，其对象的所有可能的观察结果称为总体（或母体）；从总体中抽取一部分样品，称为总体的一个样本（或子样）；样本中样品的个数称为样本的大小（或容量）。例如，有 $2N$ 个被考察者参加某项测试，所得成绩分别为 $x_1, x_2, \cdots, x_N, x_{N+1}, \cdots, x_{2N}$，这是总体，我们抽取其中的 $x_1, x_2, \cdots, x_N$ 为一个样本，其容量即样本的大小为 N。

将样本中各观测结果相加除以样本的容量即得测量结果的平均值 $\bar{x} = \sum_{i=1}^{N} \dfrac{x_i}{N}$。而平均值分别与样本中各观测值之差的平方和再除以样本容量再开方，则得该次观测的标准差：

$$S = \sqrt{\dfrac{\sum_{i=1}^{N}(x_i - \bar{x})^2}{N}}$$

进而算出某个被考察者的标准分：$Z_i = \dfrac{x_i - \bar{x}}{S}$。

[例1]

关于择优录用出现的问题

某大型企业面向全国招聘人才，采用笔试卷面评分方式。应聘者须通过含有数学、物理、化学、生物、地理相关知识的理科综合试卷（理综卷）和含有政治、语文、外语的文科综合试卷（文综卷）两项笔试。参考者逾万人。考生A的理综卷得64分，文综卷得90分，总分154分；考生B的理综卷得70分，文综卷得82分，总分152分，似乎A优于B。但是运用统计方法，将全体应聘者的成绩进行统计：理综卷平均分 $\bar{x}_1 = 60$，标准差 $S_1 = 4$；文综卷平均分 $\bar{x}_2 = 70$；标准差 $S_2 = 10$。依标准分的含义：以标准差为单位，表示一个原始分在团体中所处的相对位置数。算出的两个参试者的总标准分分别为 $Z_A = \dfrac{64-60}{4} + \dfrac{90-70}{10} = 3$；$Z_B = \dfrac{70-60}{4} + \dfrac{82-70}{10} = 3.7$。可见，所谓A优于B的结论不对。就考生B而言，似乎其文综卷成绩比理综卷成绩好。但实际正相反。因为他的理综卷标准分比文综卷标准分高。

正是通过统计方法的应用，人们已经意识到今后的教育教学测量应当引入标准差和标准分，使择优更加公正合理。

概率论中，把可能发生也可能不发生的事件称为随机事件。若对系统观测的次数为 N，而某随机事件A发生的次数为 N_A，在 $N \to \infty$ 时，二者的比值趋于一个稳定的极限值，称为A事件发生的概率：

$$P_A = \lim_{N \to \infty} \frac{N_A}{N} \quad (0 \leq P_A \leq 1)$$

进一步把随机事件区分为互斥事件和独立事件：对两个随机事件A、B，若A和B在一次观测中不可能同时发生，它们彼此不相容，要么A、要么B，则称为互斥事件；若A发生和B发生毫无关系，它们彼此独立，则称为独立事件。

对互斥事件A、B，若总测量次数 N 中，A出现 N_A 次，B出现 N_B 次，则A或B出现的概率满足加法定理，即

$$P_{A+B} = \lim_{N \to \infty} \frac{N_A + N_B}{N} = \lim_{N \to \infty} \frac{N_A}{N} + \lim_{n \to \infty} \frac{N_B}{N} = P_A + P_B$$

由此，我们还可以推出互斥事件满足归一化条件，即

(1) 若变量 x 对应概率 p_i 取值 x_i 是可数的分立值——离散型随机变量，其对应的各概率 p_i，满足 $\sum p_i = 1$。

(2) 若变量 x 可取某一区间的任何数值（$a \leq x \leq b$）——连续型随机变量，则单位区间内的概率——概率密度 $\rho(x)$ 在 $x \sim x + dx$ 内的概率为 $\rho(x)dx$，满足：$\int_a^b \rho(x)dx = 1$。

对独立事件A、B，若总测量次数 N 中，A出现 N_A 次，B出现 N_B 次，则A、B两事件同时出现的概率满足乘法定理，即

$$P_{AB} = \lim_{N\to\infty} \frac{N_{AB}}{N} = P_A P_B \quad (N_{AB} \text{ 为 A、B 事件同时发生的次数})$$

据此可知，n 个彼此独立的事件同时发生的概率等于 n 个事件各自发生的概率相乘，$P_{A,B,\cdots,K} = \prod_i P_i$，当各事件的概率相等，都等于 P 时，$P_{A,B,\cdots,K} = P^n$。

[例2]

关于分子速率的计算

具备基本物理学知识的理工学科学生都知道，对由大量微观粒子组成的热力学系统，运用经典力学知识去求解其中的分子速率之类的问题是行不通的。

英国科学家麦克斯韦把上述概率的观点引入热现象研究，他先进行科学抽象："气体是由数量极大的、非常微小的、完全弹性的、只有碰撞才有相互作用的坚硬小球所组成的系统"，并补充了三个基本假设：①两个分子碰撞时，在一切反方向上的反冲概率相等；②速度在 x, y, z 三个方向上的分量的分布彼此独立；③分子速度分布不受外界影响。在此基础上，他定义了热力学系统的速率分布函数 $f(v) = \dfrac{dN}{Ndv}$。其物理意义是：处于一定温度 T 下一定质量 m 的气体，分布在速率 v 附近，单位速率区间内的分子数 $\left(\dfrac{dN}{dv}\right)$ 与总分子数的比率。并认为这个分布函数具有一种呈正态分布（即速率较大或较少的 $f(v)$ 较小，速率居中的 $f(v)$ 较大）的函数图像。

根据麦克斯韦给出的速率分布函数，可以十分方便地求出气体分子的最概然速率 $\overline{V}_p$、平均速率 $\overline{V}$ 和方均根速率 $\sqrt{\overline{V^2}}$。从而清晰地给出了如何做出函数图像、如何分析分子运动的平均自由程、如何讨论分子的平均平动动能的方法。

[例3]

关于放射性衰变规律

法国物理学家贝克勒尔（Aptoine-Henri Becquerel, 1852—1908）于 1896 年发现放射性；紧接着英国物理学家卢瑟福（E·Rutherford, 1871—1937）和他的同事们在总结大量实验事实的基础上，发现放射性核素满足指数衰变规律：设 $t = 0$ 时，有放射性核素 N_0 个，经过 t 时间，由于衰变，还留下的核素为 $N(t) = N_0 e^{-\lambda t}$，其中 λ 为衰变常数。

此后，人们引入放射性核素的衰变率 $A(t)$，用它表示在 $t \sim t + Vt$ 时间间隔内发生衰变的放射性核素数目与 Vt 时间的比值：$A(t) = -\dfrac{VN}{Vt}$ 当 Vt 足够小时，作 $e^{-\lambda Vt}; 1 - \lambda Vt$ 的数学近似得 $A(t) = \lambda N(t)$，进而得出衰变常数 $\lambda = -\dfrac{VN}{N(t)Vt}$ 的物理意义：单位时间放射性核素的衰变概率。由于 $A(t)$ 是一个实验中可直接测量的量，$A_0 = \lambda N_0$ 是 $t = 0$ 时的放射性活度，由 $A(t) = \lambda N(t) = \lambda N_0 e^{-\lambda t} = A_0 e^{-\lambda t}$ 可得 $\frac{A(t)}{A_0} = e^{-\lambda t}$，也得出某放射性核素从放射性活度为 A_0 减少到 $A(t)$ 所经历的时间：$t = -\frac{1}{\lambda}\ln\frac{A(t)}{A_0} = \frac{1}{\lambda}\ln\frac{A_0}{A(t)}$（放射性活度 A 的单位 B_q，$1B_q = 1$ 次核变$/s$）。

再后来，人们利用半衰期 $T_{1/2}$——某放射性核素数目衰变掉一半所需的时间来测时，其中的数学分析过程是这样的：

$$Q\frac{N_0}{2} = N_0 e^{-\lambda T_{1/2}}$$

$$T_{1/2} = \frac{\ln 2}{\lambda} = \frac{0.639}{\lambda} \text{ 或 } \lambda = \frac{0.639}{T_{1/2}}$$

故衰变规律可写成

$$N(t) = N_0 e^{-0.639/T_{1/2}} = N_0 \left(\frac{1}{2}\right)^{\frac{t}{T_{1/2}}}$$

人们正是利用放射性衰变来测定一些事件的时间间隔的。不妨以 ^{14}C 考古为例。

^{14}C 是 β 衰变核素，$T_{1/2} = 5730$ 年，大气中 ^{14}C 与 ^{12}C 之比近似为一常数 1.20×10^{-12}，由于活的生物体通过呼吸和光合作用与大气进行碳交换，使生物体内 ^{14}C 和 ^{12}C 与大气中有相同的比例，一旦生物体死亡，这种碳交换停止，在生物体内的 ^{14}C 只有衰变，没有生成。其放射性活度将按指数规律下降。所以只要测得死亡生物体每克碳的放射性活度，即可推算出死亡的年代。

此外，概率计算还可以帮助我们分析产品质量的优劣。

[例 4]

概率计算案例

某工厂生产的 100 件产品，其中有 5% 的次品，今从中随机抽取 15 件产品来检验，其中恰有 2 件次品的概率是多少？

分析：在 m 件产品中抽取 n 件（这里是不放回抽样），所有可能的取法有 $\binom{m}{n}$ 种，现要求 m 件产品中抽取 n 件，其中恰含有 j 件次品的取法的种数，则因为在 k 件次品中所有可能的取法有 $\binom{k}{j}$，在 $m-k$ 件正品中取 $n-j$ 件所有可能的取法有 $\binom{m-k}{n-j}$ 种，把它们搭配起来，可得 m 件产品中抽取 n 件，其中恰含有 j 件次品的取法有 $\binom{k}{j}\binom{m-k}{n-j}$ 种，于是所求的概率为 $p = \dfrac{\binom{k}{j}\binom{m-k}{n-j}}{\binom{m}{n}}$。

据此，我们求解该2件次品抽样的概率：

∵ 100件产品中次品有 $100 \times 5\% = 5$ 件

∴ 概率 $p = \dfrac{\binom{5}{2}\binom{95}{13}}{\binom{100}{15}} = 0.1377$

此例表明，在生产的产品质量控制中，概率统计的运用很重要。

二、运筹学与时效论应用举例

人们研究运输问题，涉及产地的产品供应哪些销地、各供应多少，方能把总运输费用减到最低限度；或者研究下料问题，当原材料和零部件尺寸给定后，如何裁割方能最大限度地减少用料等，往往将问题列成线性函数关系式或线性不等式，进而做出统筹规划。

[例 5]

产地与销地间的运输费问题

某化工厂有甲、乙两个仓库要向 A、B 两地提供化肥，已知甲、乙两仓库可调出量分别为 100t 和 80t，而 A、B 两地化肥需要量分别为 70t 和 110t。现甲仓库距 A、B 两地分别为 20km 和 25km，甲仓库到 A、B 两地的运输单价为 12 元/t·km 和 10 元/t·km；乙仓库距 A、B 两地分别为 15km 和 20km，乙仓库到 A、B 两地的运输单价分别为 12 元/t·km 和 8 元/t·km。问：当甲、乙两仓库各运往 A、B 两地多少吨化肥时，总运输费最少？最省的总运费是多少？

解：设甲仓库运往 A 地化肥 x t。依题意，可列出总运费 y（元）关于 x（t）的函数关系式：

$$y = 12 \times 20x + 10 \times 25(100 - x) + 12 \times 15(70 - x) + 8 \times 20(10 + x)$$

整理得

$$y = -30x + 39200 \quad (0 \leq x \leq 70)$$

因为一次函数中斜率 $k = -30 < 0$，故 y 的值随 x 的增大而减少。由此知，当甲仓库运往 A 地化肥 $x = 70$ t 时，总运费 $y = (-30 \times 70 + 39200)$ 元 = 37100（元），为最省的运费。

[例 6]

运筹学案例

某饮料的外包装是体积固定为 V 的圆柱形铁皮。已知 200ml 装的饮料 3 元/瓶，500ml 装的饮料 7 元/瓶，问：

（1）包装的圆柱形应怎样设计最节省材料？

（2）若要减小制造过程中焊接接口的工作量，应怎样设计圆柱形？

(3) 600ml 装的饮料价格应定为多少？

(4) 200ml 和 500ml 两种规格中，买哪种划算？

解：我们知道，生产成本与饮料容量成正比，包装成本与外包装表面积成正比，设圆柱体的高为 h，底面圆半径为 r。

(1) 体积 $V = \pi r^2 h \rightarrow h = V/\pi r^2$，可知

圆柱体的表面积 $S = 2\pi r^2 + 2\pi r h$

将 h 值代入，有

$$S = 2\pi r^2 + \frac{2V}{r} = 2\pi r^2 + \frac{V}{r} + \frac{V}{r}$$

利用 $\frac{1}{n}(a_1 + a_2 + \cdots + a_n) \geq \sqrt[n]{a_1 a_2 \cdots a_n}$，有

$$S \geq 3\sqrt[3]{2\pi r^2 \frac{V}{r} \frac{V}{r}} = \sqrt[3]{2\pi V^2}$$

当且仅当 $2\pi r^2 = V/r$，即 $r = \sqrt[3]{\frac{V}{2\pi}}$ 时，圆柱体具有最小表面积 $S = 3\sqrt[3]{2\pi V^2}$，此时，圆柱体高 $h = 2r$。

(2) 焊接长度函数 $L(r) = 4\pi r + \frac{V}{\pi r^2} = 2\pi r + 2\pi r + \frac{V}{\pi r^2}$。同上分析有：

$L(r) \geq \sqrt[3]{4\pi V}$，当且仅当 $2\pi r = \frac{V}{\pi r^2}$ 即 $h = 2\pi r$ 时，$L(r)$ 最小。

(3) 设每毫升饮料成本价为 a 元，饮料容量为 x ml，饮料价为 y 元。则 $y = ax + kx^{2/3}$。则 600ml 装价格 $y = 600a + k600^{2/3}$；而 200ml 装饮料价为 $3 = 200a + k200^{2/3}$；500ml 装饮料价为 $7 = 500a + k500^{2/3}$。

所以，$\frac{3 - 200a}{7 - 500a} = \left(\frac{200}{500}\right)^{2/3} \approx 0.54$。

由此解出每毫升饮料成本价 $a \approx 0.011$ 元。

200ml 装饮料包装成本为 $(3 - 200 \times 0.011)$ 元 $= 0.8$ 元。

设 600ml 装饮料包装成本为 Z，则

$$\frac{Z}{0.8} = \left(\frac{600}{200}\right)^{2/3}$$

解得

$$Z = 1.7 \text{ 元}$$

∴ 600ml 装饮料应定价为 $600a + Z = 8.3$ 元。

(4) 因为 $3/200 > 7/500$，所以买 500ml 饮料合算。

运筹学涉及的问题很多。

比如，分析交通要道的拥挤问题，涉及公用服务系统工作过程中如何通过对各个随机服务现象的统计研究，找出反映这些随机现象平均特性的规律，从而改进服务系统的工作能力，需要用到其中的分支理论——排队论。

再如，寻找地下矿藏资源，涉及定量描述搜索目的，搜索各要素以及它们之间的关系；涉及如何在搜索目的达到规定程度的限制下，选择一种代价最小的搜索力分配方案；还涉及在搜索代价不超过规定限制的前提下，选择一种实现搜索目的的程度最大的探索力分配方案，这需要运筹学中的搜索论。

还如，人们从事各种活动，为了反映一些复杂关系，往往在纸上用点和线画出各式各样的示意图。图的基本要素是点以及点与点之间的连线。用点表示研究对象，用线表示对象之间的某种特定关系，故图是反映对象之间关系的一种工具。从形形色色的具体的图及有关的实际问题，抽象共性，从而找出其规律、性质、方法，这里就涉及数学中的图论。

上面提及的问题尚未提到时间因素，而一旦涉及时间，就会与效益紧扣，内容也就更丰富了。

[例7]

货币的时间价值

下面的两个故事都发生在18世纪末。

1790年，美国政治家、科学家富兰克林逝世。死前，他对自己拥有的1000金镑财产做如下遗嘱："把钱赠给故乡波士顿，希望波士顿地方政府把钱借给年轻的工匠，按5%的年利回收。100年后，钱将增至131000金镑，用其中的10万金镑建一座公共建筑物，剩下的31000金镑继续让它生息。第二个100年年末，钱增至4061000金镑，其中1061000金镑任由波士顿居民支配，300万金镑交马萨诸塞州公众管理。再此后，我可不敢多作主张……"

1794年，拿破仑参观卢森堡一所国立小学，他花了3个金路易买了一束玫瑰花送到该所学校，并当场许下诺言："只要未来法兰西存在一天，每年都送一束同等价值的玫瑰花给这所学校，以示两国的友谊。"拿破仑回国后，由于战争，他把自己的诺言忘得一干二净，事过将近一百年。1894年，卢森堡却郑重向法国提出"玫瑰花悬案"：要么拿破仑声誉扫地，要么法国政府按5%复利赔偿卢森堡国立小学1375596法郎的欠债……

这两个故事告诉我们，一定数量的货币在不同时间分布点上，其价值是有差异的。这样，我们就不难理解：为什么诺贝尔死前仅留下100万瑞士法郎，而要颁发的诺贝尔奖有：和平、物理、化学、生物、医学、文学等项奖，每项奖金在20万美元以上，超过他最初的遗产。由于货币的时间价值，诺贝尔奖可以每年不间断地颁发，永远用不完。

[例8]

关于利率的计算

奥地利经济学家庞巴维克曾指出:"现在的物品通常以同一类型、同一数量的未来物品更有价值。""利息是由现在物品和未来物品之间价值上的差别所产生的。"这里,我们要从两个角度来思考问题。

(1) 向银行贷款,要考虑贴现率,即对银行偿还时的利率。

经济学上称某数目的资金在一定的利率情况下,相当于目前的价值为现值 PV。

$$PV = m(1+\gamma)^{-n}$$

式中,m 为某数目的资金;γ 为银行需偿还的利率(贴现率);n 为年数。

(2) 把钱存入银行或参加某项投资、入股等活动,则考虑复利。最初投入的钱称为本金,每期利息加该期的本金作为下期计算利息的本金以求本利的方法是利用了复利公式:

$$本利和\ K_{p\gamma} = m(1+\gamma)^n$$

式中,m 为本金;γ 为年利率;n 为年份数。

从上述两个角度分析问题,会得到不同的结果。

例如,某建筑工程要求三年建成。第一年投资 1200 万元,第二年投资 1000 万元,第三年投资 800 万元,三年内共投资了 3000 万元。银行年利率 $\gamma = 8\%$。如果从向银行贷款的角度考虑,则每年用于建设工程的投资现值额为:

$$PV_1 = \frac{1200}{(1+0.08)^3} 万元 = 952.599\ 万元$$

$$PV_2 = \frac{1000}{(1+0.08)^2} 万元 = 857.340\ 万元$$

$$PV_3 = \frac{800}{1+0.08} 万元 = 740.740\ 万元$$

实际用于建设的投资现值总额是

$$PV = PV_1 + PV_2 + PV_3 = 2550.679\ 万元$$

如果从参加该项投资的角度考虑,同样按年利率 8% 计算,在第三年结束时,银行对该工程实际投资为

$$K_{pv} = (1200(1+0.08)^3 + 1000(1+0.08)^2 + 800(1+0.08))\ 万元$$
$$= (1511.65 + 1166.4 + 864)\ 万元$$
$$= 3542.05\ 万元$$

从利率的计算可知,时间和效益紧密相连。这就是数学与经济联系后产生的时效论。

多年来,在管理会计、项目评估、引进外资、投资决策等方面,都频繁运用了时效论。越来越多的人意识到:从事某项经济活动,时间和效益的关系应

当具有敏锐的洞察力。例如：

办理货运，不要忽视由于交货期缩短，使所借贷的周转资金的利息下降。

对库存的滞销品，要考虑降价，避免利息和附加储运费算下来，可能超过商品自身的价值。

对实物保值问题，要与货币时间效应比较，抢购不必要的商品不一定能保值。

如果政府部门的决策者，或者某大型企业的老总，处理下列问题时应认真把握时间与效益的关系：

（1）财政赤字问题。对无法扩大再生产的，诸如政府的经常性开支和社会福利支出，要严加控制。而对可扩大再生产的，诸如社会严重供不应求的投资，可采用发行国库券、社会集资、股票等形式。必要时让财政出现赤字，以达到刺激经济增长的效果。

（2）大项目大工程问题。由于技术复杂、高度综合、各项目或各工程完成情况参差不齐，若总计100个项目，已有90多项按预期完成，而剩下的几项由于资金不足或其他原因未完成，使设置闲置无法让高度综合的总体工程完工。这时，宁愿花数倍甚至上十倍的投入去攻克最后的难关，以此换得整体的成功。

（3）对基建的"胡子工程"。由于基建战线过长，使大部分项目变成半死不活的"胡子工程"，此时，不如将基建投资集中起来，救活其中一两个，使其发挥经济效益，再用盈利去救活其他项目。

总之，时效论牵涉的内容及应用很多，远非有限的篇幅和作者有限的能力所能涵盖。有些东西需要理工学科的同学们自己去实践，在实践中加深对时效论的认识。

思考与练习

1. 本章仅就公理化方法与数学建模、误差分析与数据处理、统计与效益三个方面简单介绍理工学科学生应该基本了解的数学方法。除此之外，你认为还应补充些什么内容？特别是联系你所学的专业，谈谈本专业在数学方法上应知应会些什么，才不愧为本专业的合格学生？

2. 在你的专业学习中，哪一门功课，其教材运用了数学公理化方法？请举例说明。

3. 举一个与专业学习有关的数学建模的例子，并通过查阅相关资料，补充说明该例详细的建模过程，写成一篇读书笔记。

4. 整理一下你在高中、大学时期做过的实验中用过哪些误差分析的方法。对其中理论提供的数学公式你用到类似全微分的误差递推公式来分析绝对误差吗？若用过，请将其写出来。

5. 除了本章所举的方程法的例子外，请设法从你的专业学习中再举一个通过实验所记录的数据，找出待测物与外界某些条件呈函数关系的方程的实例来。

6. 某地城市扩建，在市郊修建一个居民区 A 和一个工业园区 B。两区的供水站设在两小区附近的一条河边（如图5-4所示）计划修建一个水厂 C 供水。现已测得 A 距河边 3km，

B距河边9km，A、B相距10km。问：①水厂C应建在河边的什么位置，其输水管道铺设线路最短？②若管道铺设单价100万元/km，现市政府拨款1500万元，预算一下，水厂管道铺设的总造价是否够？③若在实际铺设中，单价上涨10%，应追加多少资金才能完成工程？

（说明：水厂选址用到初中几何知识）

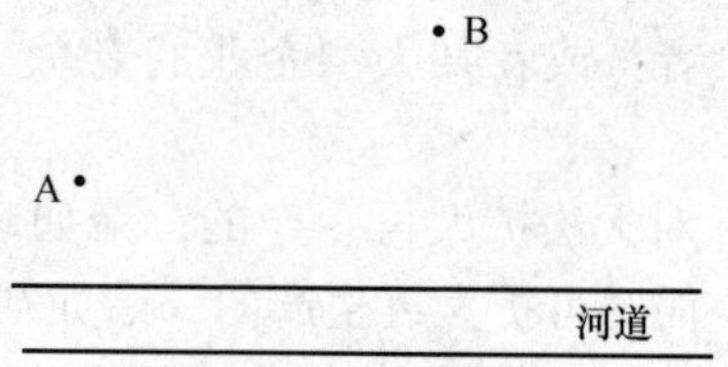

· B

A ·

——————————————————河道

图5-4 图例

7. 请运用概率论的知识解决下列问题：

若在一个人数很多的团体中普查某种疾病，为此要抽取 n 个人的血。可以用两种方法进行：①将每个人的血都分别去化验，这就要化验 n 次。②按 K 个人一组进行分组，把从 K 个人身上抽来的血分别混在一起进行化验，如果混合血液呈阴性反应，说明 K 个人未患某种疾病，这样，K 个人的血样只需要化验一次；若呈阳性，则再对这 K 个人的血样分别进行化验，这样，这 K 个人的血样总共要化验 $K+1$ 次。假定对所有人来说，试验呈阳性的概率都是 P，且这些人的试验反应是相对独立的，试说明按第二种方案可以减少的化验次数，并说明 K 取什么值时最适当？

（说明：如果你未学过概率论，可找相关资料自学，能解决上边一个统计学的典型应用实例）

8. 请联系时效论的观点分析解答下边两道题：

（1）你打算通过银行贷款为你经营的公司添置一台动力设备，有两个方案供选择：

A）购11万元/台的柴油机，该机耗油费为1万元/年。

B）购6.5万元/台的汽油机，该机耗油费为1.5万元/年。

两种机器的使用寿命均为10年，要求当年年底还清购机款，按年利率10%计算，你该选哪种方案？

（2）你决定投资40万元，让代理者去经营三年，方案有三种：

甲：三年收益分别为30万元、20万元、10万元。

乙：三年收益分别为10万元、20万元、30万元。

丙：三年收益分别为20万元、20万元、20万元。

按10%年利率计算，哪一种方案最佳？哪一种方案最差？为什么？

9. 将三个1、三个2、三个3……三个9排列，分别在三个相同的数字之间加上数学运算符号，使它们运算的结果都等于6。例如：$3+\sqrt{3}\times\sqrt{3}=6$ 或 $3\times3-3=6$。请尽可能多地写出它们的运算式，你体验到数学运算的奇妙了吧。

10. 从甲地到乙地船行需6天6夜，乙地到甲地所需时间一样。在这条航线上甲、乙两地每天只在中午12点各向对方开出一班船。如果今天你从甲地乘班船出发，待到乙地时，沿途能见到几条从乙地开过来的班船（包括在起点和终点见到的刚到站和刚要出发的班船）？解此题，你会体验到数学建模方法的重要性。

11. 求解四个城市的旅行商品售货员提出的问题。四个城市的距离矩阵如表 5-1 所示，当售货员从城 1 出发，经过每个城市一次且仅一次，最后回到城 1。问按怎样的路线走，使总的行程距离最短？

表 5-1 四个城市距离矩阵　　　　　　　　　　（单位：km）

距离 i \ j	1	2	3	4
1	0	8	5	6
2	6	0	8	5
3	7	9	0	5
4	9	7	8	0

第六章
>>>>>> 系统科学方法

早在20世纪中叶，科学就呈现既高度分化又高度综合的趋势。它表现在：一门学科向纵深发展，产生出许许多多新的分支学科；各门学科向横向拓宽，彼此渗透，形成涉及学科知识多、适用范围广的综合性新学科。

按照我国著名科学家钱学森等人的观点，综合性学科最具代表性的系统论、控制论、信息论、耗散结构论、突变论、协同论等，可以统称为系统学科。

本章简单介绍系统科学所涉及的基本概念、基本原理和基本方法。

第一节 相关概念

系统科学因为是涉及学科知识多、适用范围广的综合性科学，其概念自然也很多。本节就其中与系统科学基本原理及方法关系密切的几个来简单介绍系统科学的基本概念。

一、系统概念

通俗地讲，由互相联系、互相作用的若干要素（或子系统）构成的，具有特定功能和运动规律的整体，叫作一个系统。社会是一个系统；一部机器是一个系统；一个动物、一株花草也是一个系统。实际上，任何自然现象和社会现象，从星系到原子、"基本粒子"，从生物群、生物个体到细胞，从整个世界到一个国家，从一个人到一个家庭、一个学校、一个企业、一项工程……都可以单独成为一个系统，或者组成一个系统整体。而且，又都可以分解为两个以上的要素，且要素与要素之间、要素与系统之间、系统与环境之间又互相联系着，从而具有特定的功能与运动规律。

可见，系统有自然界本身存在的系统，如太阳系、银河系、自然生态系统、人体血液循环系统等；也有人为达到各种目的而建立的系统，如国家安全系统、金融系统、教育系统等人工系统；还有自然系统和人工系统组合而成的复合系统，如实验系统，它包含人和工具以及参与实验过程的自然的或人工的事物。

系统的特征除了"系统由若干要素组成、要素之间是有联系的"之外，系统也不是孤立的，它与更大的系统相联系，是更大系统的要素或子系统。这个更大的系统称为环境，系统随着环境的变化而变化，以适应环境。

研究系统时，要把系统置于环境之中去研究。例如，我们研究中国的现代化，就不仅考虑中国内部的各种现状和发展趋势，还要把中国置于世界的大环境中去，考察外部环境的现状和发展趋势，才可能有比较清醒的认识。

二、信息概念

早期，人们所称的信息，意指消息、情报、知识、音信等。

对信息概念赋予科学内涵始于人们对控制技术的研究。

对一个有组织的系统，根据其内部和外部的各种变化而进行调整，不断克服系统的不确定性，使系统保持某种特定的状态，这叫作控制。一个动物要在复杂的环境中生存下去，就必须根据身体内部的特点与外部的环境的变化进行调整才能生存；在工程技术中机器大生产方式的发展，要求制造一种变换、加工信息的控制机器和设备，以延伸人脑的作用，代替人在生产过程中直接从事的监视、操纵、调节、管理等劳动，所以，"控制"也可以说是一种联系或调节。控制的作用在于使事物之间、系统之间、部门之间相互作用、相互制约，克服随机因素，从而达到预期的目的。

研究控制过程，并力图实现由人工控制过渡到自动控制，这就是控制技术。

在研究控制技术的同时，美国科学家维纳等人思考：在生物世界，生物系统的结构、功能、活动是有目的性的；而在物理世界，如力学系统的结构、功能、运动是服从因果决定性的，没有目的性，而由初始条件及力学定律就完全决定了力学系统的运动。如何看待这二者之间的矛盾呢？维纳等人决定给目的概念赋予新的内涵，使得"机器行为"和"生命体的反应"在控制过程中的"因果"和"目的"之间能得以合理的解释，这就涉及对信息概念赋予新的科学的内涵。

维纳在他的专著《控制论》一书中对信息的概念做如下诠释：信息是指人、动物或机器等控制系统与外界相互联系的一种形式；"是我们对外界进行调节并使我们的调节被外界所了解时，而与外界交换来的东西。"

几乎与维纳同时，另一位美国科学家香农在研究电信号被噪声干扰时的信号处理理论。他在《通信中的数学理论》一文中，也对信息赋予新的科学内涵。按照香农的观点，被控对象在未被调节时的反应是一个不确定量，而通过某种有目的的行为对其进行调节后的反应又是一个不确定量，两次不确定量之差就是信息。

所谓系统发出消息和接收消息是系统的输出和输入。系统的状态、行为、功能为一定系统以消息的形式发出，又为一定系统以消息的形式接收。消息就是系统各部分之间和各系统之间在状态、行为和功能上的联系。系统的状态、行为、功能在不断变化，消息也就发生变化，变化了的消息与原消息相比较，就有新内容，这就是信息。因此，信息概念最浅显的理解就是消息中所包含的新内容、新知识。

三、熵概念

在介绍熵概念之前，先得理解：何谓有序？何谓无序？

在研究自然界的各种事物和现象时，人们把序的概念引入其中，对研究对象，若其空间排列具有某种规律、时间变化具有某种周期性，则认为它是有序的；而一些似有规律而不严格、像周期又不尽重复的，则认为它们近似有序；对偶然的空间堆砌和随机的时间变化，则认为是无序的。

一个由大量微观粒子组成的热力学系统，当它处于非平衡状态时，由于存在着温度梯度或流速梯度或密度梯度，于是出现宏观上某物理量（热量或动量或质量）的单向输运过程，这是有序现象；而当该系统处于平衡态时，原先各处不均匀性趋于均匀，单向输运变成杂乱无章的输运使其整体的平均效果不随时间变化，这是无序现象。处于无序状态的热力学系统，其微观状态数较以有序状态的热力学系统的微观状态数多。而微观状态数越多，其运动的不确定程度就越大，其无序性就越大。于是热力学熵的定义为：分子无序性的量度。

按照热力学的定义，熵是这样的一个量：它在有耗散（摩擦、热损失等）情况下，无序性增大即熵增长。当所有进一步做功的潜力都耗尽后，熵就达到了最大值。这就意味着能量的耗尽、系统的毁坏。要是某一个系统是可逆的，能量能够在做完功后全部返回来，那么熵的改变就是零；要是不可逆的，熵就总是增加的，直至达到最大值。

比利时科学家普利高津在研究远离平衡态的热力学系统时，得出如下结论：对于一个与外界有物质和能量交换的开放系统来说，熵的变化可以分为两部分：一部分是系统本身由于不可逆过程引起的熵增加（d_iS），这一项永远是非负值；另一部分系统是系统与外界交换物质和能量引起熵流（d_eS），这一项可正可负。整个系统的熵的变化 dS 可写作：$dS = d_iS + d_eS$。于是，在开放系统中，若 d_eS 为负，且绝对值又大于 d_iS，那么 $dS < 0$，这时总熵就可以逐步减小，使系统由无序趋向有序。形成有序之后，如果 d_eS 为负，且绝对值又等于 d_iS，则 $dS = 0$，这样，系统可维持一个低熵的非平衡定态的有序结构，即非平衡系统可以通过负熵流来减少总熵，达到一种新的稳定的有序的耗散结构状态。

如今，熵概念向许多学科渗透，产生了许多新观点，如将负熵流与香农的信息处理理论中的概率分布的信息源相类比，提出信息熵概念；为使人类摆脱困境，有人提出"回归自然"，建立和谐有序的"低熵社会"等。

四、稳定概念

传统的稳定概念是：静止即稳定，平衡即稳定，针对这种以牺牲系统自我运动和自我发展能力为代价的所谓稳定，系统科学建立的稳定概念首先强调是一种开放中的稳定，是非平衡的、发展的稳定，即动态的与环境交换中的稳定。普利高津在解释何谓"耗散结构"时，就强调：系统的稳定性是在与环境的动态的交换之中才得以保持的，即开放是系统发展变化的前提，也是"活"系统得以保持系统稳定的前提。对于封闭系统，甚至对于开放不充分的近平衡态系统，它自发向无序运动产生出来的熵只能滞留于系统之中，无法将其输入到环境之中，或者说无法从环境之中引入可以使系统向有序发展所需要的负熵，所以系统只能自动地向系统组织性解体的方向运行；当系统走向"死亡"，它就达到了其唯一的稳定态。封闭系统的这种演化实质是退化，没有发展可言，是自发走向无序。而开放系统，通过把熵输给环境或把负熵引进系统，使无序的增长被抑制，使系统的有序得以保持，这正是开放系统的稳定性。

系统科学是在稳定和失稳的矛盾之中来把握稳定性的。事实上，很多时候，即使系统在整体上是稳定的，系统之中也可能存在局部的不稳定性。而且，正是因为系统中存在不稳定的因素，这种最初是个别的、局部的不稳定因素，在一定条件下得以放大，超出了系统在原先条件下保持自身稳定的条件，系统保持自身稳定的能力遭到破坏，才使得系统整体上失稳，这种失稳往往使得系统演化发展，从而进入新的稳定态。

五、结构概念

所谓结构，是指系统内部各个组成要素之间的相对稳定的联系方式、组织秩序及其时空关系的内在表现形式。

现代意义上的结构概念不仅是系统的要素的时间、空间或时空分布和排列，更重要的是强调系统之中要素之间相互联系、相互作用的关系。比如"相对稳定"就意味着与静止的、平衡的、僵死不变的东西截然不同，各要素运动变化是一种动态稳定，系统的变化发展才是绝对的。正是系统中各要素相互联系、相互作用使得系统具有整体行为，而系统之所以具有整体性，就在于系统是通过内部结构联系起来的。

现代意义上的结构概念还强调，系统结构具有不同的类型和层次，具有关键结构部分和非关键结构部分，具有实质性结构部分和非实质性结构部分。例如，有机分子中的各种各样的官能团，它们就具有相对独立的化学性质，在化学反应中就能够相对独立于有机分子整体而发挥作用。因此，系统的结构作为系统的要素及其关系的综合,是多样性的综合,是整体性和非整体性的辩证统一。

值得一提的是,结构概念已逐步深入到各个学科领域,包括数学、物理学、化学、生物学、心理学、语言学、社会学、管理学、经济学等学科领域,以致在哲学上也出现了结构主义哲学流派。在实践中,无论工程技术领域,还是生产领域、流通领域,结构概念同样是一个重要的概念。人们正是在科学技术的研究领域中,运用了结构概念,拓宽了对问题的认识。

第二节 重要基本原理简介

本节紧扣上节提及的基本概念,简单介绍系统科学中几个重要的基本原理。

一、整体性原理

在剖析系统概念时,钱学森就说过:"什么是系统?系统就是由许多部分所组成的整体,所以系统的概念就是要强调整体,强调整体是由相互关联、相互制约的各个部分所组成的。"

人们常说,系统整体与部分之间有三种关系,如"三个臭皮匠,顶个诸葛亮",这是整体小于部分之和;而"一堆沙子、一筐水果放在一起"是部分之和等于整体;"一个和尚担水喝,两个和尚抬水喝,三个和尚没水喝",则被视为部分之和小于整体。这里所论及的问题的一般性已经降低了。在哲学领域和科学技术研究领域里,"整体大于部分"是一个有普遍意义的命题。因为,任何系统虽由若干部分(要素)组成,但在功能和行为上,在运动规律上,又与构成它的部分(要素)迥然不同,系统整体的功能 $E_{整}$ 等于各孤立部分功能之和 $\sum E_i$;另一方面,没有结构的、整体功能的系统是不存在的。这样,系统的整体功能等于各孤立部分功能的总和 $\sum E_i$ 加上各部分相互联系形成结构产生的功能 E_l,即 $E_{整} = \sum E_i + E_l$。如果所选择的要素配合适当,就会产生正的联合功能;反之,配合不当,各要素之间的功能还会相互抵消,出现负的联合功能。显然,选择要素,让其在整体中与其他要素配合协调,就可使 $E_{整} > \sum E_i$。

有了上述认识,我们可以概括整体性原理:

系统是由若干要素组成的具有一定功能的有机整体,各个作为子系统子单元的要素,一旦组成系统整体,就具有独立要素所不具有的性质和功能,形成了新的系统的质的特性,从而表现出整体的性质和功能不等于各个要素的性质和功能的简单加和。

评价一个要素的优劣,不能孤立地去看,要把要素置于系统之中去考察。

当某要素放在特定的系统之中，因与其他要素不相"匹配"，就可能影响整体功能的发挥，那么该要素即使孤立地看还挺不错，也不能算作优良的。我们宁愿用孤立地看不怎么好的但却能在系统中与其他要素相匹配的要素取代之。这种牺牲局部保证整体的策略是明智的。研究一个系统时，各要素之间的关系，不能看成一因一果的因果链，应该多向地看成互为因果的网络，这样才便于从整体上组织好系统，以便发挥更大的功能。

比如，一个足球队视为一个系统，各队员之间的配合默契，可以产生精彩的局面，它不是每个足球运动员个人技能的简单相加的结果。若其中一个队员，尽管球技很高，但不能与其他队员协调配合，反而会影响整个球队水平的发挥。从整个球队看，倒不如换一个球技稍差，但能与其他队员很好配合的队员。同样，对于国际象棋或中国象棋的棋手对弈，棋子完全相同，甚至少于对方，但因布局合理，各棋子之间联系紧密，反而可以取胜。"一着不慎，满盘皆输"，说的就是因为破坏了系统的组织结构，导致系统功能降低的结果。

总之，整体性原理要求我们牢固树立全局观念，始终把对象看作一个有机整体。用什么要素或子系统构成系统，怎样构成这个系统，都要有利于系统整体功能的发挥。如果要素之间、要素与系统之间存在着矛盾，就必须服从整体，使之有利于整体的协调运转。而"只见树木，不见森林"的做法，是与整体性原理相悖的。

二、反馈性原理

通过信息传输来调节其反应的系统称控制系统。控制系统从控制作用的来源区分，有开环控制系统和闭环控制系统。

如果在一个控制系统中，控制作用的信息并不是来自被控制对象的输出值，这样的系统就是开环控制系统。例如，一个控制信号控制一个直流电动机，该电动机再拖动一个恒速切割轮，当控制信号输入时，直流电动机就工作，它带动的切割轮就转动，并以恒速切割物件。这样的系统本身是无法自动校正输出大小的，必须依靠人工去改变它的输入，然后改变输出。该系统是开环控制系统。可见，在开环控制系统中，输入表示控制信号进入控制系统，并发挥其控制作用，而输出只表明控制系统对环境的影响，输出和输入不发生关系。

如果在一个控制系统中，控制作用的信息来自被控对象的输出值，这样的系统就是闭环控制系统。例如，一个导弹发射架自动定位系统，控制信号先进入误差检测器，如信号出现误差，在误差检测器中误差被放大，在作用于执行电动机后，在执行电动机的输出端会有部分信号返回输入端，这时的遥控定位装置就会自动调节输入的信号，使之能调节至电动机处，让输出轴与输入轴位置一致，误差趋于零，从而实现发射架的自动定位。这样的装置就属于闭环控制系统。可见，闭环控制系统的输出和输入是紧密联系的。此例中，遥控定位装置相当于一个指挥系统，执行电动机就相当于被控系统。这种把被控系统输出端的输出值联结到输入端的线路装置称为"反馈装置"或"反馈回路"，而指挥系统的输入信息作用于被控系统后，被控系统产生一种信息，把信息再输送给原指挥系统，并对原指挥系统的信息再输出产生影响的过程，称为反馈。

反馈有两种情况：如果反馈是倾向于加剧系统正在进行的偏离目标的运动，使系统趋于不稳定状态，乃至破坏原有的稳定状态的，它就是正反馈；如果反馈是倾向于反抗系统偏离目标的运动，而使系统趋于稳定状态的，则称为负反馈。正反馈对原有稳定状态的破坏，从另一个角度认识，就是系统发生了质变，变成了不是原来系统的东西，可能变化为某种新的系统。因此，正反馈是促使系统发生质变、解体、进化的因素。负反馈减少了输入对输出的影响，使系统维持在一定水平上。因此，负反馈是维护、保存原系统的因素。

前边所举的电动机和切割轮组成的开环控制系统，操作人员是通过切割轮输出的大小这一信息进行调节的。如果把操作人员纳入系统中，人是接受了切割轮输出的信息并进行反馈的。因此，可以说，没有反馈信息的系统，要实现控制是不可能的。维纳正是利用反馈概念解决了无机界的因果决定性和有机界的目的性之间的矛盾，对目的概念赋予新的含义："一切有目的的行为都可以看作需要负反馈的行为""目的性行为成了受负反馈控制的行为的同义词"。他还强调："若干机器的行为和生命机体的若干反应都和一个连续不断的来自目标的反馈以改变和指导行为客体的过程有关。"

在信息概念的基础上，我们进一步理解了反馈概念，这样就可以简单介绍反馈性原理了。

一个系统仅当其有反馈信息存在，使信息的通道构成闭合回路时，这个系统才可能是可控制的系统，或者说，对系统的控制是通过反馈信息的处理来实现的，没有反馈就不可能有控制。这就是系统的反馈性原理。

A系统对B系统有信息，B系统对A系统也有信息，这就是反馈。系统对目标的偏离，通过信息反馈加以控制，这一过程充分体现事物矛盾双方既统一又斗争，以此推动系统的发展，以达到预期的目的。从这个意义上分析，可以说，系统反馈性原理符合唯物辩证法，它是对立统一规律的具体化与深化。

以反馈实现控制，在我们周围有许多实例。从内燃机到各类电视、电器设备等机器系统，要保持稳定的速度、功率等状态，都有反馈装置。从人体系统看，人的体温、脉搏、呼吸等状态，都是通过神经系统的反馈实现控制的。

有人根据系统反馈性原理给学习下定义："学习者吸收信息并输出信息，通过反馈和评价，知道正确与否的整个过程，称为学习。"可见，一个完整的学习过程，既有吸收、输入信息，又有反馈、评价信息。而且在整个过程中，及时反馈、及时评价，才能保证学习的质量和效果。

总之，反馈性原理使我们懂得，要使自己随时置于发出信息也接收信息的状态，才有利于自己在实践中达到预期的目的。

三、有序性原理

与有序性原理相关的除了有序和无序概念之外，还有涨落和自组织这两个概念。

涨落也称作起伏，有时也称作噪声、干扰。从系统的存在状态来看，涨落是对系统的稳定平衡的状态的偏离；从系统的深化过程来看，涨落是系统同一发展演化过程之中的差异。因此，从平衡与非平衡的角度看，涨落就是系统的一种不平衡性。任何一个现实的系统，都不可能处于绝对的平衡态，都有其非平衡因素。总之，只要是由大量子系统或要素组成的宏观系统，其中就必定存在着一定的涨落。涨落是普遍的，无处不在的。

如果一个具有一定功能的有大量个体组成的系统，它们的变量随时间的变化率与状态变量之间呈非线性关系，则该系统称为非线性多体系统。该系统在离开平衡态时从无序变成规则的或不规则的有序的过程，称为自组织。研究表明：只有在非线性多体系统中才能实现自组织。耗散结构论指出，一个远离平衡的开放系统（不论是力学的、物理的、化学的、生物的系统，还是社会的、经济的系统），通过不断地与外界交换物质、能量或信息，在外界条件变化达到一定阈值时，就可能从原先的无序状态，转变为一种在时间、空间上或功能上有序的状态。

耗散结构论与协同论都指出：开放系统在系统内外两方面因素的复杂非线性相互作用下，内部要素的某些偏离系统稳定状态的涨落可能得到放大，从而在系统中产生更大范围的更强烈的影响，实现自组织，使系统从无序到有序，从低级有序到高级有序。

综上分析，一个系统如果是封闭的，不与外界有任何物质、能量或信息的交换，随着过程的发展，将会结构劣化、功能衰退、熵增加，逐渐趋于无序。只有让系统充分与外界有物质、能量或信息交换，使之出现涨落，远离平衡态，实现自组织，才能使其结构优化、功能提高、熵减少，逐渐向有序化发展。这就是系统有序性原理。

有序性原理告诉我们，一个系统要能够实现自组织、形成耗散结构，必须满足：①充分开放，以驱使系统远离平衡态，因为处于平衡态或近平衡态都不会使系统向有序化发展；②系统内的自催化的非线性相互作用，使得系统能够通过正反馈破坏原有的平衡态；③涨落的作用在于驱使系统由原来的稳定分支演化到耗散结构分支的原初推动力。

我国经济学家正是运用系统有序性原理分析经济学上的决策，提出下列观点：

（1）任何经济实体，在与外界不发生作用的情况（即封闭状态）下，会产生相对静止和经济衰退现象。

（2）凡是与外界相互作用的开放经济系统，必定会受到外界的影响而产生经济发展的加速度（即趋向有序）。经济发展的加速与经济开放程度成正比（即驱使系统远离平衡态），与经济实体的规模成反比（即要涨落以驱使原来的稳定分支演化）。

（3）一个具有内动力的经济系统，必定是一个有差异的、非均匀的、非平衡态经济系统（即涨落是系统演化到耗散结构的原初推动力）。相反，那种无差异的、均匀的平衡态经济系统是难以发展的。

也正是上述观点影响着这么多年来我国的经济改革，使我们能迅速摆脱过去的那种一穷二白的落后处境。

系统有序性原理在教育改革的研究中也大有用武之地。例如，1979年，由联合国教科文组织国际教育发展委员会编，华东师范大学比较教育研究所译的一本书——《学会生存——教育界的今天和明天》，就提出这样的观点："一个全面的开放教育体系帮助学习者在这个体系中能够纵横移动，并扩大他们可能得到的选择范围。"可见，在论述当代教育革新的策略时，开放系统已成为一条重要原则。使教育系统乃至学习者个人系统成为一个开放的、有涨落的系统，从而达到有序，是当代教育改革的一个思路。

四、动态发展原理

系统科学纠正了传统观念中许多形而上学的东西，指出：整体不能看成部分的简单相加；稳定，不仅是指静止的、平衡态的稳定，还有动态的、非平衡的、发展的稳定。

任何一个系统都不是静止不变的，各要素之间的稳定联系是动态的，或者说系统的稳定是相对的，是动态的稳定。系统依靠动态保存自身、发展自身、保持与环境的适应。所以，看待一个系统，应该用发展的眼光、变化的眼光去看。这就是动态发展原理。

系统科学的动态发展原理，不仅继承了唯物辩证法中用发展、变化的眼光看待事物这一观点，而且有自己的创新。因为该原理把事物看成是一个开放系统，而且，告诉我们在分析问题时，要关注要素之间的联系以及系统与环境的适应；在处理问题时，注意通过正负反馈以保证系统稳定性和发展性的统一。

系统动态发展原理在科学技术乃至社会经济的研究中大有用武之地。

比如，人们用系统动态原理分析人体甲状腺激素控制调节系统的生理机制：

系统由下丘脑产生 TRF（促甲状腺激素释放激素），通过作用于脑垂体前叶，就使得 TSH（促甲状腺激素）增加，并通过血液作用于甲状腺，刺激了甲状腺分泌，而当血液中甲状腺激素浓度增加后，反过来会抑制 TRF 和 TSH 的产生，从而维持了人体甲状腺素的正常浓度。这里就清楚地表现了该系统的动态发展。

再如，我国在经济建设方面的决策。开始，让东部沿海地区改革开放的力度大一些。东部经济逐渐实现腾飞了，便注意到：东西部的差距在拉大，不利于国家的长治久安，必须实施西部大开发。并明确指出，西部大开发的战略决策，关系到东西部地区协调发展和最终实现共同富裕，关系到民族团结、社会稳定和边防巩固。于是，旨在让东部的资金和技术与西部丰富的资源更好地结合起来，把全国经济建设整盘棋下"活"的各种举措开始实施……这也是动态发展原理的具体运用。

值得注意的是，在运用动态发展原理时，固然要把对象置于系统之中去考察。但是，究竟把对象置于一个什么样的系统之中去考察，这要进行分析。比如，分析粮食产量，它与土壤、气象、水利条件、化肥、种子、生产方式、劳动者素质等都有关系。这说明，事物之间的关系不是单因单果关系，而是处于因果长链或因果网络式的联系之中。但是，如果考虑问题时，把所有与之有关的方面都考虑到，那么，所形成的关系将是十分复杂的，以致无法研究。因而，考虑问题必须根据研究的目的，暂时舍弃那些影响不大的因素，在相对孤立的系统中研究问题，再进一步地研究系统与环境的联系。比如我们在经济建设上的决策，如果一开始就把东西部的各种经济问题都考虑进去，不搞经济特区，我们总结不出行之有效的改革开放的经验，而如果东部实现不了经济腾飞，利用东部的资金和技术去搞西部大开发也只能是一句空话。

五、功能优化原理

优化是系统演变发展的进步方面，是在一定条件下对于系统的组织、结构和功能改造，从而实现耗散最小而效率最高、效益最大的过程。优化体现人的一般追求和一般目的，它总是与一定的目的相联系的。

物理学上有一个最小值原理。例如，力学中讨论重力场中两点之间，无数条曲线之中哪一条使初速度为零的质点沿着它运动得最快，而需要的时间最短的问题；哈密顿原理指出，在守恒系统中，某动力学体系在一定时间内，从一点至另一点，总是选择使拉格朗日函数的时间积分为极值的路径。而费马原理则揭示光线在任何介质中，总是沿需时最少的路径传播。这些物理世界中的最小值原理，表明物理世界的种种优化。

生物世界也同样表现出种种优化。达尔文就说过："自然选择在世界上每日每时都在精密检查着最微细的变异，把坏的排斥掉，把好的保存下来并把它们积累起来；无论什么时候，无论什么地方，只要有机会，它就静静地不知不觉地在工作，把各种生物与有机的和无机的生活条件的关系加以改进。"这就是物竞天择、适者生存。我们讨论从猿到人的转变中直立行走的意义、食性改变的意义、脑组织进化的意义等，实质上是相应的优化问题。

从目的性看，系统优化主要是功能优化。系统的要素与结构只决定系统可能具有什么样的功能，而系统的状态则决定功能实际发挥的程度。这就涉及系统优化中最主要的整体优化。

系统优化可能有三种情况：

（1）每个局部的子系统效益都很好，组合起来的整体系统也最优，即能发挥最佳功能。

（2）局部子系统的效益好，但整体系统并非最优。

（3）从局部看并非最优，但全局看却是最优的。

我们注意到系统要素、结构与功能的关系，争取子系统最优，整体系统也最优。当二者发生严重冲突时，局部利益服从整体利益，即使在局部存在有缺陷的情况下，通过协调实现整体优化，从而优化系统的状态，使其发挥最佳功能，这就是系统功能优化原理。

有人把系统功能优化原理运用于教学中。把教学活动中的学生、教师和教材视为一个教学系统，依原理分析：要使教学系统的功能最佳，必须是学生、教师、教材三者的匹配关系成为可以即时调整的最佳组合，成为动态的系统，包括：①各种教学法的最佳结合；②教师启发与学生自觉主动的最佳结合；③课堂教学与课外活动的最佳结合。即选择最优的教学方案，以实现教学的最佳效果。

又如，在工业控制的设计中，需要设计出涉及多变量的各种高性能的控制系统。由于控制规律的不同，实现从初态到某一新的状态，可以由不同的轨迹来完成，这就要求从多种可能的轨迹中选择最优的轨线，在确保系统实现状态转移的同时，获得某种性能指标的最优值。有人运用系统功能优化原理，在信号区的选择上力求使系统的某一动态性能达到最优值，同时从整体上兼顾一些限制条件，并考虑对起干扰作用的噪声做滤波处理，从而达到了最优控制。

还有人把系统功能优化原理应用于社会的物业管理、社区环境美化与社区配套工程建设等方面，都起到了很好的效果。

第三节　基本方法简介

从总体上看，系统科学的方法是，从系统的观点出发，始终着重从整体与部分（要素）之间的关系，整体与外部环境的相互联系、相互作用、相互制约的关系中，综合地、精确地考察对象，最优化地处理问题。这里，"全局观念""发展变化观点""分析矛盾的过程"等，当然离不开唯物辩证的思想方法。本节仅就系统科学众多方法中的功能模拟方法、黑箱方法和系统优化方法这三个基本方法做简单介绍。

一、功能模拟法

在现实中，有些问题或者涉及范围太大或太小难以被直接观察，或者发生时间太短只能观察到某些宏观表现，不能深入其机理，再加上观察人员的认识条件、观测条件的限制，迫使人们用模型实验来代替真实对象的研究。在这样的背景下，科学研究产生了物理的和数学的模拟方法。

在物理模拟和数学模拟的基础上，人们思考：能否以模型和原型在功能和行为上的相似为基础，用模型模仿原型的功能和行为？此思路抛开过程的性质，侧重于模拟其控制和通信的功能。在模拟系统与环境的相互作用时，一般不要求模型与原型在结构上相同，目的在于研究和发展模型本身。这种着眼点不是原型，而是功能，即在未弄清原型内部结构和机制的情况下，仅仅根据模型与原型在功能和行为相似来实现对原型功能的模拟方法，就是系统科学的功能模拟法。

维纳等人把人的行为、目的等概念引入机器，又把通信工程的信息和自动控制工程的反馈概念引进活的有机体，产生了控制论的理论和方法，着重从信息这个侧面，揭示机器、动物机体和人类社会等不同运动形态之间存在着功能行为的相似，这就为功能模拟方法提供了客观依据。

不妨以计算机图像识别为例来说明。

对高等动物来说，视觉神经系统的输入部分位于视网膜中，第一步是通过原感光细胞（约1亿个）将投射到视网膜中的映像的辐射能变成电信号；第二步是通过一种节状细胞（约100万个）将这种电信号进一步加工，将逐个点的细颗粒的光强度信息，压缩成较为粗糙的圆形视野的中央与边缘之间的明暗对比信号；第三步是通过大脑皮层神经细胞对节状细胞输出的信号进一步加工。

用计算机进行图像识别的步骤与以上相似：第一步，将摄像机摄取来的信息进行预处理，主要是压缩频带，去掉测量中的噪声和多余度。第二步，特征抽取和特征选择，特征抽取的目的是把原来的特征空间变换到更低维的空间以表示图像并进行类型鉴别。特征选择的目的是把原来给定的 N 个特征从中取出含有 e 个特征的子集（$e<N$），而不明显降低识别系统的性能。第三步，分类与学习，分类是对抽取得来的特征信息进行分类，做出类型鉴别。为了正确分类和鉴别，需要对图像样本进行学习，以得到分类参考标准的信息参数。全部的识别和分析过程都是用严格的数学方法处理的，并编成程序，由计算机执行。

可见，功能模拟方法在建立模型时，或者要求模型与外界环境的功能联系即模型的输入、输出之间的关系同构于原型与外界环境的功能联系；或者要求建立模型时可以通过简化，使描述原型功能的一组元素由描述模型功能的一个元素所反映。

计算机图像识别实际上是模拟生物系统以制成技术系统的过程。首先是对生物系统——原型进行研究，对其具有的特殊功能发生过程进行描述，包括将生物模型的实验资料进行数学分析，找出输出、输入间关系的规律性。然后将功能发生联系过程的描述进行某种数学抽象，找出能使机器模型与外界的联系同构于原型与外界的功能联系的途径，或者找出能够通过简化用少量元素代替原型多个元素组合完成功能的同态办法，这要经历反复试验、改进，才能发展成各种技术模型，并最终制成实用的技术系统。

运用功能模拟法研究某些技术装置，不仅可以用人造的技术代替原型去执行某些功能，甚至可以通过功能模拟来探求某些比原型更好地履行相应功能的技术装置，因此在技术的创造发明中受到越来越多的关注。

二、黑箱方法

现实中有一些需要我们认识或控制的客体，由于种种条件的限制，其内部的结构一时不能（不允许或不容易）被我们直接观测到，仿佛是一个既不透明且又密封的箱子。对于这种内部结构尚不能观测，对它的工作原理、生理机能等也不清楚，只能从外部对它的一些表现进行观测和认识的客体，人们称之为"黑箱"。

"黑箱"概念不仅取决于客体本身，同时也与认识主体有关。例如，一台电视机，对外行人来说，只会动机子外的开关，看电视节目，对其内部构造及其机理一无所知，是黑箱；但对于电视机行家来说，对其内部结构、机理全通晓，则称"白箱"；还有些人对电视机略知一二，但又不太清楚，对他们而言，电视机可称之为"灰箱"。所以，"黑箱"的概念是相对的。

不打开黑箱，而是通过外部观测、实验，利用模型进行系统分析，通过信息的输入和输出，来研究黑箱的功能和特性，探索其构造和机理，着重于研究整体功能和动态特性，这样的方法称黑箱方法。

黑箱方法的基本步骤分为：确认黑箱、考察黑箱和阐明黑箱。

1. 确认黑箱

把需要研究的对象看成一个系统整体，把它相对地从环境中孤立出来，把研究对象所受到周围环境的影响看成是通过特定通道实现的"输入"，把研究对象对周围环境的作用看成是通过特定通道实现的"输出"。根据研究对象的性质和研究目的，划定研究对象与周围环境的边界，选定了对象与环境的相互联系的特定通道，确定了对象的一组输入和输出，如图 6-1 所示。

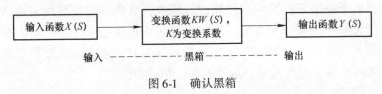

图 6-1　确认黑箱

这就意味着一个黑箱的确立。

2. 观测和主动试验，考察黑箱

考察黑箱就是考察对象的输入、输出及其动态过程。由于控制论所要研究的是有组织的系统的目的性行为和控制功能，而行为指的就是对象在周围环境作用（输入）下所做出的反应（输出），功能是对象对于周围环境的变化做出反应的能力。所以，考察输入、输出及其动态变化，在控制论系统的研究中具有特别重要的意义。对黑箱的考察可以采取直接观测的办法，对系统不加干预的情况下测量系统的输入和输出，取得系统输入、输出状态变化的记录。也可以采取主动试验的办法，人为地在系统的输入端加入某种典型的测试信号（如在控制工程中，采用单位阶跃式、单位脉冲式、正弦式的测试信号等），然后再观测对应的输出及其变化，从而获得对象的功能特性和内部构造的大量信息，作为认识黑箱的根据。

3. 建立模型，阐明黑箱

利用系统的输入、输出的观测试验的数据，以及原有对系统的知识，建立关于研究对象的模型（框图模型、动态登记表、数学模型等），然后据此对系统的功能特性进行定性、定量和稳态、动态的分析评价，对系统的未来行为做出某种预测，对系统的内部结构和机理做出某些推测和假设。在这方面，已发展了一个新的学科分支——系统辨识。

黑箱方法在我国有着悠久的历史渊源。比如中医看病，通常通过"望、闻、问、切"等外部观测，或者中西医结合：量体温、测血压、验血、验尿等，进行某些生理、生化试验，从而对病情进行分析研究，做出诊断、给出处方。有时候，遇到疑难病症，还采取投以试探性药物（输入），观察病人服后的反应（输出），从而分析病理，进行诊断。

在原子物理学的研究中，著名科学家卢瑟福做的"散射实验"，实际上也是黑箱方法的应用。由于利用 α 射线轰击（输入）金属箔，观测粒子散射（输出）特性，并通过分析推理，从而提出了原子结构的新模型。后来人们研究"基本粒子"，也是设计了类似的强子深度的散射实验，用黑箱方法来探索所谓"夸克禁闭"的奥秘的。

黑箱方法强调从整体、整体与外部环境联系中认识事物，而不去探究其内部结构和局部细节,这既是长处,也是短处。运用黑箱方法来研究系统的功能和行为时,由于完全不对其内部结构进行研究,必然不可能更深刻地认识系统的功能和行为特征的基础和本质。现代系统辨识理论指出:并非所有系统都可以从它的输入、输出完全确定其结构和参数。因此,正确的态度应当是把黑箱方法与其他科学方法结合起来,取长补短,相得益彰。

三、系统优化方法

有一类广泛的实际问题,大致可以概括为:为了使某些目标(如产量、质量或经济指标等)达到最好的结果(如高产、优质、低消耗等),就要找出使这一目标达到最优化的有关因素(或某些变量)的某些值(通常称为最优点、最优解或者近似最优解),这在数学上称为最优化问题。而系统科学借助数学的优选统筹方法,更立足于自身的系统整体性原理、信息反馈原理和功能优化原理,来解决上述问题。

系统科学中把整个系统分成不同的等级和层次,在系统的运动中协调整体与局部的关系,使部分的功能和目标服从于系统总体的最佳目标,从而使系统达到最优,这种解决多因素复杂问题的方法,我们称为系统优化方法。

在生产劳动、经济流通、社会管理等领域都会遇到多因素的复杂问题,运用系统优化方法解决这类问题,通常称为系统工程。

我国的四川都江堰水利工程,是值得我们中国人为之自豪的一项伟大的系统工程。

我国岷江水源旺盛,自四川北部高山峻岭中奔腾直下,流到成都平原西部灌县一带,地势突然平坦,流速骤减,泥沙淤积于河床。每当夏季水量集中,再加上雪水融注,常常发生季节性水患,西岸洪水为害,而东岸常呈旱象。公元前250年,秦国蜀都郡守李冰父子主持修建都江堰。他们亲自对灌县、成都一带的岷江进行了周密勘察,吸取前人的治水经验,巧妙地利用当地的自然条件,制订了修建都江堰的规划:由鱼嘴分水工程、飞沙堰分洪排洪工程、宝瓶口束水工程三项主体工程巧妙结合。主体工程延绵约3km,与126个附属渠堰工程形成相互联结的有机整体。在李冰父子率领广大民工多年的努力下,人类水利史上的奇迹——都江堰工程(如图6-2所示)终于完工。

分水鱼嘴筑于岷江河道正中天然的江心洲北端,形成前尖后宽如鱼嘴,将岷江分为东西二流:东流为内江,用以灌溉成都平原;西流为外江,是岷江的正道,主要用于排洪。堤坝与鱼嘴均由装满卵石的竹笼垒成。竹木可以就地取材,十分便利。李冰设计的精巧之处还在于,利用鱼嘴、上游堤坝和四周的地形地势,使之不仅具有分流引水的作用,而且还可以有自动控制水量的作用。春耕季节灌溉用水量大,较大比例的水量流入内江,较少的水量流入外江。夏季洪水到来时，这种比例就自动地颠倒过来，形成"分四六、平旱涝"的情况。

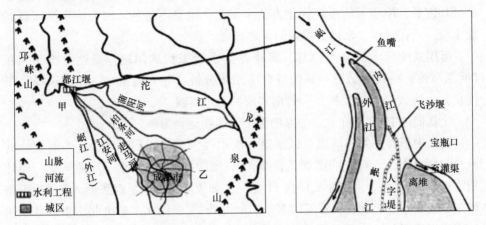

图6-2　都江堰水利工程示意图

飞沙堰是一座在内金刚堤南端、内江左岸虎头岩对面筑起的溢水坝。分水鱼嘴及江心洲左右两侧筑有堤坝，面对内江的称为内金刚堤，而面对外江的称为外金刚堤。两堤均高于岷江的水位，保证内江和外江相互分隔。沿金刚堤，设有溢缺，以备内江泄洪。飞沙堰的堰高设计以内江灌溉所需水量为准，当内江水量超过所需限度时，多余的水可以从飞沙堰自动穿过江心洲，泄入外江正流。如遇特大洪水，飞沙堰还会自动决堤，使洪水顺畅排出，以保证进入灌区的水量不会造成水患。

宝瓶口是灌溉水流流入灌区的咽喉要道。内江流至飞沙堰时，为将其水引入成都平原的灌渠，须经过玉垒山伸向岷江的一道岩石长脊。李冰指挥人在此开凿了一个门，状似瓶口，故名宝瓶口。内江通过宝瓶口，经下段仰天窝等节制闸，一分二、二而四、一分再分，缓缓流入农田灌渠。这里利用了成都平原西北高东南低的地势，形成扇形的灌溉网络系统。

宝瓶口与岷江正流之间，留下一座砾岩山丘，名离堆。宝瓶口小，内江水流至此受到遏制，于是在右侧离堆的顶托作用下，形成巨大的回旋流。正是这个人工形成的回旋流，将内江上游冲刷下来的泥沙卵石甩向飞沙堰，从而保证了宝瓶口下游灌渠不致淤塞。

都江堰由相对简单的几项工程的有机结合而成，获得了任何一项单独的工程都不可能取得的效应。它的建成使成都平原十四个县五百多万亩（古亩）农田受益，也使成都平原获得"天府之国"的美誉。分水鱼嘴工程随季节自动控制流量；飞沙堰自动调节内江水位、自动排除泥沙卵石；宝瓶口顺利将江水导入成都平原的自动灌溉系统，从而形成了自动分流、溢洪排沙、自动灌溉三项效能的最优组合。

尽管都江堰工程是在两千多年前建设的,但它的规划、设计和施工的科学水平和创见,用今天的系统优化方法来衡量,也毫不逊色。宏大的防洪灌溉系统工程——都江堰,永远值得我们为之自豪。

运用系统科学的基本原理,解决各类系统工程的问题,要经历摆明问题(问题阐述)→目标选择→系统综合→系统分析(建立模型)→系统选择(最优化)→决策(系统发展)→付诸实施共七个步骤。

让我们以1990年在北京举办的第十一届亚运会为例。

这是中华人民共和国成立以来第一次承办大型的国际运动会,当时面临的困难问题真不少。首先的困难是资金,要让北京来承办第十一届亚运会,原计划需投资25亿元,而国家只能拨11亿元。如果考虑到原材料涨价、人民币汇率调整、税费增加、物价上涨等因素,实际需要29.2亿元来解决北京市体育场馆的兴建以及通信、交通、服务等一系列问题。这就意味着亚运会筹委会得向社会集资,补18.2亿元的缺口。从向亚洲各国承诺由北京举办亚运会的那天算起,平均每天要集资130万元!还有土地的征用、民政安置、各种配套设施的安排……一系列问题都不是那么容易解决的。通过调查研究,明确实际中矛盾或问题之所在,这是系统工程的第一个步骤,叫作摆明问题,或称为问题阐述。

大型的国际运动会要求:修建的体育场馆一定要是现代化的;电视要能借助同步通信卫星将当场的运动场景向全世界各地播送;通信要实现计算机技术的高水平;记分牌要采用激光技术……此外,整个运动会期间的交通、服务、管理都要达到当时世界的一流水平……这种把问题弄清楚后,提出解决问题需要达到的目标,并且定出衡量是否达到目标的标准,就是系统工程的第二个步骤,叫作目标选择(系统功能指挥设计)。

要建立体育场馆,选址要考虑地质、水文、气象;土地征用要考虑民政安置、社会管理……

一流的交通设施,要公路、铁路、航空一起上,要考虑通过数字运筹学进行最佳的时空配置……

一流的通信设施,包括电视、广播、电报、电话、互联网、国际通信卫星租用……

一流的服务,考虑翻译、导游、厨师、医护人员的配置,旅馆、兴奋剂检测中心、娱乐中心、购物点的配置,还有运动员交流场所、新闻发布会地点,乃至垃圾污水处理办法等。这种提出解决问题的方案一般不止一个,而是多个。完成一项任务也总有多种方法和途径。比如翻译服务,有政府专派,也有从大学里组织的志愿人员。这就是系统工程的第三个步骤,叫作系统综合,即形成可能的系统方案。

当时的北京市政府有如下分析:

首先,北京北部地处大学城附近,多为农村居民,相对地广人稀,办理土地征用、房屋搬迁难度相对少一些,但交通上需考虑地铁、立交桥、高速公路、飞机场等项目的施工建设。

其次,作为首都,北京是政治、文化的中心;一流的高校、科研单位云集,有信息优势和科研优势。在解决通信、管理、服务等诸多问题方面的能力上,是其他城市不可比拟的。

还有,在资金筹措上,可以采取专利、广告、彩票、募捐等各种方式。

为了北京主办的亚运会有一个充分的准备,北京市政府召集了众多的专家学者共商大计,对应征入围的各种体育场馆设计方案进行分析比较,有的公交设施、建筑设施的规划还做成沙盘;有的场景还进行电子计算机仿真……这种对大型复杂系统所给出的多种设计规划进行分析比较,也就进入了系统工程的第四个步骤,叫作系统分析(建立模型)。

而通过分析比较,对系——北京亚运会工程的功能有了较全面的认识,然后进行选择,即是使系统的目标函数在约束条件下,达到最大值——北京亚运会出现的麻烦事最少,平均开支最少。这样,系统工程进入第五个步骤,叫作系统选择(最优化)。

而对不止一个的"最优方案",从经济成本、政治、社会、人的心理因素等多方面的通盘考虑,北京市政府最后拍板,定下体育场馆的地址和规模、交通干线的布置、各种人员的分工……这就到了系统工程的第六个步骤,叫作决策(系统发展)。

最优方案决定后,系统工程的最后一步就是付诸实施,即按照计划从事制造、施工,把系统建设起来,并投入运转。还要在实施中进行评价、验证。如果一切顺利或问题不多,计划即告完成;如果问题较多,再回到前面某一步骤中去,重新做起。如此反复,直至达到预期最佳目标,即最优化。

北京市政府一边广泛募集资金,一边对主会场、通信大楼等重要主体工程的质量进行评价、验证,对原先考虑不周的问题及时补救。终于,一座座现代化的体育场馆拔地而起,配套的高速公路、立交桥、地铁工程陆续竣工……历史已经证明:在北京召开的第十一届亚运会是相当成功的。

通过上例,我们不难体会到,系统工程实际上就是系统优化方法的具体运用。

笔者要强调的是:系统科学方法内容丰富,远非有限的篇幅和笔者有限的水平所能概括，要深入全面地把握系统科学方法，我们还须进一步研读有关系统科学的各种原著，研究相关的文献资料，并努力在自己的专业学习中去实践。

思考与练习

1. 查阅系统科学相关文献资料，写一份关于系统科学的层次性、突变性、相似性等概念以及系统的竞争协同规律方面的读书笔记。

2. 有人把学习定义为："学习者把自身置于一个开放、有涨落、远离平衡态的系统，通过吸收、输出、反馈和评价等对信息进行加工使之有序，并抓住信息各部分的联系，形成整体结构，发挥整体功能的行为变化过程。"你认为这其中运用了哪些系统科学的基本概念和基本原理？

3. 分析一下你的专业学习与研究，哪些地方可以运用到系统科学的概念、原理和方法？试举一两例来说明。

4. 你能结合自己的专业学习，举一个运用功能模拟法进行实验研究的例子吗？或者通过查询资料，列举诸如"电子警犬"研制过程的实例来说明功能模拟法的应用。

5. 请教一下电视机修理的专业人员，他是怎样不用拆开电视机外壳，就凭外部反应判断该电视机出现的故障原因所在？想想这里面运用到黑箱方法了吗？

6. 思考如下问题：并将自己的思考写成一篇小论文：

如果把我所学的专业的教育教学改革当作一项系统工程，那么

(1) 这项系统工程涉及哪些系统要素？这些要素之间的关系怎样？

(2) 要实现这项系统工程中各要素的"最佳结合"将遇到哪些困难问题？

(3) 怎样去选择改革的目标？怎样进行系统结合、分析、选择？

7. 有人把教学过程比喻成系统工程，认为：确定在教学完成时学生能做些什么，是系统工程中的摆明问题；确定学生的任务、确定在教学开始之前学生必须具备的特定技能、规定学生要学的技能等，是系统工程中的目标选择、系统综合和系统分析；通过设计试题、考虑教学策略、选择教学材料等，是系统工程的系统选择和决策；设计和实施评价、进行教学调整等，是系统工程的付诸实施环节。

试就自己对本章内容的理解，谈谈你对上述观点的看法。

8. 2008年8月在我国举办的奥运会盛况空前。试查阅相关文献资料，写一篇论文以说明我国筹办奥运会的过程是一项伟大的系统工程。

9. 关于数学，西南师范大学查有梁教授在他编著的《物理教学论》一书中，有下面三段文字：（详见：查有梁·物理教学论·南宁：广西教育出版社，1996）

(1) 学习者吸收信息并输出信息，通过反馈和评价知道正确与否的整个过程，称为学习。

(2) 在任何一门学科的教学中，要获得成功，教学过程必须循序渐进，逐步深化，周期跃迁，勇于创新。要遵循有序进化、和谐奇异地去进行教学。

(3) 在任何一门学科的教学中，要获得成功，师生都必须重视掌握学科结构，发展各种能力。要遵照整体优化，多样统一地进行教学。

请你认真阅读上述三段陈述后，思考：查有梁教授在其中运用了系统科学的哪些概念和原理来阐述教学？

10. 近年来，我们国家提出"一带一路"的倡议。请你查一查相关的报道，看看已经取得成功的合作范例有哪些？哪些合作项目还面临困难？思考一下，这种"双赢"的国际合作是否可当作一项伟大的系统工程来对待？为什么？请尽可能做出详尽的分析。

第七章
>>>>>> "STS" 教育和 "可持续发展" 教育

随着科学技术的迅速发展，人们在感受到科学技术给人类社会经济带来空前繁荣的同时，也感受到生态平衡受到破坏、环境污染日趋严重、现代战争的毁灭性后果……于是，开始思索科学技术的两面性，思索人与自然的关系，思索从社会和个人的角度正确看待科学和技术的发展，全面、综合地认识科学、技术、社会这三者的联系；思索包括自然资源与生态环境、经济的和社会的这三个方面的和谐与发展，于是便产生了"STS"思想和"可持续发展"观。

本书第一章曾经对"STS"思想和"可持续发展"观做了简单的介绍。由于它们涉及人的社会责任感，本章将就二者涉及的教育方面的问题进一步的探讨。

第一节 "STS" 教育

本节将沿着前辈们对科学教育的反思，进一步介绍"STS"教育及"STS"学科，着重说明："STS"教育与当今倡导的创新教育是相融相通的。

一、何谓 "STS" 教育

从20世纪60年代开始，国际上一些科学教育界的学者就开始对当时的科学教育进行了反思，归纳起来有以下三点：

第一，各国的科学教育都出现两个方面的矛盾：一是过分追求智力卓越，把竞争和成功看成是科学教育中最为重要的重要标准，忽视了培养学生的社会关心和社会价值；二是将个人的发展与社会背景相脱离，没有考虑到个人意识与社会意识之间的关系，更没有把个人看成是进行社会决策的最基本的单位。然而，不以社会作为学习背景的科学教育不但无法使学生获得社会的意识，甚至也无法培养具有社会意义的个性特点，如自主性、创造性和独立性。因此，今后的科学教育应当强调个人意识与社会意识的统一。

第二，长期以来，科学教育界一直关注着科学学习的认识和认知的特点，却忽视了科学教育中价值和伦理的存在。课程内容缺乏人文意识，远离自然界事物的真实特性和人类的内心生活，使科学教育成了一个没有情感、没有价值、没有道德伦理观念的认知发展领域，这是不恰当的技术意识造成的。因此，今后的科学教育必须用适当的价值和道德伦理教育加以补充，以确保技术意识的人文化。

第三，过去的科学教育是一种"精英教育"，它只是少数人得益于专业化、学术化和结构化，多数人的参与和批判意识受到伤害，甚至扼杀了社会的创造性。实际上没有承担起公共教育应当承担的义务和责任。因此，今后的科学教育应当让学生了解公民的责任和义务，让学生在社会背景下学会对科学和技术的判断和决策，理解价值和道德的社会意识，在追求民主化社会的大背景下进行科学教育。

通过反思，人们更加关注如何培养既懂得科学技术，又具备高度的社会责任感，能正确使用科学技术来造福社会的人才。

到了20世纪80年代初，美国科学教育界建立起"STS"教育的基本思想：①应该教授与当代生活的重要方面有密切关系的科学知识；②科学内容与每个人的需要有关，因为使用这些知识有利于整个社会的健康发展，而且这些与个人相关的知识具有非常强烈的动机力量；③应该在更加综合性学科的背景中学习科学，因为科学是人类整体知识的一部分，不应该把它看成是孤立的知识；④应该让学生了解科学事业与民主社会其他方面之间的关系、科学发现所造成的一系列伦理难题以及获得公众支持的重要性。

美国科学教育界关于"STS"教育的观点了引起世界各国科学教育界的共鸣，各国迅速倡导"STS"教育。

概言之，"STS"教育是将"STS"思想转化成科学教育的目标、内容构建、具体实施等方面的教育。

二、何谓"STS"学科

美国科学教育界建立起"STS"教育的基本思想之后，美国的一些学者曾经提出"STS"学科的概念。广义的理解，STS体现为一个学科群，它包括：科学史、技术史、科学哲学、技术哲学、科学社会学、技术社会学、科技政策研究等学科，突出这些学科对科学、技术与社会的相互关系的研究。狭义的理解，则以传统的科学史、技术史、科学哲学、技术哲学、科学社会学、技术社会学等学科为基础，在更高水平上进行理论综合，并由此而形成的融合了上述传统学科的基本内容，追求对科学、技术与社会的相互关系的新理解的一门新兴交叉学科。

在此基础上，我国学者还专门对"STS"学科总结出如下定义：

STS 是一门研究科学、技术和社会相互关系的新兴学科。它把科学技术看作是一个渗透价值的复杂社会事业，研究作为社会子系统的科学和技术的性质、结构、功能及它们之间的相互关系；研究科学技术与社会其他子系统，如政治、经济、文化、教育等之间的互动关系；还要研究科学、技术和社会在整体上的性质、特点、结构和相互关系及其协调发展的动力学机制。

从上述内容，我们不难发现："STS"学科是具有哲学性质的综合性学科。因为，哲学，我们用它去认识世界，是世界观的学问；我们用它去分析处理世界发生的各种事物，是方法论方面的学问。"STS"学科正是在科学技术迅速发展、人类社会经济空前繁荣，并随之带来的一系列挑战的背景下，人们需要创造性地发展世界观和方法论，从而应运而生的。显然，随着"STS"学科的不断充实和完善，它为我们在学校开展"STS"教育奠定了坚实的理论基础。

三、"STS"教育与创新教育相融相通

20 世纪 90 年代，我国科学教育界的一批年轻学者开始关注"STS"教育。其中，以华东师范大学孙可平老师于 2001 年由上海教育出版社正式出版的《STS 教育论》一书较为引人注目。该书对"STS"教育的背景、理论、实践和课程构建等都进行了详细的研究，提出不少真知灼见。

孙可平老师认为，人们是从三个角度来认识"STS"教育的：

首先，"STS"教育中包括人们对"自然科学"的认识和理解。它涉及学校科学教育中如何体现价值和观念对自然科学探索的影响。

还有，技术这样的实践性项目必须在社会背景中才能看得清楚，只有根植于某种社会分析，才能使学生理解技术的普遍性。

接着是人们对"当今社会"的认识，它涉及在学校科学教育中以人类社会面临的重大社会问题为背景，为学生学习科学提供一种理性的解释。

孙老师指出："通过 STS 教育，让学生能够将对科学技术的理解与整个人类、环境和文化系统的复杂性结合起来，并以此为根据对未来做出决策。"因此，"STS 教育是人们对自身文化传统的重新构想、重新审视、重新改写在科学教育界的反映"。

在《STS 教育论》一书中，孙可平老师认为"STS"教育实施会遇到如下的问题：

第一，如何超越"STS"教育的不同领域？"STS"教育中最关键的任务是让学生理解科学技术与社会的相互关系，即科学技术在社会范畴中的作用。它意味着需要让学生去探索他们自己所处的社会和环境是如何更新和变化的，在科学教学中学会从两个知识领域——科学世界和社会生活世界中超越出来。

第二，寻求什么样的态度变化？"STS"教育是在人类的自然以及社会活动的背景下进行科学和技术的教与学。对有关社会的每个主题都是以态度和情感变化为基础的。这就意味着需要学生根据不同的社会问题情境改变自己的态度。

第三，期望获得什么样的有效行为结果？传统的科学教育目标是为国家和社会发展输送合格的科学家和技术人才；而"STS"教育的最高目标是将学生培养成为适应未来社会发展的社会公民。这就意味着需要学生通过学习，提高生活质量、关心身心健康，更有社会责任心，具备更好的应对周围环境的能力。

第四，如何对"STS"教育进行评价？在认知领域中，人们可能熟知学习内容、学习技能以及学习过程的评价，也知道如何评价学习能力，而在"STS"教育领域，需要学生的经验、学生的判断和决策能力、学生对科学技术与社会的理解，以及学生对事物的解释等。

孙可平老师把"STS"教育具备的文化战略特征归纳为以下五条：

（1）"STS"教育强调人类社会与科学技术这些自然力之间的相互关系，强调人类文化的整体特征。

（2）"STS"教育强调学生的个人生活、科学技术、社会生活结合起来，强调人类的生活方式与科学技术发展之间的重要关系。

（3）"STS"教育是对科学教育的一种总体性规划，这种规划包含了人们对科学教育具体策略的洞察。

（4）"STS"教育带有传统科学教育的批判性评价，试图超越传统的科学教育观念和行动。

（5）"STS"教育试图全面地反映个人的生活方式，强调价值、伦理的意义，突出了功能思维的特征，强调人与人、人与自然、人与社会之间的密切关系。

按照孙老师的观点，要解决当前科学教育领域中遇到的问题和矛盾，必须选择一种新的视角，采取新的方法和策略。而文化战略思想不仅可以为分析科学教育中的问题和矛盾提供重要工具，而且可以为未来科学教育发展指明方向。"STS"教育是作为一种文化战略而存在的，它必定包含着规范性和超越性。它在不断超越自己的同时，也指导着科学教育领域中一系列的改革措施和行为。

通过上面的陈述，我们不难得出这样的结论："STS"教育与当今倡导的创新教育是相融相通的。

创新教育以人的创新品格铸造为核心，主张从多元的角度思考问题；而"STS"教育强调学生对科学技术的理解与社会分析所获得的价值理念结合起来，显然二者都是对传统教育的一种超越。具备创新品格的人，必然具备对未来做出决策的社会责任感，而能够对科学技术联系社会做出理性解释的人，必然具有创新精神和创新能力，因此，二者是相融相通的。

"STS"教育实施中遇到的几个主要问题，也是创新教育中需要关注的问题。

创新教育同样需要思考教育教学活动对传统内容的超越；创新教育在铸造人的创新品格方面也需要特别关注人的情感态度和价值观；创新教育中提升人的创造能力方面体现的也是能应对未来的挑战。因此，二者是相融相通的。

"STS"教育从文化发展的角度将人类中科学、技术、社会方面的洞察力和科学教育的具体过程结合起来，并不断地规划和调整科学教育的具体策略和方法。这本身就体现出一种创新。它思考的角度不同于传统的科学教育，它要突出的内容与方法也有别于传统的科学教育。而且在"不断地规划和调整"中必然对学生的创新意识、创新精神和创新能力起促进作用。从这个意义上讲，"STS"教育与创新教育也是相融相通的。

第二节 "可持续发展"教育

本节介绍"可持续发展"教育的起源及现状，进而结合理工学科专业要特别关注的相关问题，介绍涉及可持续发展的"3R 原则"。

一、"可持续发展"教育的起源与现状

1987年联合国环境与发展委员会向联合国提交的布伦特兰报告——《我们共同的未来》中指出：可持续发展是指既满足现代人的需求，又不损害后代人满足需求的能力。这是前面我们曾经提及的"可持续发展"观。

在"可持续发展"观引起国际社会更多关注的同时，人们也深刻地意识到：教育是实现可持续发展不可或缺的工具和手段。在《我们共同的未来》中写道："为达到可持续发展所需要的转变，教师扮演着决定性角色"；"教育应该使人们能够更好地处理人口密度过高和过于拥挤而带来的问题，更好地提供对'社会承载力'的理解，教育还应该"提供横跨社会、自然科学和人文科学的复杂知识，提供洞察自然和人力资源之间发展和环境之间相互作用的能力"。1992年，在巴西召开的联合国环境与发展会议上，通过了《21世纪议程——促进教育、公众意识和培训》。该文指出，"应该将教育（包括正规教育）、公众意识和培训确认为人类和社会据此能够最充分地发挥潜力的一种过程。教育对于促进可持续发展和提高人们解决环境和发展问题能力极为重要。尽管基础教育是任何环境和发展教育的基础，但需要把环境和发展教育作为学习的必要组成部分。正规教育和非正规教育对于改变人们的态度是必不可少的，这样他们才有能力去评估并解决他们所关心的可持续发展问题。同样的是，要培养与可持续发展相一致的环境意识、道德意识、价值观、态度以及技能和行为，并实现公众对决策的有效参与。为富有成效，环境和发展教育应涉及物理或生物的、社会——经济环境的，以及人的（可包括精神的）发展的各种原动力，应该纳入所有学

第七章 "STS" 教育和 "可持续发展" 教育

科，并应利用正规和非正规的方法以及有效的通信手段。"

1994年第44届国际教育大会的文件：《为了和平、人权和民主的教育综合行动纲领》指出："教育必须教育公民尊重文化遗产，保护环境，并采取有利于可持续发展的生产方式和消费方式。个人和集体价值观之间的和谐一致以及当前的基本需要和长远利益之间的和谐一致也是必要的。"

1996年4月，在联合国总部召开的可持续发展委员会第四次会议上，《关于促进教育、公众认识和培训的特别工作纲要》的大会文件，更是确立了可持续发展教育的目标，那就是：

（1）促进价值观、行为和生活方式发生必要的变革，以实施可持续发展并最终实现民主、人类安全及和平。

（2）传播形成可持续生产与消费模式以及改善对自然资源、农业、能源和工业生产的管理所必需的认识技术诀窍和技能。

（3）确保拥有愿意支持各个部门为实现可持续发展而进行改革的见多识广的公众。

自此，世界各国将"可持续发展"教育作为教育改革的一项重要内容，进行不断的探索。

美国从1992年开始，实施"可持续发展"教育的探索。为此，他们确立了六个核心主题：

（1）终生学习。接受教育是一个不间断的过程，应该贯穿于人的一生。

（2）跨学科教学。各门学科以环境为主题进行整合，以培养人们在认识和处理与可持续发展相关的问题时，能从各个学科的角度，用整体的视野统观全局，做出正确决策。

（3）系统思维。人与自然界的生物和非生物之间有着千丝万缕的联系，任何把人的利益与整个自然界的利益对立起来的做法，都会导致自然发展失衡，并最终阻碍人类的发展。

（4）合作。教育机构和社区之间的合作是发展可持续发展教育的关键。

（5）多元文化的视角。各种文化对于认识和解决可持续发展相关的问题自有其独特之处，因此可持续发展教育必须包括能够欣赏不同文化的观点。

英国环境、发展、教育与训练组织也是从1992年就开始了关于可持续发展教育的探索。他们的研究获得英国政府的大力支持。以至1998年英国的《可持续发展教育讨论会——1998年年度报告》能对正规学校产生影响。其中有七个关键性提法：

（1）从本地到整个地球的社会、经济、自然环境的一体化。

（2）公民的权利和义务，参与以及合作。

（3）需求和后代人的权利。

(4) 文化、社会、经济和生态系统的多样性。
(5) 生活的质量、平等和公正。
(6) 可持续变化、发展和承载力。
(7) 不确定性和预防措施。

我国于1994年在全世界率先推出国家的可持续发展白皮书——《中国21世纪议程》。该书第七章"教育与可持续发展的能力建设"指出:"加强对受教育者的可持续发展思想的灌输。在小学《自然》、中学《地理》等课程中纳入资源、生态、环境和可持续发展的内容;在高等学校普遍开设《发展与环境》课程,设立与可持续发展密切相关的研究专业,如环境学等,将可持续发展思想贯穿于从初等到高等的整个教育过程……加强文化宣传和科学普及活动,组织编写出版通俗的科普读物,利用报刊、电影、广播等大众传播媒介,进行文化科学宣传和公众教育,举办各种类型的短训班,提高全民的文化科学水平和可持续发展意识,加强可持续发展的伦理道德教育。"

有人将中外"可持续发展"教育的探索归纳为三点:

(1) 强调人的可持续发展。从"人是可持续发展问题的核心"这一观点出发,把可持续发展教育与终身教育结合起来,强调人在各个不同阶段受教育和进行自我教育的能力,以实现人的持续教育和持续学习。

(2) 强调教育的可持续发展。人的素质是可持续发展的关键因素,国民素质水平的高低取决于教育。因此,教育的结构和内容都应该不断发展,强调教育要注重协调性、公平性和持续性。

(3) 强调为了可持续发展的教育。强调人口、资源、环境与社会经济协调发展的可持续发展教育是伴随着可持续发展战略的提出而产生的,它既是可持续发展战略的重要组成部分,又是实现可持续发展战略的重要手段。因此,在教育过程中要对受教育者进行环境与发展教育,以帮助其形成与可持续发展相一致的观念、态度和行为。

二、可持续发展的"3R原则"

作为理工学科学生在接受可持续发展教育中尤其要关注可持续发展的"3R原则"

要实现从高消耗、高排放的传统工业社会向可持续发展社会的转型,需要从生产到消费、从生活到休闲、从个人到社会的各个领域倡导新的行为规范和做事准则。"3R原则"就是把可持续发展的战略思想落实到操作层面的具体表现。贯彻"3R原则",意味着导向一个可持续发展的社会,可以从我们身边各种实际的事情做起。"3R原则"是减量化原则(Reduce)、再利用原则(Reuse)和再循环原则(Recycle)的简称。

"3R 原则"的内容如下：

（1）减量化原则要求用较少的原料和能源投入达到既定的经济目的或生活目的，从而在经济活动的源头就注意节约资源和减少污染。减量化有几种不同的表现：①在生产中，减量化原则表现为要求产品体积小型化和产品质量轻型化。例如，惠普公司在涉及和制造 4L 等新型号打印机时在保持功能不变甚至更优的情况下，比它的前身 3P 型打印机在尺寸上缩小了 20%。重量上减轻了 30%。其他如在通信中用光纤技术代替传统的铜线，生产轻型化的小汽车等均是减量化的体现。②减量化原则要求产品的包装应追求简单朴实而不是豪华浪费，从而达到废弃时减少垃圾污染的目的。美国的化妆品过去一直由于包装简单跟不上欧洲而受到排斥，但在追求可持续发展的现在它们却成了可持续设计的典范而受到赞赏。20 世纪 90 年代美国的 P&G 公司推出一组符合减量化包装要求的超浓缩洗涤用品，其中 50 盎司（1 盎司 = 29.3495g）重的洗涤用品洗涤的次数可与普通 64 盎司的洗涤用品相比拟。目前，包装垃圾占了城市生活垃圾的很大比例，如果按照可持续发展实施包装减量化，就可以较大比例地减少城市固体废物排放和污染。

（2）再使用原则要求制造产品和包装容器能够以初始的形式被多次使用和反复使用，而不是用过一次就了结。在一个可持续发展的社会，生产者应该将制品及其包装当作一种日常生活器具来设计，使其像餐桌和背包一样可以被再三使用。雀巢咖啡瓶用完后许多人把它用作茶缸，可以说是一个符合再使用原则的实例。瑞士、德国、澳大利亚等国家，人们上超市购物有一个值得提倡的好习惯，即用自己带去的线袋或布袋装东西，而谢绝商店提供的塑料袋或纸袋，这是因为在他们看来线袋和布袋比塑料袋和纸袋更符合再使用的要求。以各种饮料、酒类的容器而言，玻璃瓶就比一次性的易拉罐或塑料瓶好，有研究表明利用玻璃瓶充装各种软饮料在保持卫生的情况下能够反复使用至少 50 多次。显然，现代工业社会一次性用品不加控制的泛滥与再使用原则是强烈抵触的。追求现代化的中国，在"一次性用品"概念支配下，铁路沿线曾经充斥一次性饭盒，城市到处充斥一次性的饮料杯，这既造成了极大的资源浪费和环境污染，又导致景观被破坏。再使用原则还要求制造商应该尽量延长产品的使用期，而不是像现在这样刺激非常快地更新换代。一些有可持续发展思想的制造商将计算机、电视机以及其他电子器具设计成模块化的组合，在更新换代时只需置换其中的部件，而不是更换整个产品，实现了产品的持续使用，也是再使用原则的体现。

（3）再循环原则就是使物品完成其使用功能后重新变成可以利用的资源而不是不可恢复的垃圾。在再循环原则之下，生产者的一个重要任务就是解决废弃制品的处理问题。按照可持续发展的思想，只使一件制品诞生的生产设计只能算是完成了一半工作,关键的是要提供制品在寿终正寝后如何处理的设计。例如,德国要求企业在制品的包装纸箱上不喷涂腊克⊖或聚乙烯材料,以方便用过的纸箱打浆再生;传统的多层复合材料因其在回收再生时分离困难而受到冷落。惠普公司声明,惠普打印机在使用寿命结束后,极易被拆解成若干零部件,只要按照有关原理进行简单处理就可达到再循环使用的目的。再循环有两种情况:一种是原级再循环,即废品被循环用来产生同种类型的新产品,例如,报纸再生报纸,易拉罐再生易拉罐等;另一种是次级再循环,即废物循环成为其他的产品。原级再循环在减少原材料消耗上达到的效率要比次级再循环高得多,是可持续发展追求的理想境界。西方一些国家实行的垃圾分类收集制度是再循环原则在日常生活中的表现。在垃圾分类收集过程中,除了无法利用以及有害的垃圾需要通过填埋、焚烧等传统方式处置外,大多数生活垃圾例如废旧书报、玻璃瓶和易拉罐等都能通过再循环过程得到重新使用。1991年,德国制定了世界上最严厉的废物利用法律,其目的是要达到废物再循环的最大量化以大幅度减少填埋与焚烧的数量。例如,要求到1995年包装物品的65%应该达到再循环,其中金属与玻璃再循环率为90%,纸张、塑料、木材再循环率为80%。有人把中国和美国的钢铁生产做比较后指出,中国的钢铁生产主要依靠利用原生铁矿石,而美国主要靠回收利用废铜烂铁,由此可见我国在废物再循环方向上有许多潜力可以挖掘。

第三节 如何提高我们的社会责任感?

本节将从理论学习与实践锻炼两个方面来谈如何提高我们的社会责任感。

一、关于理论学习

与"STS"思想和"可持续发展"观相关的理论,是值得我们认真学习的。比如,与它们相关的理论中都提到人文关怀,提到文化、科学素养等概念。这些概念需要我们去查阅相关资料,并正确理解它们的内涵,以此来提高我们的理论水平。

1. 关于"人文"

"人文"一词最早出现于中国《易经·贲》:"刚柔交错,天文也;文明为止,人文也。关乎天文以察时变,关乎人文以化天下。"简言之,天文泛指客观上的、严肃的科学;人文泛指人主观上的、文明的教化。后来,人们把"人文"理解成:人的思想、精神,亦即人对自然和社会各种事物的情感、态度与价值观。

⊖ 一种行业用的清喷漆。

有人将"人文"与"科学"相比较,认为:

从追求目标上讲,科学要回答"是什么"和"为什么",是求真。越符合客观世界及其规律就越真,越科学。但是,科学活动本身不能保证其应用与发展是否有利于人类进步、国家富强、民族繁荣、人民幸福。人文要回答"应该是什么"和"应该如何做",是求善。越符合人民的利益就越善,越人文。但是,人文活动本身并不能保证其能否建筑在客观世界规律的基础之上,从而是否真正有利于社会,造福于人民。显然,善为真导向,真为善奠基,两者相融,才能构成正确的追求目标,即求真务善同时实现的完美。科学求真,敢于面对现实,承认客观,尊重规律;人文求善,勇挑重担,高度负责。尊重客观规律会有高度负责相伴;高度负责也会有尊重客观规律相随,这就体现出科学与人文共同奠定正确的追求基础。科学承认与尊重客观,人文关心他人与外界;一个能面对现实,另一个能终极关怀,两者结合,势必是正确对待自己、对待他人、对待客观、对待自然。这种相融相通,共同构成"我·人·物·自然"的正确关系。科学与人文相融相通还体现在共同形成正确的创造性的整体思维上。逻辑思维是这一整体思维的正确性的基础,形象思维是这一整体思维的创造性的主要源泉。严密的逻辑思维,它保证思维的前后一致及正确性;开放的形象思维,它保证思维不受传统观念的束缚,具有创新性。一切有卓越成就的科学家、文学艺术家,莫不是两种思维兼备。

2. 关于"文化"

从中国《易经·贲》中"关乎人文以化天下",人们引申出"文化"概念。可见,人们对"文化"的最早且最简单的理解,就是"文明的教化"。19 世纪中叶,英国学者泰勒提出:"所谓文化或文明乃是包括知识、信仰、艺术、道德、法律、习俗,以及包括作为社会成员的个人而获得的其他任何能力、习惯在内的一种综合体。"

到了 20 世纪 80 年代中期,《中国青年报》曾经对"文化"做如下概括:"一个人、一个群体、一个国家对于环境的变迁所采取的应变态度,这些应变态度可供选择的程度和范围,以及这些可供选择的态度之间的关系的丰富性、系统层次的复杂性,称为文化。"

我们比较认同的是解世雄老师后来对"文化"的界定:"文化是一种生活经验总结出来的知识积累;一种物质设备,包括生活、生产用的产品和为探索物质世界奥秘而制成的设备仪器;一种观念形态,包括对物质世界的探索中创造和形成的思想、方法、精神和价值标准;一种知识体系,包括语言文字符号及对语言文字符号赋予的特殊意义。"

3. 关于"科学素养"

20 世纪 70 年代出版的《韦氏大词典》对"素养"(Literacy)一词的解释

是：an ability to read a short simple passage and answer questions about it。可见，"素养"的原意是指，人们参与读写交流所应具备的读写技能的最低水平。随着科学与技术的进步，在社会生活中越来越要求人不仅要能够读、写简单的书信文字，而且要能够读懂诸如产品使用说明书、列车时刻表、合同协议书之类的东西。人们越来越意识到，普通公民理解科学技术并将其应用到自己的社会生活中去，具有非常重要的意义。于是，"素养"概念很自然被扩展为"人必须具备的适应现代化社会所需要的知识与技能的最低水平"。由于其中赋予了"对科学与技术的最起码的理解"这样的内涵，于是就有了"科学素养"的说法。又因为，当传统的文化习俗对人们施加影响时，这种对"科学与技术的理解"可以帮助人们超越原有的文化习俗，进而共同创造更新、更有力量的文化形式。所以"科学素养"概念包括了人们对科学技术的知识乃至国家经济的发展、个人生活质量与社会责任、科学技术文化的塑造等多方面的思考。

20世纪80年代，美国科学促进协会的教育长官詹姆斯·卢瑟福提出"2061计划"，旨在为与科学素养相关的科学教育改革规划一个长期的、规模宏大的前景。其核心著作——《面向全体美国人的科学》将"科学素养"定义为："应理解科学核心概念和原理；熟悉自然界，认识自然界的多样性和统一性；能够按个人和社会目的运用科学知识和科学的思维方法。"并从以下维度来理解科学素养：熟悉自然界并认识到它的多样性和整体性；理解科学的基本概念和原理；意识到科学、数学和技术相互依赖的某些方式；知道科学、数学和技术是反映人类力量和弱点的事业；形成科学的思维方法；运用知识和思考方法来解决个人和社会问题。

1996年，美国国家研究理事会又推出了《美国国家科学教育标准》，其中定义了一般科学素养：作为探究活动的结果，学生应该培养对自然科学的基本概念的理解力和自然科学研究中的能力。其中的内容标准还提出了科学与技术之间重要的联系，个人和社会的观点以及科学的历史和科学的本质。

至此，国际科学教育界比较一致的观点是：

（1）科学（和技术）素养最好被界定为对自然界和被改造了的世界从名义上的到有用的、概念的和程序的以及多元的理解的连续统一体。

（2）科学素养就是对个人决策、参与公共和文化事务以及经济生产所需要的科学概念和过程的知识和理解。具有科学素养的人能够提出、发现和解答与日常体验有关的问题。他们能够描述、解释和预言自然现象。

（3）科学素养有不同的程度和形式，人的一生中科学素养都在不断发展和深化，而不仅仅局限于在校期间。

也是在1996年，中国科学技术协会在对公众进行科学素养调查的一份报告中写道："目前对于公众科学素养的评估没有公认的统一的客观标准。对过去的评估标准，专家们的看法并不一致。但是，在这个领域内长期从事研究的各国专家和学者们普遍认为：科学素养的概念并不是指对科学已经达到一种很好的理解程度，而是指一种基本的程度。因此，我们认为，我们过去曾经使用过的、国际普遍承认的标准仍能在一定程度上反映我国公众的科学素养水平。按照这个指标体系的设定，公众应当做到：①基本理解科学知识（术语和概念）；②基本理解科学研究过程；③基本理解科学技术对社会的影响。如果做到以上三点，就可以被认为具备了基本科学素养的水平。"可以说，这代表了我国科学教育界对科学素养内涵的认识和理解。

近年来，在我国科学教育界对科学素养的探讨十分活跃。有人把科学素养分为四个方面来阐述：①科学知识，技能和科学方法；②科学能力；③科学观；④科学品质。也有人把科学素养结构划分为知识结构、智力结构和非智力结构。著名学者梁英豪先生论述科学素养的构成就归类为十个方面：①科学知识；②技能；③科学方法和思维；④价值观；⑤解决社会及日常问题的决策；⑥创新精神；⑦科学、技术、社会及其相互关系；⑧科学精神；⑨科学态度；⑩科学伦理和情感。而就科学素养的培养，则认为应努力使学生达到：①知道什么是科学知识；②能够运用科学概念进行探讨；③能够根据客观事实分析、处理问题；④能够运用科学知识积极参与科技活动，进行科学探究；⑤能够认识到科学技术的两面性；⑥知道如何利用科学技术的正面效应，为人类社会造福；⑦坚持真理，勇于批判和质疑；⑧乐于与人合作交流；⑨热爱生活，勇于奉献；⑩敢于创新，勇于探索；⑪认识人与自然、社会的关系，以不断追求真理为生活的目的，有可持续发展意识和全球观念。

综合国内外科学教育改革的发展趋势以及专家们对科学素养内涵的阐释，我们不难理解，为什么我国基础教育改革的"新课程标准"要提出，以提高每个学生的科学素养为总目标；以科学探究（过程、方法与能力），科学知识与技能，科学情感、态度与价值观，科学、技术与社会的关系四个方面为课程的分目标。

通过上述三个相关概念的阐释，不难发现：要想在"STS"思想和"可持续发展"观相关的理论学习中提高我们的社会责任感，得下一定的工夫。

对理论学习，除了对一些关键的词汇、术语设法正确理解其内涵之外，还需联系实际进行深入思考。

比如，我们理工类专业学生，可以结合自己的专业知识思考：我所学专业的课程中，在哪方面提供某种理论支撑？而技术依靠这种理论支撑解决了哪方面的实际问题？而当二者结合促进社会经济发展中，又给社会带来什么负面影响？

某高校物理学专业就有同学以内燃机的发明使用为例，做出如下思考：

物理学中的热学专门研究热现象和热运动规律。其中，对功热转换、热传递、热机循环效率等方面的研究为内燃机的发明提供理论支撑，而技术上解决好热机的四步冲程和热能的利用，使内燃机被广泛用于汽车、火车、轮船、飞机等交通工具，在给人们交通运输带来便利的同时，也刺激了采矿、冶炼、筑路（公路、铁路）、建港（码头、机场）、机械制造和与之配套的服务行业的发展；成千上万的农民成了产业工人或服务行业的人员；人们的生产、生活方式比内燃机出现前大为改观；社会结构与经济发展也出现了翻天覆地的变化。另一方面，由于内燃机的大量使用，地球上不可再生的石油正以惊人的速度被消耗掉。有人根据目前世界消费换算约为 80 亿 t/年，按 40 亿人平均每人年耗 2t 计算，到 2040 年，石油将出现枯竭；2060 年核能和天然气也将枯竭，这是危及子孙后代的资源损失。更严重的是，能源资源的过度开发和使用，产生大量的废气、废渣、废水，严重污染环境；能源消耗所排放的二氧化碳日益增多，已经引起地球上出现温室效应，使气候恶化……

这种关注本专业的科学理论、技术与社会三者的关系，从人文、价值取向上思考，实际上也提升了自身相关的理论水平。

二、关于实践锻炼

围绕"STS"思想和"可持续发展"观的学习，更重要的参与各种实践锻炼。我们把带着问题去查询资料、去现场取样、去实验室检验、去需要了解事实真相的地方考察等活动，都归为我们理工类专业学生应当努力去做的实践锻炼。

孙可平老师在她的《STS 教育论》一书中，列举了以下的"社会热点问题"：

（1）土地与生态农业：①健康食品；②设施农业；③土地合理使用；④耕作与土地使用。

（2）人口与粮食：①人口迁移与文化渗透；②人口与粮食危机；③食品添加剂；④粮食加工技术。

（3）交通与市政：①未来交通体系；②交通体系与拓扑学；③城市建筑。

（4）经济与市场：①股票与投资；②现代货币；③通货膨胀与经济危机；④泡沫经济。

（5）医疗与健康：①医疗检测技术；②毒品与戒毒；③攻克艾滋病；④"机灵的小魔鬼"——病毒与病菌。

（6）环境与污染：①城市噪声与噪声污染；②建筑物污染与城市污染；③"赤潮"现象与水污染；④环境中的铅污染；⑤核废料与核污染。

（7）战争与防御：①沙林毒气与化学武器；②遥感技术与现代战争；

③"星球大战计划";④核武器与核战争;⑤海湾战争的后遗症。

(8) 资源与能源:①从生物制氢到新能源开发技术;②垃圾处理及其资源化;③再生能源;④国家能源政策与能源保护。

(9) 信息与通信:①计算机与人工智能;②信息高速公路与计算机网络化;③现代卫星通信技术。

带着上述问题,有许多工作值得我们去做。下面,我们仅以"环境与污染"的问题为例,看看我们理工学科学生可以做些什么:

(1) 查询资料,并将其汇编成册,随时准备向周围社区的群众宣讲。这些资料包括:

1) 何谓"物理污染"?物理污染包括哪几种?如何防治?

2) 何谓"化学污染"?化学污染中存在严重隐患的是哪些方面的污染?如何防治?

3) 何谓"生物污染"?新闻中报道的"赤潮""禽流感""外来物种的侵害"属于生物污染吗?如何防治?

4) 物理的、化学的、生物的污染,它们有什么联系和区别?

(2) 到实验室去做探究性实验。比如,某地发生水体污染,我们先到该地取样,然后进实验室对污染的水体样品进行各种检验。先鉴定被污染的水是属于哪种或哪几种污染,然后通过查询资料和调动自己已学过的各种科学技术方面的知识,尝试各种治理的措施和办法,并从中找出最佳的(耗费少、用时短等)治理方案,最后提交包括整个探究过程的研究报告。

(3) 实地调查。比如,某社区居民反映,该地噪声严重,影响他们的正常休息。我们可深入到该社区,实地测量发生噪声时,其音频在什么范围内,并根据查询的资料判断:该噪声对人体造成多大的危害,然后调查噪声源于何处。假如是附近的工厂,则深入到该厂去了解其生产过程,分析工厂减少噪声的各种可能性:①避免夜间居民休息时开工生产;②在噪声大的车间周围建立隔离墙;③通过技术改造和转产以减少噪声;④将制造噪声严重的车间搬离等。然后,将各种可能性向工厂负责人讲清楚,希望他们选择一条或几条能接受的减少噪声的措施。如果噪声源于社区附近的公路干线,则通过对公路行驶的各种机动车辆的考察,分析各种可能性:①让部分机动车分流改道;②严禁在社区附近鸣高音喇叭;③在社区靠公路一侧建造防噪声的隔离墙或以高大乔林为主的防护林带等。然后向社区领导提出各种可行性的方案,让他们去争取实施一条或其中几条能减少噪声的方案。只要在实地调查中认真分析,我们是能够为该社区做出贡献的。

可见,从我做起,从身边的小事做起,那么,"努力提高我们的社会责任感"就不是一句空话。

思考与练习

1. 查阅有关文献资料，找出你认为应当作为"STS"思想和"可持续发展"观的关键词，并尽可能地把所列的关键词的内涵和外延写出来。

2. 联系你的专业学习，对照孙可平老师在《STS 教育论》中所列举的"社会热点问题"，思考自己能在其中做些什么，并就此拟出行动计划，付诸行动。

3. 对"可持续发展教育与当今倡导的创新教育二者是相融相通的"这一观点，你是怎样认识的？着手写一篇相关的小论文，发表自己的看法。

4. 除了本章列举的：查询资料、做探究性实验和实地调查以针对社会热点问题开展实践活动之外，你认为就你所学的专业，还应当突出些什么内容？

5. 除了把"STS"教育和"可持续发展"教育提到"培养人的社会责任感的高度来认识"，你认为还应当补充些什么内容？

6. 我国在珠海、澳门、香港三城相邻的海面上修建了一座跨海大桥。请查阅相关报导，然后从"STS"思想的角度阐述该大桥修建的深远意义，并把阐述写成一篇小论文。

7. 关于手机的普及，近来有关负面的报道比较多。如行人或司机因为看手机而造成重大交通事故；同学聚会因为各自玩手机而失去应有的交流；因在手机上玩游戏和看微信而导致眼疾等。试从"可持续发展"教育的角度思考：应采取哪些技术的、管理的、宣传教育的方法减少甚至杜绝这些负面影响？

第八章
>>>>>> 激励与审美

创新品格与自我实现需求紧密联系，它涉及对人的高成就需求给予的激励。创新能力与发现美、鉴赏美的能力同样有关联，它涉及人在创新追求中的审美。

本章从心理学的需求理论简介入手，剖析如何在情感、态度、价值观方面让学习者具备良好的创新人格；从美学方法的简介，进一步剖析人们是如何从审美的角度进行创造的。

第一节 "人的需求层次"理论及激励方法

激励，作为心理学家们所倡导的科学方法，它源于"人的需求层次"理论，而它的正确运用是值得认真对待的。

一、关于"人的需求层次"理论

20世纪60年代初，美国心理学家马斯洛首先提出"人的需求"理论。他认为，人的需求由低到高依次为：生理需求（衣、食、住等方面）、安全需求（人身医疗保险、退休福利等方面）、社交需求（与人交往、被接受、有所归属、获得友爱等方面）、尊重需求（达到目的、能力被承认、享有荣誉和声望等方面）、求知需求（知道、了解和探索未知方面）、求美需求（要求匀称、整齐和美丽等方面）、自我实现需求（寻求自我成就和实现个人或群体的潜力方面）。

马斯洛之后，不少心理学家进一步研究人的需求。

美国耶鲁大学的奥德费提出：人的需求可以归纳为生存（existence）、相互关系（reciprocity）和成长发展（growth development）三种。这三种需要有生来具有，也有经过学习而产生，其观点简称ERG需求理论。见图8-1。

同时，人们达成以下共识：

(1) 高层次的需求比低层次的需要具有更大的价值。
(2) 有价值的需求可以通过学习而产生。

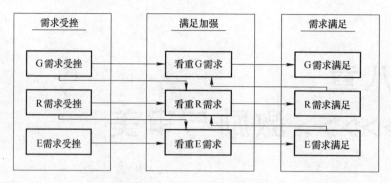

图 8-1　ERG 需求理论示意图

此后，美国心理学家麦克利兰提出"成就激励"论。他认为，成就需要强烈者渴望将事情做得比他人出色，力求提高工作效率，喜欢具有适度挑战性的目标，追求克服困难，获得成就的乐趣。他指出：一个组织（企业、学校、团体）拥有高成就需求的人越多，它的发展就越快，获利就越多；一个国家拥有具备高成就需求的人越多，这个国家就会越兴旺发达；通过教育和培训可以造就出具有高成就需要的人才。为此，需求从激励的过程——即满足的需求到需求的满足这样的过程来探讨、分析人的行为是如何产生、如何导向一定的目标和维持下去或最后终止等问题；或者从激励的终点——需求的满足与否或状态来探讨激励问题。

美国心理学家赫茨伯格则通过对会计师群体和工程师群体的调查研究，提出双因素理论。即从生理、安全、社交等方面的需求思考其动因的"保健因素"，以及从挑战性、成就感的需求思考其动因的"激励因素"。这就促使人们更多地注意与工作本身有关的因素，即通过做具有挑战性的工作来激励自己或组织内的群体，以激发人自觉地工作，同时打消工作者在各种"保健因素"是否具备的顾虑的前提下，把原来属于"保健因素"的东西转化为激励因素。

美国加利福尼亚大学的韦纳教授在研究人的行为和动机时发现，行为者在做了某件事之后，会有一些积极或消极的情绪，他会试图去为自己的成功或失败寻找原因，这种归因会直接影响到行为者的情绪。通过进一步研究，韦纳建立了与激励相关的"归因"论。韦纳指出：能力、努力、任务难度和运气是人们在解释成功或失败时知觉到的四种主要原因。他将四个方面的内容从心理学角度分成控制点、稳定性、可控性三个维度。依控制点维度将原因分成内部和外部原因；依稳定性维度将原因分为稳定和不稳定的原因；依可控性维度将原因分为可控和不可控的原因。韦纳的结论是：①个人将成功归因于能力和努力等内部因素时，他会感到骄傲、满意、信心十足，而将成功归因于任务容易和运气好等外部因素时，产生的满意感则较少。相反，如果一个人将失败归因于缺乏能力或努力，则会产生羞愧和内疚；将失败归因于任务太难或运气不好时，产生的羞愧感则较少。②在付出同样努力时，能力低的应得到更多的激励。③能力低而努力的人应得到较高评价；能力高而不努力的人应得到较低评价，从而把握激励的程度。

通过上面的简述，我们可以归纳出两条：

（1）需求是调动人的积极性的原动力。心理学所说的需求，是指维持个体生存、延续种族和参加社会生活的客观条件在人脑中的反映，以及由此而产生的欲求状态。当某种未满足的需求产生，会引起人的生理和心理的紧张情绪，即不平衡感，且不平衡的程度与需求的迫切性成正比，从而构成一种内驱力。内驱力指向一定的能满足其他需求的目标，为了达到目标所做的努力就是行为。

（2）人的需求具有多样性、多层次性和发展性。人的需求是多种多样的，有生理需要和心理需要，有物质需要和精神需要，还存在一个由生理需要向心理需要、由物质需要向精神需要这种从低到高的发展趋势，而这种发展可以通过激励来完成。

二、分析需求，把握激励

美国著名学者西拉季、华莱士等人主张，组织内的员工有什么层次的需求，就在该层次上采取组织措施，以激励员工。比如，员工有空气、食物、住处、性生活等生理需求，就在增设取暖和空气调节设备、保证基本工资、安排自助食堂、改善工作条件和设法解决婚姻问题等方面采取组织措施；员工希望有安全与保障，就在安全工作条件、外加福利、普遍增加薪水、让人感到职业稳定等方面采取组织措施；员工需要在承认、地位、自尊、自重上获得认可，就在工作职称、奖励增加、同事与上级承认、岗位责任等方面采取组织措施；员工希望在成长、成就、提升中自我实现，就在让其去干挑战性工作，以其工作的成就提升奖励等方面采取组织措施……这就叫作分析需求，把握激励。

在一个企业里，分析员工的需求，正确把握激励的措施，实质是强调了以人为本的管理。

第一，企业的员工是"社会人"，而不是"经济人"。也即是说，人的行为并不单纯地出自追求金钱的动机，还有社会方面、心理方面的需要，如追求人与人之间的友情、安全感、归属感和成就感，而后者更为重要。因此，任何企业管理不能单从技术和物质条件着眼，还必须从社会、心理方面来激励员工。

第二，任何组织中都会存在这样的群体，由于共同的工作和交往，产生感情沟通和对共同利益的追求，从而自发形成的一种松散的非正式组织，这种非正式组织作用在于维护其成员的共同利益，其目标往往与该组织的既定目标无关或有所抵触，其成员间因感情的逻辑（即共同爱好、看法和习惯）经常沟通，且信息传播的效率往往高于正式组织,但容易失真。为了维护正式组织的整体利益,实现组织发展目标,组织管理不仅要重视正式组织作用的发挥,还要认真分析非正式组织各成员的需要,注意在正式组织的效率逻辑(维护组织整体利益)和非正式组织的感情逻辑之间保持平衡,以充分利用非正式组织的积极作用,尽量减低其消极作用的影响,使整个组织各环节形成良好的协作状态。

第三,提高员工的"士气"是提高劳动生产率的根本。研究表明:在决定劳动生产率的诸因素中,生产条件、工资报酬只是第二位的因素,居于首位的因素是员工的"士气"。士气的高低取决于员工的满意感,而满意感则来源于员工个人需要的满足和良好的人际关系。士气,即员工对组织感到满意,愿意成为组织中的一员,并积极协助组织实现目标的自觉奋发的态度。影响员工士气的因素有:对组织目标的赞同;合理的经济报酬;对工作的满足感;优秀的领导者和恰当的领导方式;和睦的人际关系;良好的信息交流;员工的身心健康等。这里同样有分析需要、把握激励的问题。比如,员工希望增加账目管理的透明度,实际是了解组织目标或经济分配的需要;员工要求召开职代会,实际是对和睦的人际关系和良好的信息交流的需要……

第四,组织与组织以外的各类公众建立良好的关系,是组织发展的重要前提。这里,同样要分析需求,才能正确把握激励,以获得各类公众的认可、支持与合作。

不妨以企业与顾客(用户、消费者)之间的关系来说明。

首先,要分析顾客需求的基本特征。由于受经济、文化、心理等多种因素的影响,顾客的消费需求千差万别,它表现在多样性、发展性、伸缩性、潜在性、周期性、互补和互替性、习惯性、可诱导性八个方面。

多样性,即不同的收入水平、文化修养、生活习惯、职业经历、兴趣爱好,乃至不同年龄、性格、发展都造成不同的消费需求。

发展性,即原来的需求被满足,又会产生新的需求,总的趋势是由低级向高级,由单纯追求数量上的满足向追求质量或数量的全面满足发展。

伸缩性,即绝大部分顾客支付能力有限,其需求只能有选择地、有限制地得到满足。

潜在性,即由于主客观条件的限制,顾客的某种需要暂时处于抑制状态,或因感受到某种不适,来表示购买的意愿,而实际是潜在的买主。

周期性,即由人的生理机制运行引起,并受自然环境变化周期和社会时尚变化周期的影响。

互补和互替性,即购买一种商品时还有购买附带、配套商品的需求,或购买在功能上能具有互替性特点的商品的需求。

习惯性,即顾客在长期消费活动中积存的某些消费偏爱和倾向,从而形成的某种消费习惯与观念。

可诱导性，即顾客的购买动机可以通过某些方法刺激和诱导，影响其心理，达到引导其需求的效果。

此外，还要进一步分析顾客的购买动机。一般表现在九个方面：

（1）求实，即追求商品的功效、质量方面的使用价值，不太注重外观、造型和包装。

（2）求廉，即追求商品价格的低廉，对质量等其他方面不十分挑剔。

（3）求新，即追求商品的时髦和新颖形式和流行式样，而不太计较商品的实用性和价格的高低。

（4）求美，即追求商品的美感，包括造型、色彩和包装的精美。

（5）求名，即强调"名牌"和"价位"，以显示个人财富、身份和个性特征。

（6）求便，即追求方便，强调"省时""省事"，其他因素则放在次要地位。

（7）惠顾，即根据自己的经验，凭对商店、某生产厂家、某品牌，甚至某营业员的好感和信任来购买商品，而且非此不购。

（8）从众，即在"仿效""同步"等心理因素，以及相关群体的"示范作用"和社会风气的影响下产生的消费动机。

（9）感性，或是获取一种精神安慰、情感上的满足，或是在商品物质实体之外（如企业形象、广告等）寻找、发展、感受到自己深层意识发生共鸣的某种意念等产生的消费动机。

分析了顾客的需求和购买动机，就可以为激励而采取各种措施。

比如，面对一批收入不高的群体，开设"平民商厦"，让他们"求实""求廉"的动机得到满足；面对收入高、肯消费的群体，则设置高档豪华的"精品屋""名牌柜"以满足他们"求新""求名"的需要；对爱美的顾客，则为他们提供造型、色彩、包装皆精美的商品；对生活节奏快、工作繁忙的群体，则从他们希望省时、省事的需求出发，向他们推销方便、快捷的商品……

我国的教师，近年来，在如何正确把握激励以促进学生发展的研究上，提出一些激励策略，也值得给读者介绍。归纳起来，大体有如下几种激励策略：

（1）榜样激励，即鼓励学生自觉要成为别人学习的榜样，并通过树立榜样，激发其他学生找出差距，迎头赶上，做到学有方向，赶有目标。例如，发现某学生在学习方法或实验操作上与众不同，因而解题或操作迅速准确，鼓励他坚持这种与众不同，并让其给全班同学做示范，让大家仿效。

（2）愿景激励，即在学生面前陈述一幅未来的图景，并对学生必须努力创造的未来，提供公开或暗示的解释，让学生感到希望，并将内心的想法转化为行动的动机。例如，对动手能力强的学生说："你将来一定会在机械制造甚至发明创造上有所作为！"对擅长数学的学生说："将来你可以在许多领域上让数学派上用场！"显然，教师的这番激励，更会让学生产生进一步钻研的动力。

（3）参与激励，即依学生不同的特点，在问题的研究过程中各人承担不同的具体角色任务，以发挥各自的特长，都获得一种成功的体验。比如，教师在讲述某一节课时，让动手能力强的学生来做演示实验；让板书规范的学生在黑板上记录数据，写出公式和实验结果；让全班同学对所测数据进行分析思考，然后提出一些问题，让平时积极思维、踊跃发言的学生发表自己的观点；让作图规范的学生在黑板上画实验图线……学生能在参与中充分展示自己的才智，也激发了学习的兴趣。

（4）认可激励，即在某些特殊场合，某学生产生少有的成功时，及时对其肯定。比如，当教师提出某一问题，一个平时很自卑、少发言的学生突然举手要求发表自己的观点，哪怕教师估计他不可能有什么创见，也要给他机会，并对他积极参与思考的学习态度及时给予肯定，对他回答中正确的成分要充分肯定，而不正确的地方由教师或别的同学来补充纠正。

（5）期望激励，即在帮助学生发现自身潜能的同时，提出对他自我提升的期望。比如，教师在某学生的作业本上写下批语："此次作业，你注意到了原先你容易忽略的问题。例如，先认真作受力图，将非国际单位制的物理量都统一化为国际单位制等，这是很好的开端，说明你只要认真对待，是能够把这门功课学好的。"这实际是表明教师对该学生的期望。

（6）成果激励，即教师引导学生采用不同方法去解决某一问题，或者运用学到的理论知识去分析解决某些实际问题，然后让大家对问题解决进行评价，或自行总结最便捷的方法；或归纳所学知识的适用范围。问题解决可视为成果，学生通过自己的体验，能看到成果的价值，从而激发起更大的学习热情。

（7）惩戒激励，即教师在学生出现不良倾向时，及时提醒他；在发生不良行为时，给予及时批评或适度惩戒。只要把握时机、方式，可以激励学生认识错误并及时改正。

总之，通过对学生学习心理特点的研究，分析每个学生的需要，在适当的时机，采取适当的策略和措施，满足他们对尊重、表现欲、荣誉与成绩的认可以及成就感方面的需要，就可以激发学生学习的积极性和创造性，进而发展他们的需要。

综上所述，人的行为产生是由动机推动的，而人的动机的形成是由需要引起的，同时也受外在刺激的影响。所以，无论是企业、学校或其他组织的管理，都可以通过满足组织成员的内在需要或通过适当的外界条件的刺激，以实现对人的行为的有效引导。从这个意义上讲，分析需要、把握激励不失为一种重要的科学方法。

第二节　如何培养积极向上的创新品格？

本节介绍一个理工学科学生应当怎样通过激励，提升自身的情感、态度与价值观进而培养积极向上的创新品格。

一、激励自己具备健康良好的情感

情感，如道德感、审美感、理智感、爱与恨的体验等，是和人的社会性需要相联系的一种复杂而稳定的心理表现。

理工学科学生应当具备健康良好的情感。它包括：

1. 崇高的道德责任

在通过学习与实践，深刻理解科学技术与人类社会生活、生产密切相关，并注意到：科学与技术的成果转化成生产力的结果，应当是造福于社会。为此，理工学科学生总是怀着高度的社会责任感去投入专业的学习与研究，并在力所能及的情况下，积极向周围的人宣传科学、技术与社会三者应当相互促进，以及科学与技术的结合应当造福于社会。

2. 强烈的探究心理

面对科学与技术领域中的各种问题，始终保持好奇心和求知欲。为此，理工学科学生不满足于书本或教师给出的结论，总希望通过自己的观察和实验进行验证。在确认真理无法穷尽而现在的认识又不完备时，仍保持一种谦虚好学的态度，包括汲取众家之长，借鉴其他学科的新成果、新思想、新理论，或其他技术领域的新工艺、新发明、新设备，以寻求解决问题的途径，一旦有了突破，仍然坚持放到实践中去检验……

通过自我激励和相互激励，可以培养我们具备健康良好的情感。

比如，各高校在开展爱国主义教育的时候，我们理工学科学生应自觉地通过各种途径，搜集中国有史以来在科学技术方面对人类社会所做出的贡献。它包括：①古代中国的科学技术方面的成就；②近、现代中国科学、技术人才的一些卓越贡献；③近年来，我国科学、技术上所取得的举世瞩目的成就……然后利用一些集体活动的机会向周围社区的群众、中小学的师生宣讲，让听众在颂扬中华民族科技成就的宣传中产生民族自豪感，接受生动具体的爱国主义教育。

又如，我们可以通过社会调查，了解我们所居住的城市，我们周围的环境，哪些地方出现了物理污染、化学污染、生物污染，向有关部门提出防控的合理化建议；同时利用一切可能的机会，向周围的群众宣讲有关环境保护和可持续发展的理念，让听众拥有防控污染的知识，并在被动遭受污染时，产生自觉的维权意识,从而促进我们所生活的社区更加和谐。

当我们通过自我激励和相互激励,去自觉自愿地开展上述活动,我们自身的爱国主义情感,包括一种社会责任感也会自然得到升华。

再如,在"生活中处处科学,科学就在我们身边"这一理念的引领下,我们理工学科学生开展诸如"校园(社区或自然风景区)内的物理(化学、生物、地理等)教学资源的调查,让自己捕捉大自然中的科学现象,学会运用所学的专业知识解释各种自然现象,学会运用身边所闻所见说清其中的科学知识……我们还可以通过郊游,有意识地考察河流山川、气象变化等现象,从中感悟大自然蕴含的和谐,从中体会珍惜爱护自然环境是一种美德……

当我们通过自我激励和相互激励,自觉自愿地开展上述活动,我们热爱大自然的情感同样可以得到升华。

还如,我们理工类专业的学习,都必不可少的有科学实验的学习与训练。而科学实验能力的培养要凸显科学探究的七个要素,即提出问题、猜想与假设、制订计划与设计实验、进行实验与收集证据、分析与论证、评估、交流与合作。同学们在进实验室前不妨用:"try——试一试"和"yes,I can——是的,我能够"激励自己,先思考一下:"我是带着什么问题进实验室的?""我对要解决的问题的方式和答案有怎样的假设和预测?""我将怎样尝试选择实验方法及所需要的装置与器材?""怎样用多种方法去收集数据?""怎样分析处理数据,才能更好地对实验结果进行解释和描述?""在合作做实验的过程中,如何分工,并注意既坚持原则又尊重他人?"当我们每个人都认真思考上述问题,并努力尝试逐一践行,我们一定能体会在科学实验课中凸显科学探究的乐趣。而通过自我激励和相互激励,我们在科学实验课中凸显科学探究过程的行为,会使我们热爱科学的情感得到升华。

二、激励自己求真求实的科学态度

科学在于求真,技术在于务实;而科学技术的研究最讲究的就是实事求是的态度。

在科学技术研究中的"求真"包括以下三种表现:

(1)具有为探求规律、追求真理而学习和生活的志向,甚至不惜为科学技术研究而献身,把追求真理放在第一位,把由此而带来的荣誉地位及物质待遇放在第二位的无私品格。

(2)具有多问的习惯,即具有对各种现象善于质疑和对问题敏感的素质。

(3)具有善于群体攻关,相互协作的团队精神。

在科学技术研究中的"求真"还包括两个显著的态度:

(1)把实践作为检验真理的唯一标准。

（2）主张任何科学发现都是社会协作的产物，其成果应被分配给社会的全体成员共享。

通过自我激励和相互激励，可以培养我们求真求实的科学态度。

比如，心想："虽然我基础差，反应不如别人灵活，但我笨鸟先飞，勤能补拙，一定能学好……"有这种信念的人，绝不会去抄别人的作业，图一时轻松；相反，他会针对自己的失误，虚心向别人请教，并自觉在作业上进行纠错。

又如，进实验室做实验，同组的同学互相鼓励："我们各自发挥自己的特长，共同努力，一定能把这个实验做好！"他们一定不会去拼凑数据、弄虚作假，放过实验过程可能出现的各种意外情况；相反，他们会严格按照实验规程步骤操作，认真收集记录数据，认真分析实验现象和实验结果……

再如，理工学科学生很可能要求深入实地进行社会调查或实习。其中需要实事求是地搜集资料、了解情况；需要团结合作，共同克服各种困难。如果我们互相鼓励："只要我们到现场去多看、多听、多问，一定能出色完成这次调查任务！"我们就能够避免调查中出现的主观片面性的错误；如果我们互相鼓励："只要我们能虚心向实习基地的老师傅请教，没有克服不了的困难！"我们就能充分利用实习的机会，学到许多书本上学不到的知识。

还如，理工类学校的专业课，会有一些围绕某课题的研究性学习。即让同学们自己依据专业知识，从自然、社会和生活中选择和确定课题进行研究，并在研究过程中主动获取知识、应用知识、解决问题。这里有个人面对各种现象发现问题的独立思考，更有发挥团队合作精神的小组讨论。如果我们每个人都自我激励："只要我仔细留心周围的环境，我能发现其中值得研究的问题！"如果我们同一课题组的同学互相激励："你有你的优势，我有我的长处，只要拧成一股绳，相互协作好，这个课题能完成！"我们每个人都会在研究性学习的过程中有一种成功的体验，同时，通过认真的交流和激烈的讨论，能把研究性学习活动开展得热烈而富有成果。

三、激励自己具备为社会尽责做贡献的价值观

价值观常指人对社会的价值评价。就个人与社会的关系而言，人的价值有两个方面的含义：第一，意味着一个人在社会生活中的地位，社会对个人的尊重和满足，因而要关心人、尊重人，充分发挥人的自由和自觉的创造能力；第二，意味着一个人的生活和社会活动对于社会的意义，即个人对社会的责任和贡献，因而要提倡个人为社会和集体事业的献身精神。以上二者是辩证统一的。评价一个人的价值，不仅在于他的存在和需要是否从社会得到承认和满足，更重要的是在于他为社会、为他人尽了什么责任，做了什么贡献。"

笔者认为，价值观还应包括我们对某项科技成果的评价。例如，一种理论，

只有科学化以后,才具有生命力。所谓科学化,它包括能用重复的科学实验或实践所证实,能用精确的数学语言,或严密的逻辑推理加以描述,能把该理论应用于实践、转化成生产力等。一项新技术,只有造福社会而不是祸害社会,才是值得大力推广的技术……这就是对科技成果价值方面的评价,这也是我们从事科学技术学习与研究的人所持的一种价值观。

通过自我激励和相互激励,我们能努力培养自己具备为社会尽责做贡献的价值观。

从大的方面讲,我们留意自己所学的专业知识与技能,在将来建设祖国过程中所发挥的作用;我们经常聚在一起,畅谈未来在走上工作岗位时,怎样互相联系、彼此合作,争取在专业领域里做出成绩来,以回报祖国和亲人!这种专业领域里的成绩,可以是一些有创见科学论文、一些专业技术方面的专利,甚至是科学理论的新发现、技术层面的新发明……当我们彼此交流时多围绕将来为社会尽责做贡献,我们是在自我激励和相互激励,是在提升自己的价值观。

理工学科的学习,会遇到一些专业课程,里边有许多数学推导和计算,当我们意识到:"正因为这些复杂但十分严谨的数学推导和计算,才使这些专业课程精确且更具说服力和实用性!"并告诫自己:"我努力,我能够把其中数理逻辑的内容弄懂!"有了上述的自我激励和相互激励,自然会克服学习中的许多困难,做到学以致用、受益匪浅!

理工学科的专业学习,还可能就某项新成果展开各种讨论。当我们围绕下列问题去思考:此项成果还有哪些待完善的地方?它的普及推广除了让受众获益,会不会存在某种隐患,以致让不法分子利用其去祸害社会?……这种思考,是让同学们始终保持警惕:深刻认识科学技术结合的产物,可能是一把双刃剑!我们的责任是尽量避免其祸害社会的事情发生!

上述两件学习中可能遇到的事,同样说明,我们通过激励,能够提升自己的价值观。

显然,我们通过激励而培养起来的健康良好的情感、求真求实的科学态度、为社会尽责做贡献的价值观,就能促使自己对科学始终保持强烈的好奇心和求知欲,不迷信书本和权威,敢想、敢干、敢怀疑,有进取心,且善于与人合作,对价值有所理解……这正是当今时代所需要的积极向上的创新品格。

第三节 审美

美是人这个主体和审美对象这个客体之间的一种关系。当审美对象能够引起人们的兴趣、喜悦或精神上的满足时,那就是美。而研究现实中的美好事物,以及人对世界的审美特点和按照美的规律进行创造性活动的学问就是美学。美学不仅在社会科学领域大有用武之地，而且向自然科学领域渗透，产生了科学美的概念，产生了美学方法。

一、实用美、形式美和形象美

现实生活中存在着实用美、形式美和形象美，这三种美常常混在一起。以一件衣服为例：它穿起来让人感到舒适暖和，所体现的是"实用美"；它的颜色和式样美观大方，所体现的是"形式美"；穿上它的人更显得有气质，所体现的是"形象美"。

在一定条件下，作为客观的刺激物，引起审美主体在生理、心理上有愉悦情感的反应，这就是实用美。它体现着一种物质功利关系。东西必须实用（比如一件衣服，要求既能穿又好穿；一种工具，要求既能用又好用），不实用不能充当客体的刺激物，这是不言而喻的。与此同时，主体的生理机能必须正常，不正常就不能出现愉悦情感的反应。还有，任何刺激与反应，都必须在一定的环境（条件）中才能实现。例如，漂亮的衣服，在污秽的环境里穿上，也很难让人欣赏。实用、生理—心理和环境成了实用美的三个要素，三者缺一不可，它们辩证统一的关系构成了实用美的基础。

事物表现的形式（如形体、颜色、音响等），在一定条件下，作为客体的刺激信号，引起主体生理—心理上的愉悦情感的反应，这就是形式美。形式美既满足人的物质需要，也满足人的精神需要。美不能脱离环境，而且要与"物性"相符；还要求人对外界物的形式要有内在的生理、心理的感应性，不能超出人的感觉能力的阈限；形式美的鉴赏与人的社会经历、文化修养、审美实践有关。所以说：形式美由环境、物性、生理—心理三要素构成，三者辩证统一，破坏了这种统一，就失去了形式美。

人的形象作为客体的刺激物，引起主体心理上的爱慕、敬佩的情感反应，这就是形象美。它体现着主客体之间（即人与人之间）的一种精神功利的关系。形象美决定于环境，即时间、地点，以及人与物、人与人之间的关系。形象美也决定于表现，即人的言语、行动、态度、表情、姿势、仪表、风度等。形象美还决定于心灵，即思想、意识、精神、品质、情操、性格、气节、情感等。例如：我国派出去支援非洲的医疗队，在索马里（环境）不顾遭受感染的危险，前往传染病最严重的灾区抢救病人（表现），显示了无私无畏的国际主义精神（心灵），中国医疗队的光辉形象，永远留在索马里人民的记忆中。可见，环境、表现、心灵是形象美的三要素，三者的辩证统一是形象美变化发展的基本规律。

二、科学美

与美学联系得最早的要算数学。因为数学本身就具有一种深刻的形式美和逻辑美的魅力,当它和美好事物联系在一起时,尤其是这样。

很早以前,我们的前辈就懂得:利用数字与文学语言结合使诗歌达到一种引人入胜的境界。

例如,李白的"朝辞白帝彩云间,千里江陵一日还,两岸猿声啼不住,轻舟已过万重山",是公认的长江漂流的名篇,如一幅轻快飘逸的画卷。他的"飞流直下三千尺,疑是银河落九天"等诗句,借助数字达到了高度的艺术夸张。杜甫的"两个黄鹂鸣翠柳,一行白鹭上青天,窗含西岭千秋雪,门泊东吴万里船",同样是脍炙人口的名篇,其中数字深化了时空意境;他还有"双皮溜雨四十围,黛色参天二千尺","青松恨不高千尺,恶竹应须斩万竿"等诗句,借助数字表现出强烈的夸张和爱憎。柳宗元的"千山鸟飞绝,万径人踪灭,孤舟蓑笠翁,独钓寒江雪",数字具有尖锐的对比和衬托作用,令人为此悚然。他的"一身去国六千里,万死报荒十二年"和韩愈的"一封朝奏九重天,夕贬潮阳路八千"一样,抒发迁客的失意之情,产生惊心动魄的效果。岳飞的"三十功名尘与土,八千里路云和月",陆游的"三万里河东入海,五千仞岳上摩天",同样是壮怀激烈……

随着自然科学的发展,数学渗透于其中,也把深邃的数学美带入其中。

事实上,客观世界中,存在着各种成比例、有组织、有秩序、有结构、对称、简洁、和谐与多样统一的景象。当客观世界的上述特点被表现在自然科学乃至社会科学的理论体系、科学概念、数学方程的结构和系统中,表现在逻辑结构的合理匀称和丰富多彩的相互联系上,就能够激发起人们的兴趣、喜悦和精神上的满足,激发起巨大的创造性热情。这种科学领域内若干内在的本质规律,逻辑上给人以圆满、协调、自洽的感受,形式上给人以对称、比例、和谐与多样统一的感受,所体现出来的美,就是科学美。

科学美有如下特点:

第一,科学的事实(实验、现象、过程等)、规律和理论符合圆满、协调、自洽的逻辑美和对称、比例、和谐与多样统一等形式美的规律。

第二,科学规律是客观世界正确的反映,是真和美的统一。

第三,科学美是在人们探索自然和社会的奥秘,改造自然和社会环境的实践活动中,才会被感受、理解和评价。

第四,科学的形象既有具体的直观性,又有抽象的概括性,是经过思维加工的概念化形象,如函数图像、几何图像、理想模型是集中客观事物中最本质特征的被转换了的形象,理解其内涵,会激起人心理的某种共鸣、赞叹,同样具有愉悦人身心的作用。

三、技术美

"技术美"这个专有名词最初源于大工业时代后期，在产品生产中，把实用的要求和审美的要求统一起来而采用的，后来发展到从对工业产品的审美设计到对人的活动的设计，以及对人的生存环境的设计等内容。用一句话概括，技术美包含有工业美学、劳动美学、商品美学、建筑美学、设计美学等内容。其中，技术美的核心是审美设计（迪扎因）。

迪扎因（design）原意为设计、制图、构想、计划等。在技术美学中，迪扎因被赋予更为广泛的含义，它被看成是一种实践的形态、一种文化的形态。人们利用工业技术手段按照功能和审美的要求设计和生产实物产品。这是技术设计活动，同时又是一种新的审美活动。1984年，苏联著名美学家奥符相尼柯夫主编的《简明美学辞典》中对"迪扎因"做如下诠释："迪扎因是一种创造性活动（包括这种活动的产品），它的目的是要形成和调整对象——空间环境，在这个过程中使其职能的方法和审美的方面达到统一。"说得直接一点儿，"迪扎因"就是力图用美的规律来营造人的生活环境（包括劳动环境和劳动产品）。

归纳起来，技术美有如下特点：

第一，技术美与劳动者的环境密切相关。研究表明：在同样的条件下，如果将环境按照美学原则加以科学的改造，就可以发现，不仅劳动产品的质量会有所提高，废次品会大量减少，而且产量还能较大幅度地增加。

第二，技术美不仅强调产品的实用功能，而且强调产品的审美功能和文化功能。比如，衣料，不仅考虑其保暖、透气、易洗、防火等方面的性能，还须考虑其舒适、美观、装饰、流行等方面的性能。因此，现代生产质量观念不仅强调产品的使用性能、可靠性和寿命等，也强调产品包括包装在内的造型、图案、色彩等，使产品真正达到实用和美观高度结合的水准。

四、理工学科学生能理解的科学美和技术美的"四性"

让我们举例来说明理工学科学生能理解的科学美和技术美的"四性"。

1. 简单性

数学中，圆周长与圆直径之比为常数；物理学中电子的波动性与微粒性之比是精细结构常数；化学中在温度、压强恒定下，其溶质的量对应溶液量之比是一个常量……呈比例关系，简洁而明了。平面几何中的点、直线；力学中的速度、力；无机化学中的化学方程等，同样有简明的形式表达。

在技术设计方面，我们不难发现：一些机械设备其实是由一些杠杆、斜面、齿轮、轴承等极简单的零部件组成的；一些电器其实就是电阻、电容、电感线圈等简单的元件的组合……可见，表面上看起来复杂的现象，一旦理出头绪，却显得异常简单，从而会唤起理性上的美感。

2. 对称性

形体的对称性，在自然界中处处可见。树叶以其主叶脉为对称轴，花瓣的分布各向均匀；蜂巢、蛛网呈正多边形；人和动物左右对称……生物学常以这些对称性体现自然界的美。

几何图形关于点、线、面的对称；二项式展开的系数的对称；三角形中恒等式、不等式的对称；乃至一定条件下，一个关于极大值的命题与相应的一个关于极小值的命题的对称……数学常以这些对称性来体现数学理论的美。

研究物理对象的空间对称、时间对称、时空对称、内部对称，并力图用对称性的方程组、对称性的理论来阐释物理现象……物理学也常以对称性来体现物理理论的美。

研究物质结构中的化学键，找分子链式结构的对称性；依对称性设想各种有机化合物的结构简式……化学也呈现出许多对称的美。

在技术设计上的许多产品，我们不难发现，它们或者呈轴对称、镜面对称或其他形式的对称。正是其对称性给人一种均衡、和谐的美感。同时，许多知名企业的形象LOGO也运用了对称的设计，很容易引起人们注意并被记住，如图8-2所示。

图8-2　企业形象LOGO图

这几个标志从左到右依次是：奥迪、奔驰、麦当劳，在我们的生活中经常会看到。可见，对称性设计在日常生活中是被广泛采用的。

3. 统一性

科学美的统一性，是指科学体系中部分与部分、部分与整体之间的和谐一致。

以科学体系中部分与部分的和谐统一为例：

理工各学科理论中常出现的彼此对立的概念：吸热与放热、间断与连续、常驻与变动、平衡与非平衡、正与负、抗与顺、膨胀与收缩、吸收与辐射、吸引与排斥、内与外、相对与绝对等，这些概念往往在同一问题中出现，它们相辅相成，彼此以对方存在为自身存在的前提，而且在一定条件下互相转化，并存在于矛盾的统一体中。

就科学体系中部分与整体之间和谐统一而言，仅以数学和物理学为例。

数与形本是数学研究的两个独立的对象，对它们的研究，分别构成了代数与几何。然而通过坐标系的建立，使点与数建立了对应，从而把代数研究的对象与几何研究的对象——方程与曲线联系起来，实现了统一。

尽管各种物理现象和过程千差万别，但本质上却可以归结为为数不多的若干概念和原理，这使物理学的理论体系呈现了高度的和谐与多样统一。比如，牛顿定律在宏观低速的物理世界里，将各种力学现象和过程组成一个秩序井然的集体；麦克斯韦理论使复杂的电磁现象规律建立起一个和谐、圆满的家庭；量子论使行踪飘忽的微观粒子眉目清晰，而量子规律在极限情况下回到经典理论……可见，物理理论在其多样性的展开中充分显示了其深邃、内涵的和谐与多样统一。

在技术设计中，我们不难发现：那些考虑产品与受众需求及环境协调、匹配的东西，销路特别好。比如某社区的房屋，由于考虑不同用户的需求，其内部设计有不同的样式，而周边环境的绿化、配套服务设施等也都满足不同用户的需求，使用户既感受到住房的舒适、实用，也感受到环境的美，这正体现了建筑设计中的多样统一。可见，和谐与多样统一同样能激起人的美感。

4. 奇异性

奇异性是指结论的新颖奇巧、出乎意料，往往引起思想上的震动。

比如数学，最初人们有了自然数、有理数，认为这些数足以表达一切量，除此之外，再无别的数。不可通约量——无理数的发现，引起了人们极大的恐慌，后人称之为第一次数学危机。而无理数的出现所表现出新颖奇巧、出乎意料，特别是它把数的概念拓展到实数范围，解决了原先未能解决的疑难问题。（例如，两直角边的边长为1个长度单位的直角三角形，它的斜边的准确值究竟为多少？）人们才意识到无理数是数学史上一个伟大的发现。

又如物理学，对微观粒子运动的测量，依经典物理的观点，其位置坐标和动量可同时测准，而依量子物理的观点，微观粒子的位置和动量不能同时测准，即该粒子的位置坐标一定，其动量在一个范围内不一定，反之亦然。粒子的能量和时间的同时测量，同样也如此，这是量子物理中的"测不准关系"。这个发现出乎意料，以至引起了物理学界乃至数学界、哲学界长期的争论。然而它是量子物理中的一个基本出发点，依据这一关系，人们建立了相空间和相格的概念，从而在理论上推出量子物理的一些统计规律，而正是这些规律的揭示把物理学研究引向深入……

在许多工业产品的设计中，我们不难发现：某个产品由于其形状、色彩、材质或某项功能与同类的其他产品不同，而获得许多用户的青睐。这种新颖、奇特、与众不同的设计就体现出技术上的奇异美。

可见，科学理论中的奇异性，往往孕育着新的伟大发现的可能性；工业产品的奇异设计，往往孕育着新的技术发明的可能性。也因此，人们欣赏它的奇异,关注它的积极影响,同时,也为它的奇异而激发出美感。

五、美学方法举例

我们面对的世界,存在着自然的或人工创造出来的各种成比例、有秩序、对称、简洁、和谐的事物,总能激发人的美感,具有愉悦人身心的作用,这是美的一个基本规律。人们按照美的规律来认识和改造世界,这就是美学方法。限于篇幅,我们仅以两个简单实例来说明。

[例1]

关于"黄金分割"以及"0.618优选法"

比例给人一种和谐的美感,莫过于"黄金分割"。

"黄金分割"源于把一线段分为两段,使其中一部分与全长之比等于另一部分与这部分之比。如果,我们设这一全线段是在数轴上的区间 [0,1],分点坐标为 x,则有 $1:x = x:(1-x)$,解得:$x = \frac{1}{2}(-1 \pm \sqrt{5})$,取正值约为 0.6180339,其分数近似值可近似取 3/5,5/8,8/13……呈比例的东西,总给人以和谐、恰到好处的美感,便有人称之为"黄金分割"。

人类在很早之前,从直观上就了解黄金分割的"恰到好处",如埃及的金字塔,其高为137m,底边长为227m,二者之比为0.629;古希腊的巴特农神殿,塔高与工作厅高之比为340:553,约等于0.615,都接近于黄金分割。

20世纪60年代,我国著名数学家华罗庚和他的助手们,将"黄金分割"应用于生产实践,取得令人瞩目的成果,被誉为"0.618优选法"。

为了达到一定的目标,人们经常是通过物理、化学、生物、计算机或生产中的实物试验,寻找与目标有关的一些因素的最优值。华罗庚等人的思路是:先确定试验范围,然后在试验范围的0.618处(把试验范围看作0~1区间,此后也如此)做第一点试验,又在其对称点0.382处做第二点试验,比较两点试验结果,留下"好"点所在范围,去掉"坏"点以外部分,即每次保留的部分是前次长的0.618倍。以后反复运用对称点方式,在留下的部分继续取"好"点的对称点进行试验、比较、取舍,逐步缩小试验范围,直至找出满意的结果为止。在试验范围内仅有一个最佳点,取比该点值再大些或再小些来试验效果都差。而且距最佳点越近,试验效果就越好。如何选择这一点的问题,就可用"0.618优选法"。

[例2]

关于机器制造的有关美学质量的检验问题

为了设计师便于判断所设计的产品的美学水平,苏联的巴格达诺维奇等人在他们所著的《机器制造中的艺术设计》一书中,拟定了一组对机器制造的有关美学质量的检验问题：

（1）在设计机器的形状时，是否考虑到工业造型风格的发展？是否考虑到对机器造型现代化水平的要求？是否考虑到机器造型的过时年限？

（2）机器构型的配置中有机联系感如何？

（3）机器的外形是否均衡、稳固，特别要注意从经常观察的角度上看是否符合要求？

（4）机器表面装置的各种元件的数量是否太多？某些元件超出机器表面是否过长？

（5）机器各部分形状与其制造材料及材料工艺是否符合？在工作时与结构中出现的条件是否相符合？造型的结构层次感如何？

（6）机器的外形是否显得很匀称？协调的结构形状是否与机器的结构特点相吻合？

（7）着色方案是否与设备外形的配置结构相符合？该颜色是否能突出机器的配置特点？

（8）外形各部分之间相互过渡的形状是否合理？各部分之间的形状是否协调一致？

（9）喷涂的多色性是否会破坏机器外形的整体性？机器表面颜色的分区是否与机器外形的划分相矛盾？

（10）从工作位置看，机器外形是否沉静、简单？看上去机器是否显得过于笨重或太轻？

（11）机器的形状能否反映出它的功能及其各部分的使用方法？

（12）机器的形状能否反映出它的主要功能范围？

（13）机器外形的划分是否会破坏其稳定感？

（14）着色方案是否与机器的使用条件及功能吻合？是否考虑到在机器使用过程中工作地点受到污染的条件？

（15）所有的操纵机构是否具有同一风格？操纵机构的形状风格是否与机器的外形协调一致？

（16）在拟定的照明条件下是否能看清机器的形状？

（17）是否准备把机器协调地标记在应当安装它的车间内部的布局图上？

（18）机器外形上采用的装饰件是否恰当？在机器的配置中故意地加许多装饰性的盖板、护罩、商标是否太过分？

（19）机器表面安装的小型零件及装饰件是否显得杂乱？它们之间是否具有结构配置上的联系？

（20）是否考虑到了机器的制造工艺问题？特别是外部造型件的制造工艺，能否达到预想的配置精度？

(21) 外形各部分是否有易于藏污纳垢的间隙、凹坑、接缝？

(22) 连接件的加工是否良好？外表上的零件是否过多？可否按颜色将它们区分开来？

(23) 通气孔的形状、密度及尺寸是否与机器的形状和大小相适应？

(24) 机器的表面是否太粗糙或太光滑？

(25) 在机器的使用中，涂盖层能否经受住机械的、化学的或其他方面的损伤作用？能否保住饰物材料的强度及涂盖层的彩色？

(26) 漂亮的零件（抛光件、镀铬件等）是否过多？

(27) 商标的形状、颜色及图案是否完美？其布置是否符合规定的要求？商标是否标记入机器的构图中？

由上述27个问题，我们不难看出，仅机器设计方面的美学标准的内容就如此丰富，它是基于使用机器的人的审美心理、爱好和习惯去思考问题的。

同样，我们生活的环境，吃的穿的用的物品，只有符合大众的审美心理、审美趣味和时代的审美潮流，才会受欢迎。

六、理工学科学生接受审美教育的重要意义

我们认为，在理工类专业的科学理论及技术设计课程中渗透科学美和技术美方面的教学内容，让学生联系自己专业的学习，培养起对科学美和技术美的发现、鉴赏，进而进行创造的能力，这是一种应当大力提倡的针对性强的审美教育。

在理工学科学生中开展审美教育的必要性有如下几个方面：

1. 审美教育是培养创新人才的需要

科学技术许多重大发现和发明都来自对美的追求，美既是前辈们创新的起源，也是前辈们创新的目标。比如：物理学家狄拉克因为坚信物质的对称性而大胆预言：存在与电子在电荷和宇称上对称的带正电荷的正电子。后来的科学实验证实了他的预言。又如，原先的电磁学研究中，诸如电容器充放电这种非稳恒情况下，安培环路定理不再适用了，电和磁之间的对称、和谐、统一的关系被破坏了，而物理学家麦克斯韦引入"位移电流"后，不但推广了安培环路定理，而且电与磁之间的和谐统一关系在非稳恒的新条件下，又重新被确认。

大量科学史实告诉我们：克服科学原理中某些美学因素的不和谐，往往导致科学领域的新发现。

在技术领域，同样有许多鲜活的例子。比如，美国苹果公司的工程技术人员，他们将产品设计建立在能与人产生共鸣的设计语言上，不断引入新材料、新操作界面、新工艺等创新手法，从而引领了时代潮流，创造了一个又一个的销售神话，并实实在在地影响和改变了人们的生活。这种对产品的技术美不断

追求、不断超越的行为，反过来也促进了人们在其他技术领域的创新。

可见，通过审美教育，理工学科学生具备了对科学美和技术美的发现、鉴赏能力，也可以进一步激发和强化他们的创新冲动。当他们能从美的角度去审视自己的专业学习与研究，他们的创新能力也就获得了提升。

2. 审美教育是提升人思想品格的需要

当今世界有三个问题十分突出：

首先，是人的物质生活与精神生活的失衡。人们重视技术、经济、贸易、利润、金钱，而不重视文化、道德、审美，不重视人的精神生活……有的青少年不知道怎么做人，也不知道人生的意义和价值在什么地方。

其次，是人的内心生活的失衡。科学技术的进步，给人类带来巨大的财富和利益，同时也给人类带来深刻的危机和隐患，一切都符号化、程序化了。人的全面发展受到肢解和扼制，个体和谐人格的发育成长受到严重的挑战，功利性成为多数人的轴心，每个人的生活极度紧张，同时又异常单调、乏味，生活失去了任何诗意。

最后，是人与自然的关系的失衡。人为了追求自己的功利目标和物质享受，利用高科技无限度地向自然索取，不顾一切、不计后果，结果是随着人类征服自然，进而不断破坏自然，自然界固有的节奏开始混乱，人与自然的分裂越来越严重，已经发展到有可能从根本上危及人类生存的地步。

正如北京大学的叶朗教授所说："美育是人文教育，它引导受教育者追求人性的完满，追求精神的自由、精神的享受，因而在各级院校及全社会普遍实施美育，对于不断膨胀的工具理性、精神焦虑与市场拜物，是一种人文的疗治和补缺，对于重建人的物质生活和精神生活的平衡、重建人的内心生活的平衡、重建人与自然的平衡，都将有重要的意义。"

可见，通过审美教育，理工学科学生能够从精神世界上受到美的陶冶，当他们能从美的角度审视周围的环境，努力通过自己的行动去营造一种美的氛围，努力重建上述的三种平衡时，他们的思想品格将得到一种升华。

总之，审美教育对于理工学科学生创新素质的培养起到举足轻重的作用，是培养学生创新能力的重要切入点之一。培养学生发现美、欣赏美的能力，塑造正确的科学美、技术美观念，提高创新素质，具有重要而深远的意义。

思考与练习

1. 在本章列举的激励策略中，你最感兴趣的是哪一种或哪几种策略？说说你对这一问题的思考，最好能联系自身的体会来发表自己的观点。

2. 联系自己的专业学习，谈谈你是怎样根据需要而产生对某门功课的学习兴趣的。

3. 为什么说激励与铸造人的创新品格有关？试从人的情感、态度与价值观的提升角度举例说明。

4. 查询相关资料，给技术美一个简洁的界定，并写下读书笔记。

5. 联系自己的专业学习，思考科学美、技术美的各种因素，举例说明哪些内容蕴含有丰富的美的表现，进而自我评价或相互评价一下我们在发现美、鉴赏美方面的能力。

6. 试结合专业的生产实习等实践活动，尝试运用"0.618优选法"进行试验，找出与目标有关的一些因素的最优值来。

7. 结合本章简介的"对机器制造的有关美学质量的检验"，思考一下你能接触到的机器设备，它们用审美的角度去衡量，有哪些优点和缺点？如果由你来重新设计，将从哪些方面加以改进？

8. 如果某儿童玩具厂决定研制5～6岁阶段的某种儿童玩具，请你去参加设计，你将从哪些方面着手去分析需要和把握激励？比如健康、环保、开发智力、便于携带、适合对象操作等，尽可能多地从家长和儿童的角度去思考。你又将从哪些方面满足顾客对审美的要求？比如外形、颜色、配乐或其他。同样是换位思考。

9. 试从分析需要、把握激励以及审美的角度去审视你现在住的宿舍，应当怎样布置，才能使自己待在里面也能保持一种好心情？

10. 认真观察一下你所在的学校校园或者居住的社区，试从分析需要、把握激励以及审美的角度分析其中的不足，并向相关管理者提出合理化建议。

第九章
>>>>>> 创新技法

创新技法又称创造发明原理，它是科学家、工程师们有新发现、新发明前的一些新思路、新做法。本章将收集到的一些新思路、新做法归纳为几个重要的创新技法。

第一节 综合与组合

综合创新，不是将研究对象的各个构成要素进行简单的叠加或初级的组合，而是在分析各个构成要素基本性质的基础上，综合其可取的部分，使综合后所形成的整体具有优化的特点和创新的特征。可见正确的综合可以导致有效的创造。

组合创新则是将两种或两种以上的学说、技术、产品的一部分或全部进行适当叠加和组合，从而形成新学说、新技术、新产品的一种创新思路。

综合技法主要用于科学理论的创新，组合技法主要用于工程技术的创新。

一、综合创新推动科学理论的发展

让我们重温科技史上，人类实现自然科学的几次大综合的情况：

18 世纪初，牛顿对天文学、力学、光学、数学等进行一番卓有成效的研究，发表专著《自然哲学的数学原理》，把地上的物体与天体都统一在物体机械运动的科学里，并利用微积分解决动力学的一系列问题，用数学形式概括表述力学三大基本定律和万有引力定律，创立了经典力学体系，从而实现了自然科学的第一次大综合。

19 世纪初，焦耳、亥姆霍兹等人发现能量守恒和转换定律，揭示了热、电、机械、化学等各种运动形式之间的统一性，并指出它们之间可以转换的辩证关系。麦克斯韦在此基础上，于 19 世纪 70 年代，巧妙地运用一组偏微分方程，简明概括了经典电磁理论的全部定律，揭示了自然界中光、电、磁的本质统一性，从而完成了科学史上人类认识自然的又一次理论大综合。

在上述的综合创新中，数学扮演着重要的角色。难怪有人说："自然科学每前进一步，都需要数学的支持。"

为了帮助同学们理解综合在理论创新中的价值，我们再举耗散结构论的产生过程：

20世纪50年代，比利时物理化学家普利高津在研究物理学中系统的有序变化时，有意将其与生物学的进化论联系起来。他指出：生命过程与物理过程有着同一的自然基础，所不同的是：生命过程遵循适合于特殊的非线性的相互作用和远离平衡态的物理学定律。正是这种非平衡的性质，导致外界的能量流和物质流去建立和维持生命的功能和结构有序。这种非平衡状态下，通过系统与外界进行物质和能量交换而形成（或维持）的、新的、稳定的、充满活力的结构，普利高津把它称为耗散结构。而耗散结构论就是一门研究耗散结构的性质、稳定和演变的科学。由此可知，耗散结构论这门新兴学科的生长点，也是物理、化学和生物科学的交叉空白处。

耗散结构论依热力学原理，把各种宏观系统区分为孤立系（与外界环境既无物质交换又无能量交换的系统）、封闭系（与外界环境有能量交换，但没有物质交换的系统）和开放系（与外界环境既有能量交换又有物质交换的系统）。普利高津分别讨论了这三种系统在什么条件下可能从无序变为有序，又在怎样的情况下可能形成耗散结构。他认为，一个远离平衡态的开放系统，通过不断地与外界进行物质和能量交换，克服混乱，维持稳定，当外界条件的变化达到一定的阈值时，系统就会通过涨落而发生突变，由原来的无序状态变为一种在时间、空间或功能上有序的耗散结构。

因为生物细胞、生物体以至人类社会等，都是规模大小不同、复杂程度不等的开放系统，实际上都与周围环境有相互依存、相互作用的关系；无论是有生命的或无生命的各种系统，都可以视为开放系统，都可作为耗散结构论的研究对象，所以，该理论涉及范围之广，是科学史上罕见的。无论数学、物理、化学、生物学、地学、天文学，以及环境、医学、农业、工程技术，还是社会、经济、文化、历史、管理等领域，既涉及了这些领域的知识，又可把研究成果广泛地应用于这些领域。

事实上，科学家在从事科学研究的过程中，利用综合创新是有传统的。比如，爱因斯坦综合了万有引力理论与狭义相对论，建立起广义相对论，这是综合已有的科学原理，创造出新的科学原理；门捷列夫从已发现的化学元素的性质规律去推测未发现的化学元素，构建元素周期律，这是综合已有的事实规律，可以发现新的事实规律；数学家们将几何方法和代数方法进行综合，创立新的解析几何学，这是综合已有的科学方法，创造新的科学方法……可见，科学理论的正确综合能导致新发现、新理论的诞生。

二、组合创新使新技术新产品不断涌现

对组合创新进行归类，有人认为有：

（1）主体附加：在原有技术思想上补充新的内容，在原有物质产品中增添新的附件，从而使新得到的物品性能更好、功能更强。如照相机加闪光灯、录像机加遥控器等——原有的照相机、录像机是主体，闪光灯、遥控器是补充和完善主体作用的附加物。

（2）异类组合：将两个或两个以上科学领域中的技术思想或物质产品组合在一起，使之带有不同的技术特点和风格。如日历式笔架、闹钟式收音机等，日历—笔架、闹钟—收音机，其组合元素来自不同领域，无所谓主、次，参与组合的对象能从意义、原理、构造、成分、功能等任何一个方面或多方面进行渗透，从而使整体发生深刻变化，产生出新的设计思想和新的产品。

（3）同类组合：将两种或两种以上相同或相近的实物组合在一起，通过数量的变化来弥补功能上的不足或得到新的功能。如组合插座、组合半径规等。以组合插座为例，参与组合的都是单联插座，其性质、结构彼此相同，由于组合后，可以满足多个并联用电器同时使用，从而成为新产品。

（4）重新组合：在事物的不同层面上分解原来的组合，然后再以新的思路重新组合，以改变事物各组成部分之间的相互关系，从而产生新技术新产品。比如原先的螺旋桨飞机，螺旋桨是装在机首，两翼从机体伸出，稳定翼设在机尾。美国飞行设计师卡里洛·卡图按照空气动力学原理，分析各部件的功能和相互关系，将飞机各部件重新组合：把稳定翼放在机首，把螺旋桨放在机尾，制造了头尾倒换的飞机。重组后的螺旋桨飞机具有尖端悬浮系统及更合理的流线型机身，因而减少了空气阻力，提高了飞行高度、排除了失速和旋冲的可能性，增强了飞机的安全性。

人们在组合创新思路的基础上，又产生合并、多用性、套装等创新思路，它们本质上仍属于组合。

（1）合并。包括空间上和时间上的两类合并：

1）在空间上将相似的物体连在一起，使其完成并行的操作，如网络中的个人计算机、安装在电路板两面的电路、双板散热器等；还有将具有相关产品的企业公司合并、将相关的不同功能的场所合并成多功能厅等。

2）在时间上合并相似或相连的操作，如同时分析多个血液参数的医疗诊断仪、具有保护根部功能的草坪割草机、多媒体演示设备、混水阀、预制配件等；还有燃气、光缆、电缆等的协同定位服务，最大限度地减少地下管网的施工工作量、其他在时间上可能并行的设计等。

（2）多用性。多用性的创新思路也有两类：

1）使一个物体能完成多项功能，可以减少原设计中完成这些功能的多个物体的数量，如装有牙膏的牙刷柄，能用作婴儿车的儿童安全座椅，同时具有透明、透热、透气功能的窗户，既能隔热又能提供水并使水沿管路流动的屋顶水箱等；还有设置能提供银行保险服务，电水气营销结算，报纸及各种日用品销售的超市，建立快速反应部队等。

2）利用标准的特性。如商品安全标准采用国际或国家标准，采用具有标准尺寸的空心砖，在螺钉、螺母等零部件上采用标准件等；还有采用STEP[⊖]标准。

(3) 套装。套装的创新思路同样分两种：

1）将一个物体放在第二个物体中，将第二个物体放在第三个物体中，可依次进行。如让内罐装黏度较高的油，外罐装黏度较低的油的套装式油罐，大仓库中有小仓库，儿童玩具不倒翁（俄罗斯套娃之类的玩具），在三维结构中设置空腔，地板内部沟槽式加热设施，在墙内或地板内设置电缆或保险箱之类的东西等；还有，公司管理培训中将知识分成——基本知识、诀窍、过程管理和战略眼光四级，作为"套餐"，让被培训者学习等。

2）使一个物体穿过另一物体的空腔。如收音机伸缩式天线，伸缩液压缸，伸缩式钓鱼竿，汽车安全带卷收器，推拉门，音乐厅观众席内可回收式座椅，带有空气加热系统的商场出入口循环空间，可回收楼梯等。

总之，大量科学发现和技术发明的成果充分证明，综合创新和组合创新是值得我们认真学习的创新思路。

第二节　分离与还原

分离创新，是把某一对象进行科学的分离和拆卸，使主要问题从复杂现象中暴露出来，从而理清思路，便于抓住主要矛盾，想出解决问题的办法。

还原创新则是依据技术的发明创造，总有其创造的起点和原点。原点，即技术创造的目的；起点，即技术创造的手段。原点具有唯一性，而起点则可以很多。研究已有事物的创造起点，并追根溯源找其创造原点，并从原点出发，去寻找各种解决问题的途径，用新的思想、方法或新的技术重新创造该事物，从本质上去解决问题。

一、分离

就分离创新，我们先分析科学理论向纵深发展，形成若干分支学科，这种高度分化的实质就是分离创新；再通过一些工程技术方面的新工艺、新产品举

⊖ Standard for the Exchange of Product Model Data，产品模型数据交互规范。

例说明分离创新硕果累累。

1. 从科学理论向纵深发展中的高度分化态势理解分离创新

人类对自然界的认识总是由浅入深，由表及里的。

不妨以物理学为例。机械运动是物质运动中较简单的形式，机械运动的研究——力学，是最早产生的。随着研究的深入，对分子的热运动、电子的电磁运动、核子的核运动有了认识，便有了热力学和分子物理学、电磁学、原子物理和核物理学等二级学科。而每个第二级的学科，又可分化出第三级、第四级乃至更专门的学科，相应于更个别的运动形式和物质客体更细微的层次结构。

比如，原子核物理又分化出核能谱、核分析、核子物理、核量子力学、核磁共振学、核光谱学、核力场论等。再往下，有基本粒子物理、快中子、慢中子和轻子学、弱相互作用学、J/Ψ粒子物理、μ反介子物理、π介子物理等。

又如，力学最初研究的是空间位置相对固定、时间上相对稳定、事物之间的联系比较简单的静力学问题；而后是再复杂一点的运动学问题，进而到更复杂的动力学问题，建立的模型也由最简单的质点、质点系，进而到刚体、流体等。为了工程技术上的需要，力学又分化出材料力学、结构力学、流体力学……

我们知道，自然科学研究的对象是大千世界的物质。而物质如果按其空间尺度的线性来排列，我们可以得到物质序列链示意图，见图9-1。

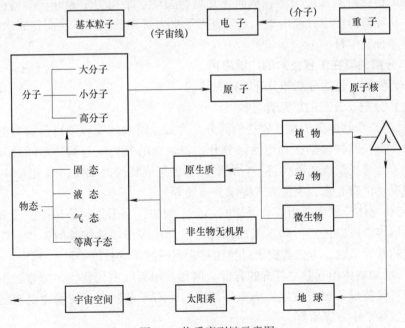

图9-1 物质序列链示意图

相应于图 9-1 所示的物质序列链的每个环节，都有许多门学科生长出来。自然科学体系的分化，从结构上说，就是不断加长这条物质序列链，不断弄清每一细节的过程。有人统计，按这种物质序列链分化所形成的学科数，占总学科数的 80% 以上。

在科学研究的过程中，低级学科的研究对象的发展终点，是高一级学科研究对象发展的起点。随着人们认识能力的增长，这条物质序列链的两头还会不断地加长。例如，在探索微观世界方面，人类的认识经历了原子、原子核和亚核粒子三个层次，并力求进入到更深层次——基本粒子的内部。这里，涉及更短的时间、更小的空间范围、更快的速度、更高的能量和更复杂的相互作用……而这些"更"就需要人类在技术手段上有更大的突破。又如，在探索宇宙方面，20 世纪 60 年代就有脉冲星、宇宙微波背景辐射、类星体和星际分子这四大天文发现。据此，科学家们围绕着宇宙的起源、宇宙的结构和演化、宇宙的未来等重大问题，将研究引向深入……同样，这种深入也需要人类在技术手段上有所突破。

我们之所以认为科学研究向纵深发展，科学理论出现的高度分化实质是分离创新，是因为朝纵深方向研究时，往往是把一些原先涉及面过宽、过于理想化的理论进行梳理，然后根据现实的需要分离出其中能解决问题的理论，建立起独立的分支学科。比如，把刚体力学从经典力学中分离出来，在此基础上研究各种工程材料的预应力等，从而建立材料力学、结构力学等分支学科；把流体力学从经典力学中分离出来，专门应用于水力资源的利用，从而建立水力学、水工学等分支学科……

2. 分离创新在工程技术的广泛应用

分离创新，包括分割和分开两种思路。

（1）分割。分割的思路有三种：

1）将一个物体分成相互独立的部分。例如，将大的工程项目分解为若干个子项目；将校园的教学区和生活区分开；将企业的办公区与制造车间分开；用多台个人计算机组成矩阵代替一台大型计算机完成相同的功能；通过人口分布、社会状况、消费心态、生活方式等细分市场等。

2）将物体分成容易组装及拆卸的部分。例如，采用集装箱运输；建筑方面的预制结构；可以任意拆卸重组的模块化家具；多个零件拼装的夹具；花园中浇水用的软管系统，可依需要通过快速接头连成所需的长度等。

3）增加物体相互独立部分的程度。例如，用百叶窗代替整体窗帘；用粉状焊接材料代替焊条焊接效果；墙壁外部嵌有小石子的灰泥，使墙面更粗糙；冰箱里设置多个小冷冻室等。

（2）分开。分开的思路有两种：

1）将一个物体中的"干扰"部分分离出去。例如，将空调中产生噪声的空气压缩机从主机上分开，放到室外；在飞机场环境中播放刺激鸟类的声音，使鸟不敢进入飞机场；通过滤色片，只让需要研究的色光通过，而把其他色光"过滤"掉；在家中隔出一间储藏室，专门堆放一些平时用不着且碍眼的杂物等。

2）将物体中的关键部分挑选或分离出来。例如，隐形眼镜是镜片和镜架分离后的新产品；音箱是收录机中扬声器与主机分离后的新设计；加工车间专门分离出一间休息室，让员工能适当放松等。

总之，分离创新是通过将研究对象予以分割或分开，既可能将事物"化整为零"、减少物品所占据的空间和面积、减少其消耗的能源和材料；也可能使事物"各自为战"，改善分离后各自的性能或提高各自的效率，从而创造出全新的理论或全新的产品。

二、还原

还原创新，同样可以促使人们在科学理论方面有新的建树，在技术革新方面硕果累累。

1. 关于横断科学

以许多不同的物质结构、物质形态在某一个方面的共同点作为研究对象，对各学科研究的各事物的横断面进行综合，寻求其共同规律的学科称为横断学科。

例如，以研究的所有对象作为一个大系统，下分若干子系统，从整体上考虑问题，寻求其相互关联、作用的共同规律的系统论；以研究自然界中普遍存在的有序和无序，以及从无序转化为有序的现象，建立一整套数学模型和处理方案的协同论；以研究、制造和应用各种微型结构为目的，所建构的微科学理论，都属于横断学科。

我们之所以认为横断科学的产生得益于还原创新的思路，是因为：

(1) 它们对"某一个特定方面的共同点"的研究，实质就是还原创新中所谓的"创造原点"。比如，系统论是抓"所有的研究对象都可视为一个大系统"——"系统"是"创造原点"；协同论是抓"自然界普遍存在有序和无序"——"有序"是"创造原点"；微科学理论是抓"在各领域都有微型结构"——"微"是"创造原点"。

(2) 它们对"各事物的横断面进行综合，寻求其共同规律"，实质就是还原创新中所谓的"创造起点"。比如，系统论"从整体上考虑问题，寻求其相互关联"——"整体性"是"创造起点"；协同论"从无序到有序考虑，寻求其转化规律"——"转化"是"创造起点"；微科学理论"从微型结构的性质、特点考虑，寻求其制造、应用的方法"——"微性质、特点"是"创造起点"……

2. 从洗衣机的发明和改进说起

洗衣机的发明和改进运用了还原创新。洗衣的本质：洗，是还原衣物；而衣物变脏的原因是灰尘、油污、汗渍等被衣物吸附；所以，洗净衣物的关键是使污物与衣物分离开来。只要能够做到这一点，并不限制其具体的分离形式。这样，我们就可以突破传统的洗衣方式——手揉、脚踩、板搓、捶打等形式的局限，广泛考虑各种各样的分离方式，如机械法、物理法、化学法等，于是创造出不同工作原理的各类型洗衣机。洗衣机发明与改进的过程，首先是研究"原点"——还原衣服；然后抓住设计问题的关键——使污物与衣物分离；再将最主要的功能抽取出来——其方法替代传统的人工洗衣，即"创造起点"；集中精力研究其实现的手段和方法——机械法？物理法？化学法？还是各种方法综合运用？最后，决定设计、改进方案，实现新型洗衣机的制造。

现实中，发现"创造原点"，寻找最佳的"创造起点"，在技术革新中可以举出许多实例。比如，某设施、某工程、某产品可能出现的负面情况，发现这种可能性是"创造原点"，寻找解决办法是"创造起点"。这就出现了预加反作用、预操作、预补偿、自服务、机械系统替代等创新技法。

（1）预加反作用。所谓预加反作用，包括两种：

1）为减少负面影响而施加的反作用。比如，在设计中施加缓冲器，以吸收能量，减少冲击；用可再生或循环使用的材料代替可能造成污染的材料；在项目开始前，采用模拟试验等形式；风险评估，确定风险并消除风险；作新产品的用户实验、分期分批投放市场等。

2）若某物处于或将处于受拉伸、受腐蚀情况，预先做防范措施。比如，浇灌混凝土之前的预压缩钢筋；设置预压缩螺栓；预先在木材上涂允许水蒸气穿透的油漆以防木材腐烂；将相异的金属片分开，以防止电解腐蚀等。

（2）预操作。所谓预操作，也包括两种情况：

1）在操作开始前，使物体局部或全部产生重要的变化。比如，在手术前为所有器械杀菌；住宅楼施工前预制窗户单元、厨卫设置或其他结构；预先充有焊料的铜管连接件；在改变管理与经营的重大举措实施前与员工对话等。

2）预先对物体进行特殊安排，使其在时间上有准备，或处于易操作的位置。比如，灌装生产线中使瓶口朝一个方向，以增加灌装效率；汽车零部件供应商的预先装配，如CD机、车轮、空调等；停车场内的预付款机；中央真空清扫系统；开会前有确定的议程等。

（3）预补偿。所谓预补偿，即采用预先准备好的应急措施补偿物体相对低的可靠性。

比如，飞机上的降落伞，轮船上的水上救生衣，汽车上的安全气囊，坑道里的应急照明灯，居民楼的防火通道，避雷针，安全阀，备份计算机数据，运行反病毒软件，等等。

所谓自服务，包括两种情况：

1）使某一物体通过附加功能产生自己服务于自己的功能。比如，自清洁水槽，可以防止树叶或其他杂物堵塞；自排泄涂层以防止涂层污染等。又如，品牌效应环——某学院努力培养出类拔萃者，而培养的著名人士又增加了学院的知名度，可吸引很多学生申请入学，学院仅招收最优秀的学生，从而培养出来的人往往更优秀，这就形成了良性循环。

2）利用废弃的材料、能量与物质。比如，钢铁厂余热发电装置；包装材料的再利用；太阳能、地热、风能利用；重新启用有经验的退休员工，让他们的经验在企业公司里发挥最优作用等。

（4）机械系统替代。所谓机械系统替代，有四种情况：

1）用视觉、听觉、嗅觉系统代替部分机械系统。比如，在天然气中混入难闻的气体代替较昂贵的机械或电子传感器来警告人们天然气的泄漏；用运动感知开关代替机械开关；计算机之间的无线信息传输；采用不透明镀层处理过的玻璃可以不用窗帘等。

2）用电场、磁场及电磁场完成与物体的相互作用。比如，为了混合两种粉末，使其中一种带正电荷，另一种带负电荷；火警系统报警时，该系统所控制的电磁装置打开门；利用 GPS 系统确定出租车位置；使用电子标签等。

3）将固定场变为移动场，将静态场变为动态场，将随机场变为确定场。比如，设置定点加热系统；设计居住者能调节的房间彩色光线系统；凭记忆形成的地图与现实中的地图进行比较等。

4）将铁磁粒子用于场的作用之中。比如，用变磁场加热含有铁磁材料的物质，当温度达到居里点时，铁磁材料变成顺磁体，不再吸收热量等。

总之，抓住"创造原点"，整理或寻找"创造起点"，在技术革新方面，是能够大有所为的。

第三节 移植与变换

移植创新是把一个研究对象（领域）的概念、原理和方法运用于另一个研究对象（领域）中，借用已有的创造成果进行创新目标下的再创造，使现有成果在新的条件下进一步延续、发挥和拓展。

变换创新是指创造者在发明创造过程中采用替换或代换的思想和手法，使创造活动内容不断展开、研究不断深入的创新技法。

本节先简介移植与变换在理论研究方面的成果，进而介绍这两种创新技法在工程技术方面的运用。

一、移植与变换在科学理论研究中的作用

科学家直接把某一领域的学科理论和方法运用于另一领域的科学理论的研究，从而创造出新学科，这是一种移植。比如，数量经济学，是把数学中的概率论、运筹学等理论和方法直接运用到经济学理论；模糊语言学，是把数学中的模糊数学直接运用到语言学理论的研究。

科学家在两个或两个以上原有学科的相邻点即边缘地带，让彼此的概念、规律、方法互相融合，从而创造出新学科，这也是一种移植。比如，物理化学，是物理和化学两门学科彼此的概念、规律、方法互相融合后产生的新学科；经济地理，其中既有经济学的理论、方法，也有地理学的理论和方法等。

科学家们发现，在各门分化得相当精细的专门学科间，都有可能存在边缘交叉地带的学科。不仅在学科结构的同一层次上相邻学科间有交集，而且相离很远同一层次或不同层次的各学科间也可能发生某种联系性。正是这种联系性促使科学家在理论研究上运用移植创新。比如，我们前边提到的，德国物理学家劳厄以晶体作光栅，使 X 射线的衍射实验获得成功，既证明了 X 射线是一种电磁波，又证明了关于晶体点阵结构学说的正确。劳厄并不停留于这种技术上的移植创新，他还从晶体结构出发，计算出一组劳厄方程式，以对晶体结构进行定量分析，从而确立了用 X 射线研究晶体的新方法、新理论。

一提起科学理论的变换创新，成绩斐然的要数数学研究。为了使一些复杂的、困难的、未解决的数学问题获解，数学家们创造出恒等变换、分割变换、映射变换、幂级数变换、拉普拉斯变换、傅里叶变换、参数变换等行之有效的数学方法。

下面举几个简单例子说明数学变换。

[例1]

求解方程 $3 + 2x - 5\sqrt{2x+3} = 0$

解：(1) 因式分解法。

原方程变成为 $(\sqrt{2x+3})^2 - 5\sqrt{2x+3} = 0$

提起公因式：$\sqrt{2x+3}(\sqrt{2x+3} - 5) = 0$

由 $\sqrt{2x+3} = 0$，得 $x = -\frac{3}{2}$

由 $\sqrt{2x+3} - 5 = 0$，得 $x = 11$

(2) 直接乘方法。

原方程变换为 $3 + 2x = 5\sqrt{2x+3}$

两边平方有 $4x^2 - 38x - 66 = 0$

解方程可得 $x = -\dfrac{3}{2}$, $x = 11$

(3) 换元法。

设 $y = \sqrt{2x+3}$，使原方程变为 $y^2 - 5y = 0$

由此得 $y_1 = 0$, $y_2 = 5$

亦即 $y_1 = \sqrt{2x+3} = 0$，有 $x = -\dfrac{3}{2}$

$y_2 = \sqrt{2x+3} = 5$，有 $x = 11$

[例2]

求积分 $\displaystyle\int \dfrac{2x+3}{x^3 + x^2 - 2x}\mathrm{d}x$

解：先分解被积函数：

$$\dfrac{2x+3}{x^3 + x^2 - 2x} = -\dfrac{3}{2x} + \dfrac{5}{3(x-1)} - \dfrac{1}{6(x+2)}$$

则

$$\begin{aligned}\int \dfrac{2x+3}{x^3 + x^2 - 2x}\mathrm{d}x &= \int\left[-\dfrac{3}{2x} + \dfrac{5}{3(x-1)} - \dfrac{1}{6(x+2)}\right]\mathrm{d}x \\ &= -\dfrac{3}{2}\int\dfrac{\mathrm{d}x}{x} + \dfrac{5}{3}\int\dfrac{\mathrm{d}x}{x-1} - \dfrac{1}{6}\int\dfrac{\mathrm{d}x}{x+2} \\ &= -\dfrac{3}{2}\ln|x| + \dfrac{5}{3}\ln|x-1| - \dfrac{1}{6}\ln|x+2| + C\end{aligned}$$

[例3]

某林场的木材以每年25%的增加率逐年递增，但每年的砍伐量是 x。若木材的原储量为 a，从今年开始，计划20年后使木材储量翻两番，求砍伐量的最大值。

解：设从今年开始，每年底的木材存量记为 $b_1, b_2, \cdots, b_{20}$。

$$b_1 = \dfrac{5}{4}a - x$$

则

$$b_2 = \dfrac{5}{4}b_1 - x = \left(\dfrac{5}{4}\right)^2 a - \left(\dfrac{5}{4} + 1\right)x$$

$$b_3 = \dfrac{5}{4}b_2 - x = \left(\dfrac{5}{4}\right)^3 a - \left[\left(\dfrac{5}{4}\right)^2 + \left(\dfrac{5}{4}\right) + 1\right]x$$

…

$$b_{20} = \left(\dfrac{5}{4}\right)^{20} a - \left[\left(\dfrac{5}{4}\right)^{19} + \left(\dfrac{5}{4}\right)^{18} + \cdots + 1\right]x$$

$$= \left(\frac{5}{4}\right)^{20} a - \left[\frac{\left(\frac{5}{4}\right)^{20} - 1}{\frac{5}{4} - 1}\right] x$$

$$b_{20} = \left(\frac{5}{4}\right)^{20} a - 4\left(\frac{5}{4}\right)^{20} x + 4x$$

即翻两番时，$\left(\frac{5}{4}\right)^{20} a - 4\left(\frac{5}{4}\right)^{20} x + 4x = 4a$

设 $\left(\frac{5}{4}\right)^{20} = m$，则 $\left(\frac{10}{2^3}\right)^{20} = m$，即 $\lg m = 20(1 - 3\lg 2) = 2$

$\therefore m = 100$，于是方程 $\left(\frac{5}{4}\right)^{20} a - 4\left(\frac{5}{4}\right)^{20} x + 4x = 4a$ 化为 $100a - 396x = 4a$

解得 $x = \frac{8a}{33}$，故砍伐量的最大值是 $\frac{8a}{33}$。

第一个例子是初中生都看得懂的恒等变换。它通过表达形式的变形，把貌似复杂的计算转化为容易解决的简单问题。同时，也说明，对同一数学结构，其形变往往不唯一。

第二个例子是理工学科学生所学的高等数学不定积分中常见的内容。对表面复杂的被积函数，先化为多个简单的被积函数之和，其思路是一个复杂问题分割成多个分支问题，逐一求解，最后再组成原题的解。

第三个例子，则是现实生产中可能遇到的幂级数变换问题。现实问题常常是一系列离散的数据，可以利用数列构造幂级数，再利用幂级数的特点反过来确定这些数据中的待求量。

在工程技术中，有时需要引入辅助性的新变量——参数，然后把要证明或求解的关系转化为参数的关系式，最后消去参数，从而得到问题的解，这是应用较广泛的数学参数变换法。

还有拉普拉斯变换和傅里叶变换，以及它们变换的彼此渗透而产生的变换，它们不仅在数学领域的函数方程理论的研究中扮演着重要角色，而且在自然科学理论以及现代工程技术理论中都发挥了作用。

限于篇幅，上述的变换不再举实例。

总之，数学变换不仅在数学领域的研究中十分重要，而且它在自然科学以及工程技术领域中都获得广泛的运用。

二、移植在工程技术方面的运用

在技术上，巧妙利用移植创新获得成功的例子很多。最值得推崇的当数美国医生 H. 史栋的发明。之前，胰脏病患者的术后治疗需要经常对腹腔进行处理，这就意味着要经常将缝合的伤口重新切开，换药后再缝合。每次换药时多达 60 多 min，对患者是一种反复的"折磨"，仅有 10% 的患者通过如此治疗能死里逃生。史栋将日常生活中使用的拉链技术移植到患者身上，利用拉链便于开合的特点，大大减轻了医生的工作量和病人的痛苦，使胰脏病患者的治愈率一举达到 90% 以上，史栋的"皮肤拉链缝合术"很快推广到世界各地，成为医学界的一项新技术。

史栋的移植创新是把不是自己专业领域的技术应用于自己的专业领域。而许多移植创新更多的是把某一领域的概念、方法或知识应用于新的领域。

比如，局部质量、重力补偿、等势性、反馈、中介物、同质性等创新技法。

1. 局部质量

局部质量的创新技法是把工业管理中质量检验的概念移植过来，应用于不同的领域。它包括：

（1）将物体或环境的均匀结构变成不均匀结构。如增加建筑物下部墙体的厚度使其能承受更大的负载；混凝土中非均匀分布钢筋产生所需要的强度特性；用变化中的压力、温度或密度代替定常的压力、温度或密度；采用计件工资代替原先的刚性工资结构；在企业中实行弹性工作时间等。

（2）使组成物体的不同部分完成不同的功能。如根据不同的功能需求将房间设计成不同形状；开放定制式软件；将午餐盒分成放热食、冷食及液体等空格，每个空格功能不同；使每个员工的工作位置适应其生理、心理需要，以最大限度发挥作用等。

（3）使组成物体的每一部分都最大限度地发挥作用。如有线电视提供电话、因特网、远程医疗诊断等服务；手机上设置工具软件，使手机能起到镜子、放大镜、手电筒、计算器、收音机、录音机等功能；企业公司内按功能划分机构，而不是按产品划分等。

2. 重力补偿

重力补偿创新技法是把物理学中力平衡概念移植到不同的技术领域。它包括：

（1）用另一个能产生提升力的物体补偿第一个物体的重力。如在圆木中注入发泡剂，使其更好地漂浮；起重机配重；大型阀门控制系统配重；用气球携带广告条幅；公司提供一种旺销产品的配搭，促进另一种产品的销售；合并的两个公司，一个以其自身的资金、核心技术、市场优势等提升另一个等。

（2）通过与环境相互作用产生空气动力或液体动力的方法补偿第一个物体的重力。如飞机机翼的形状使其上部空气压力减少、下部压力增加，以产生升力；船在航行过程中，船身浮出水面，以减少阻力；被动式太阳能加热器采用自然方式使水循环；采用产品加服务的营销策略；刚创业的小公司借助快递公司接洽和宣传业务等。

3. 等势性

等势性创新技法是把物理学中势能差概念移植过来，应用于不同的领域。比如，与冲床工作台高度相同的工件输送带，将冲好的零件输送到另一工位；通过压力补偿所形成的等压面；汽车修理平台，设计成：车位高度不变、修理工改变位置，或者修理工维修台高度不变，车位高度改变；在同级别的不同单位工作以扩大知识面；让员工都倾向于提高工作水平，以达到公司内部公认的标准等。

4. 反馈创新技法

反馈创新技法是把系统科学中信息反馈的概念移植过来，应用于不同领域。它包括：

（1）引入反馈以改善过程或其他。如音频电路中的自动音量控制；加工中心自动检测装置；运动敏感光线控制系统；用于探测火与烟的热/烟传感器；供应价格链管理；统计过程控制（SPC）——用于确定修改过程的时间；产品设计过程引入用户参加；收集顾客意见改进产品设计（外形、使用习惯、包装等）；根据各种反馈信息做预算等。

（2）若反馈已存在，改变反馈控制信号的大小或灵敏度。如飞机接近机场时，改变自动驾驶系统的灵敏度；在设计的早期包含制造的信息；含有模糊控制器的温度调节装置；在预算允许的范围内改变管理措施，以满足客户需求；实行开放式建议反馈策略——员工认为好的建议若得不到同级的认可，将建议直接提交上级管理机构；进行多标准决策分析；让设计人员及销售人员与客户紧密接触等。

5. 中介物创新技法

中介物创新技法是把化学中催化剂（触媒）概念移植过来，应用于不同领域。它包括：

（1）使用中介物传递某一物体或某一种中间过程。如机械传动中的惰轮；管路绝缘材料；中介机构对项目的评估；产品生产企业与用户之间的总经销商；旅行社；婚姻介绍所等。

（2）将一容易移动的物体与另一物体暂时接合。如机械手抓取重物并移动该重物到另一处；使用磨粒改善水射流切割的效果；用洗净的小石子混入板栗中，再放入大锅内翻炒，使板栗受热均匀；请故障诊断专家帮助诊断设备等。

6. 同性质创新技法

同性质创新技法是把物理学中"由同种物质组成的各物体具有相同的性质"这一知识移植到不同领域。着眼点在于：采用相同或相似的物质制造与某物体相互作用的物体。如为了减少化学反应，盛放某物体的容器尽可能采用与该物体相同的材料制造；为了防止变形，邻接的材料采用有相同或相近的膨胀系数等。

三、变换在工程技术方面的运用

变换创新在工程技术上有两重含义。第一个含义是指在发明创造过程中,设计者可以有意识有目的地去寻找替代物,如果能找到性能更好、价格更省的替代物,这本身就是一种创造;第二个含义是指在创造发明和科学探索的过程中,用一事物(现象、过程)代替另一事物(现象、过程),通过对替代者的研究使要解决的矛盾更集中显现,以利于进一步解决被替代者的问题,这种转换对象也是一种创新思路。

根据上述两重含义,我们将创新技法中的维数变化、复制、低成本、气动与液压结构、柔性壳体或薄膜、改变颜色、参数变化和状态变化都归入变换创新。

1. 维数变化

维数变化有下列四种思路:

(1) 将一维空间中运动或静止的物体变成在二维空间中运动或静止的物体,在二维空间中的物体变成三维空间的物体。例如,为了扫描物体,让红外线计算机鼠标在三维空间运动,而不是在平面内运动;设计可把刀具定位在任意位置上的五轴机床;金字塔结构(非垂直墙面结构)、螺旋形楼道设计、用三角形改进框架结构的强度及稳定性;作三维或四维(包括时间)的多维组织层次图等。

(2) 将物体用多层排列代替单层排列。例如,立体车库、仓库的设计;多用途建筑,如购物中心、娱乐中心;能装 6 个 CD 盘的音响不仅增加了连续放音乐的时间,也增加了选择性等。

(3) 将物体倾斜或改变方向。例如,自卸车将货物倾斜或改变其方向,让货物平稳到达货台;将思维模式从纵向转向横向,或从横向转为纵向,从而使分析视角更宽;公司管理模式由线性管理转向项目管理,使目标更清晰等。

(4) 使用给定表面的反面。例如,叠层集成电路;内嵌式门铰链;由外部直接诊断一个机构,或通过咨询公司诊断该机构等。

2. 复制

复制有下列三种思路:

(1) 用简单的、低廉的复制品代替复杂的、昂贵的、易碎的或不易操作的物体。例如,通过对模型的实验代替对真实系统的实验;通过虚拟现实技术可以对未来的复杂系统进行研究;旅游景点的多媒体导游;雕像等。

(2) 用光学拷贝或图像代替物体本身,并可放大或缩小图像。例如,通过录像代替某著名教授的现场教学;用卫星或飞机上拍摄的照片分析陆地的实物等。

（3）若已使用了可见光拷贝，用红外线或紫外线代替。例如，红外线成像检测热源；紫外线做无损探伤；X射线检测结构缺陷等。

3. 低成本

低成本的思路是：用一些低成本或不耐用的物体代替一些昂贵的或耐用的物体，有关特性进行折中处理。如一次性纸杯；门前的擦鞋垫；有规律地涂漆，以免表面损坏；塑料整体一次成形椅子；飞行驾驶模拟器；汽车操纵动力学系统、飞机飞行、原子弹爆炸的计算机仿真等。

4. 气动与液压结构

气动与液压结构的思路是：用气动或液压的零部件代替原设备的固体零部件，以提高设备的可靠性和节能性。如车辆减速时由液压系统储存能量，车辆运行时放出能量；使用充气床垫；用液压电梯代替机械电梯；利用热空气加热系统等。

5. 柔性壳体与薄膜

柔性壳体与薄膜有两个思路：

（1）用柔性壳体或薄膜代替传统结构。如用薄膜制造的充气结构作为网球场等设施的冬季覆盖物；刷卡代替现金支付；充气服装模特代替原来石膏浇铸的模特；I、C、U模型横面梁代替实心梁；网状结构；膨胀形油漆保护钢结构免受大火袭击等。

（2）使用柔性壳体或薄膜将物体与环境隔离。如用双极性材料制造的薄膜，一面具有亲水性、另一面具有疏水性，让其漂浮在水库表面，以减少水的蒸发；穿充气外衣既隔热、又耐寒；餐厅内使用屏风；鸡蛋专用箱等。

6. 改变颜色

改变颜色包括以下四种做法：

（1）改变物体或环境的颜色。如在洗相片的暗房中采用安全的光线；用不同颜色表示不同的警报；彩色喷墨打印机的制作等。

（2）改变一个物体的透明度，或改变某一过程的可视性。如采用透明绷带缠绕伤口，以便能从绷带外观察伤口的变化情况；使用光线敏感玻璃；增加管理的透明度等。

（3）采用有颜色的添加物，使不易被观察到的物体或过程被观察到。如为研究透明管路的流动状态，使带颜色的某流体从入口流入；使用相反的光线增加可视性；用绿色包装使呈红色的商品更红；用红色作为警示信号等。

（4）若已增加了颜色添加物，则采用发光的轨迹。

7. 参数变化

参数变化包括以下五种创新思路：

（1）改变物体的物理状态，即使物体在气态、液态、固态之间变化。如使氧气处于液态，便于运输；粘接代替机械铰接；用液态速凝塑料的快速模具技术；虚拟原型等。

（2）改变物体的浓度或黏度。如用液态香皂代替固态香皂，以提高皂的黏度，且方便使用；改变合成水泥的成分（主要是改变浓度）可改变其性能；采用不同黏度的润滑油等。

（3）改变物体的柔性。如用三级可调减震器代替轿车中不可调减震器；在建筑物内的可调减震装置能提供主动减震功能；安在橡胶支撑上的窗户改善了震动性能；提供智能的在线目录；对新生提供专家服务的软件等。

（4）改变温度。如使金属的温度升高到居里点以上，使其由铁磁体变为顺磁体；为保护动物标本，将其降温；通过激励刺激用户的消费热情；让员工参与公司企业的长远规划的制定，使其处于兴奋状态等。

（5）改变压力。如采用真空吸入法改变水泥的流动性；利用大气压力差改变高层建筑的空气流动性能；用形状记忆合金制造窗户合页使之能自动调节等。

8. 状态变化

状态变化，即在物质状态变化过程中实现某种效应。如合理利用水在结冰时体积膨胀的原理；利用吸热和散热原理工作的热泵；利用状态变化以储存能量；轴与轴套的加热装配；制冷工厂；优秀教学评估后的放松状态等。

通过上述简单的概述，我们能够理解移植和变换这两种创新在科学与技术的发展中起到多么重要的作用。

第四节 迂回与逆反

本节简单介绍迂回创新和逆反创新在科学发现和技术发明中的重要作用。

一、迂回创新技法

科学技术研究常常会遇到一时解决不了的问题，使研究暂停在某个难点的僵持状态。科学家、工程师们往往会转而进入下步行动或进入另外的行动，带着前面的困惑继续其他的探究。有时通过解决侧面问题或外围的或后继的问题，可能会使原来困惑的问题有了解决的思路和办法。这种另辟蹊径的创新思路和做法，称为迂回创新技法。

迂回，有两种含义。一种是：避开面临的困惑，从研究对象的侧面、外围或后继的问题入手寻找解决原先困惑的突破口；另一种是：直接的方法、手段不行，则采用间接的方法、手段，进而获得问题的解决。这两种含义的实质是：绕开思维障碍，实现问题解决。

1. 迂回创新在科学发现中的重要作用

为了说明迂回创新在科学发现中的重要作用，我们不妨列举三个实例。

[例4]

关于海王星的观测

很早以前，天文学家根据种种迹象判断，在天王星之外一定还有一颗行星。但人们花费大量的时间和精力进行长期观察与探索，却一无所获，以致有人开始怀疑是否存在这样一颗行星。后来，科学家们暂时避开直接观测搜寻，采用迂回方式，转入计算该未知行星的轨道，求出它的轨道参数，再依这些参数所指示的位置去进行观测，终于在未知行星轨道所在的空域找到了这颗被命名为海王星的行星。这是一个运用迂回创新技法获得的重大天文发现。

[例5]

关于中微子存在的验证

在20世纪30年代，核物理与粒子物理学的研究中出现了有关核结构理论及β衰变理论需要实验验证的一个困境，即泡利提出的："β衰变中，可能存在一种质量很小、电中性的粒子带走了电子一部分能量"的假说，如果通过实验，找到了被泡利等人称之为"中微子"的物质微粒，验证了泡利的假说，人们有关核结构理论及β衰变理论才能被确认。

然而，中微子只参加弱相互作用，且穿透力极强，几乎可以不受任何阻碍地穿过地球，所以中微子的探测是十分困难的。1941年，中国物理学家王淦昌首先提出测量K电子的实验——俘获原子的反冲、确定中微子的间接方法。他指出："当一个β^+放射性原子不是放射一个正电子，而是俘获一个K层电子时，反应后的原子的反冲能量和动量仅仅取决于所放射的中微子，原子核外电子的效应可以忽略不计，因此，只要测量反应后原子的反冲能量和动量，就可很容易地求得放射出的中微子的质量和能量。而且由于没有连续的β射线被放射出来，这种反冲效应对所有的原子都是相同的。"

正是王淦昌间接的迂回创新思路，为后来确定中微子存在的实验奠定了基础。

[例6]

关于高分子化学

众所周知，有机化学是研究有机化合物的来源、制备、结构、性质、用途和有关理论的一门学科。由于有机化合物都含有碳或碳的衍生物，因而有机化学又称"碳化合物的化学"或"碳氢化合物及其衍生物的化学"。20世纪初，人们研究有机化合物的来源、制备、用途等方面遇到一系列困惑问题，尤其是制备的途径与手段方面，常常会承担一些风险。为此，有人转而研究有机物的化学链。

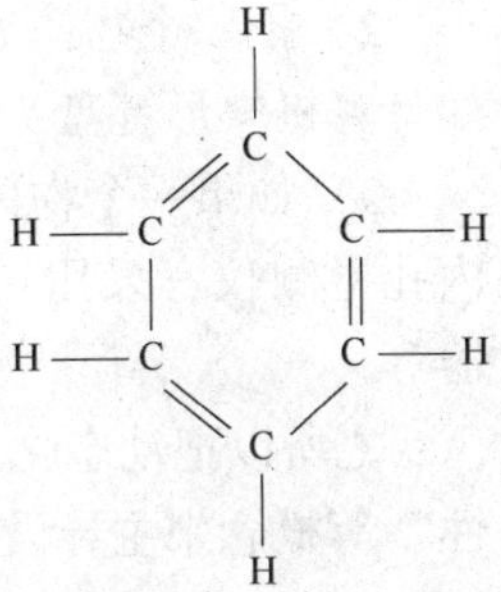

化学链的写法，按水 H_2O 写成 $H-O-H$、二氧化碳 CO_2 写成 $O=C=O$，这种"手拉手"的形式对简单的有机化合物苯 C_6H_6 却束手无策。正是法国化学家凯库勒聪明的顿悟，写出了苯的化学结构式（如图9-2所示）。使凡与苯关联的一系列有机化合物的分子都能通过化合链绘出其分子结构式来。

也正是化学家们绕过"制备有机物"所遇到的困惑，转而研究有机物的化学链，这一迂回创新，使有机化合物的结构、化学反应原理、空间构型等一系列问题

图9-2 苯分子结构

的研究获得突破，使化学家能够在研究很多大分子、高分子化合物中积累经验的基础上，使高分子化学从有机化学中派生出来，并推动了合成橡胶、塑料、合成纤维等高分子合成材料技术的发展。

上述三例充分说明：迂回创新在科学发现中也能起到重要的作用。

2. 迂回创新在工程技术领域中的具体运用

我们把工程技术领域中的创新思路：曲面化、动态化、未达到或超过的作用、抛弃与修复、惰性环境等归入迂回创新技法。

（1）曲面化。曲面化创新思路包括三个方面的内容：

1）将直线或平面部分用曲线或曲面代替，立方形用球形代替。如为了增加建筑结构的强度，采用弧形或拱形；在结构的某些位置引入应力释放孔；设计环形截面的建筑物；利用最少的材料覆盖最大的空间；绕过一些中间环节，直接与用户沟通等。

2）采用辊、球、螺旋。如螺旋齿轮提供均匀的承载能力；采用球或滚珠为钢笔的笔尖，以增加墨水落在纸上的均匀程度；阿基米德螺线水泥泵；螺旋形楼梯；采用球形结构的鼠标产生计算机屏幕内光标的运动；推车上门送货服务等。

3）用旋转运动代替直线运动，采用离心力。如洗衣机采用旋转产生离心力的方法，去除湿衣服中的部分水分；宾馆的旋转门可保持室内的温度；带有螺纹的螺杆；离心铸造；环行工作单元等。

之所以把"曲面化"列入迂回创新，是因为原先相应的传统工艺用直线、平面等概念来主导设计不能达到最佳效果，而变"直"为"曲"的思维，就蕴含有"迂回"以寻求新的解决办法的意义。

（2）动态化。动态化创新思路包括三个方面的内容：

1）使一个物体或该物体所处环境在操作的每一个阶段自动调整，以达到优化的性能。如可调整驱动轮、可调整反光镜、可调整座椅；过程的连续改进；采用形状记忆合金；设立用户快速响应小组；布置柔性写字间等。

2）把一个物体划分为具有相互关系的元件，元件之间可以改变相对位置。如计算机蝶形键盘；链条；竹片凉席等。

3）如果一个物体是刚性的，使之变成可活动的或可改变的。如用柔性光学内孔检测仪；采用可回收房顶结构；用电梯代替楼梯；冗余结构；无级变速器等。

之所以把动态化列入迂回创新，是因为原先相应的传统工艺用"静态""刚性"等概念来主导设计，不能达到最佳效果，而变"静"和"刚"为"动"和"柔"的思维，实际上也是一种迂回式的变通。

（3）未达到或超过的作用。未达到或超过的作用创新思路是：若100%达到所希望的效果是困难的，稍微未达到或稍微超过预期的效果将大大简化问题。

例如，用灰泥填墙上的小洞时，是先多填一些，之后再将多余的部分去掉；对于某些设计，如供热系统、停车场等，能满足95%的需求，通常是一种实际的设计；由一定技术水平的工人或技术人员完成预制件的安装；通过各种媒体，如电子信箱、报刊杂志、广播电视、广告等做饱和式广告，以使企业进入市场等。

之所以把未达到或超过的作用列入迂回创新，是因为放弃原先100%达到目标的构想，求其次之，使问题简化，也应当算是一种"迂回"。

（4）抛弃与修复。抛弃与修复创新思路包括两个方面内容：

1）当一个物体完成了其功能或变得无用时，抛弃或修改该物体中的元件。如用可溶解胶囊作为药面的包装；可降解餐具；协议租用某设备；按合同期满终止雇佣或决定延聘等。

2）立即修复一个物体中所损耗的部分。如割草机的自刃磨刀具；水循环系统；随时修改设计方案，以适应新的情况需要；终生学习，不断获得新知识等。

我们认为，将抛弃与修复归入迂回创新，是因为一些物件的使用难免因损耗，而最终报废。要摆脱这种困惑，须另辟蹊径。抛弃与修复正是另辟蹊径，使原先的困惑得以解决。

（5）惰性环境。惰性环境创新思路包括两个方面的内容：

1）用惰性环境代替通常环境。如为防止炽热灯丝的失效，让其置于氩气中；设置硅片加工所需要的净化车间；用一自然的工作系统代替上级巡视检查，以消除评估、评奖等过程中的混乱局面；设定谈判过程的休会期等。

2）在某一物体中添加自然部件或惰性成分。如用难燃材料添加到泡沫状材料构成的墙体中；悬挂系统中的阻尼器；吸声面板；在困难的谈判过程中，引入公正的第三者当评判；在办公区引入一个安静区等。

之所以将惰性环境归入迂回创新，是因为传统的技术思路中的"环境"没有"惰性",而引入"惰性"概念,正是另辟蹊径的思路。

二、逆反创新技法

任何事物都包含着正反两个方面,这两个方面同时相互依存于一个共同体中。人们在认识事物的过程中,其实是与这两个方面打交道,只不过在很多情况下,人们习惯于从显而易见的正面去考虑问题,因而阻塞了自己的思路。逆反创新技法是指创造者在科学发现和技术发明的过程中,打破头脑中陈旧的、常规的思维模式的束缚,对已有的理论、方法、技术、产品进行审视,持怀疑态度,从相反的思维方向去分析、探索新的理论、新的方法、新的技术和新的产品。这种有意识、有目的地与传统思维"背道而驰"的做法,往往能激发人的聪明才智,获得更多的解决问题的思路,做出极好的发明创造来。

1. 逆反创新在科学发现中的几个重要特征

科学家在进行科学探究时,采用逆反创新技法,表现出如下四个特征:

(1) 逆反创新的思路是原命题条件和结论的反向转换,由目标至条件的反向思考。这种转换和思考,有简单的,也有复杂的。

例如,"做匀速直线运动的物体,在一定的时间间隔内,所走的路程,是用速度乘以时间所得。那么,已知该物体运动的路程和所耗费的时间,能否求出速度?"这是简单的逆向思维。我们从小学开始,就受过这方面的思维训练。而科学家在获得科学发现前,所做的逆向思维要复杂得多。

英国物理学家瑞利在测氮气的密度时发现:用哈考特法和雷尼奥法测定,二者测量的结果相差千分之一。依常规,下一步要思考如何减少误差的问题,但瑞利却反其道而行之,有意扩大二者的测量误差,分析其结果,意外地发现了人们苦苦在寻找的新元素——氩,从而获得1904年诺贝尔物理学奖。瑞利的逆反创新思路,除了误差分析、误差扩大或缩小所采取的措施之外,还思考了可能出现的意外,这里边,目标和条件都发生了变化,因而是复杂的逆向思维。

(2) 逆向思维需要对反向转换进行认真的分析比较,这样才是有效的。

例如,法国生物学家巴斯德之所以有"减弱病原体免疫原理"的伟大发现,就是因为他对"鸡感染霍乱病"现象的发生过程进行认真的分析比较。人们一旦发现鸡感染霍乱病,总是设法把健康的鸡和病鸡隔离。巴斯德反其道行之:用鸡汤作为培养液,培养鸡霍乱病菌,再把它接种在健康的鸡身上,以观察鸡感染霍乱病的过程,并企图寻找一种治病办法。开始,凡是接种的鸡都感染霍乱而死亡。有一次,他意外地发现:注射了病菌培养液的鸡,不但没有感染霍乱,反而很健康。于是对每个环节进行了仔细地检查,在认定"这次是误用了一瓶已经失效了的培养液"之后,他进行新的实验。巴斯德将这些经过接种而没有得病的鸡,用新鲜的病菌再接种一次;再给一些没有接种过病菌液的鸡也注射新鲜的培养液，作为观察对比。那些接受了第二次注射的鸡，依然健康地活着，而对比组的鸡却逐个被霍乱病夺去了生命。巴斯德深入分析研究后，得出的结论是：病菌的培养液经过一段时间以后，致病性会减弱，不仅使感染了它的鸡不再得病，反而产生了抗御病毒的能力，这就是"减弱病原体免疫原理"。

（3）逆向思维有时是不可行的，但可能是有意义的。

例如，前面我们提到的：热力学研究中，人们发现：功可以完全转变为热，而不引起外界的变化；但热转换为功，要引起外界的变化。尽管功热转换不可逆，但引出的结论："任何与热现象有关的实际客观过程都是不可逆的"却非常有意义。它指出热力学过程进行的方向性，指出热机工作效率达到百分之百的不可能性，并促使人们深入研究这种不可逆性的微观机制。

（4）逆向思维需要通过实验的检验。

生物学家巴斯德若仅仅想"让鸡不感染转换成让鸡感染"，而不去做对比性实验，他不可能有"减弱病原体免疫原理"这一伟大的科学发现；物理学家们若不去做热转换功的各种实验，也不可能得出"功热转换不可逆"的科学结论。

上述，我们通过实例，阐释了逆反创新在科学发现中的特征。同时，也说明了逆反创新在科学研究中的作用。

2. 逆反创新在工程技术领域的具体运用

我们把工程技术领域中的创新思路：不对称、反向、变有害为有利等归入逆反创新。

（1）不对称。不对称创新思路包括两个方面的内容：

1）将物体的形状由对称变为不对称。如设计不对称搅拌器，或在对称搅拌器中设计不对称叶片，以改变搅拌的效果；将O形圈的截面形状改变为其他形状，以改善其密封性能；非正态分布；采用非圆截面的烟囱，改变气流的分布；倾斜的屋顶；对不同客户群采用不同的营销策略等。

2）若物体是不对称的，增加其不对称的程度。如使轮胎的一侧强度大于另一侧，以增加其抗冲击的能力；采用复合的多斜面屋顶；用钢索加固的悬臂式屋顶等。

（2）反向。反向创新思路包括三个方面的内容：

1）将一个问题说明中所规定的操作改为相反的操作。如为了拆卸处于紧配合的两个零件，采用冷却内部零件的方法，而不采用加热外部零件的方法；翻转型窗户，使在屋内擦外面的玻璃成为可能；制定最坏状态的标准，而不制定最理想状态的标准；设置自服务柜台等。

2）使物体中的运动部分静止，静止部分运动。如使工件旋转、刀具固定；风洞中的飞机静止；扶梯运动，乘客相对扶梯静止；用信用卡，而不用现金；

送货上门等。

3)使一个物体的位置颠倒。如将一个部件或机器翻转,以安装紧固件;楼上为起居室(美景),楼下为卧室(凉爽);改政府为专利申请者付费为专利申请者为专利申请付费;某些建筑将管路置于外部而不是内部,大大减轻管路的维修费用等。

(3)变有害为有利。变有害为有利创新思路包括三个方面的内容:

1)利用有害因素,特别是对环境有害的因素,获得有益的结果。如利用余热发电;利用秸秆作板材原料;堆制肥料型厕所;利用城市垃圾焚烧制作发电装置;把"激怒"当成鼓励产生新想法的方法等。

2)通过与另一种有害因素结合消除一种有害因素。如用有毒的化学物质保护木材不受昆虫的袭击,且不腐蚀;亏本销售,减少库存;通过增加市区停车费用、减少郊区停车费的策略,以减少市内交通拥堵;引入竞争机制消除员工对变化的恐惧等。

3)加大一种有害因素的程度,使其不再有害。如限制某种产品的生产,使市场上该产品的供应不足;减少做某项工作的资源,以至于不得不寻求新方法来解决问题等。

很明显,由对称转为反对称,由正向转为反向,由有害转为有利的思路,正是逆反创新的思路。

第五节 强化与群体

本节简单介绍强化创新和群体创新在科学发现和技术发明中的重要作用。

一、强化创新技法

在科学技术的研究过程中,人们发现:对于研究对象,或者对其进行精炼、压缩、聚焦等特殊手段,或者置其于各种特殊环境下,可以获得平常情况下难以获得的结果,这种"特殊"处理,可能使技术有新发明、科学有新发现,我们称为强化创新技法。

1. "强化"促进科学研究的进展

让我们以两个实例来说明"强化"促进科学研究的进展。

[例7]

科学实验通过强化来保证对象在各种特殊条件下暴露其本质特性

一些事物需要在特殊的环境条件下,才会暴露本质特性,而这种"特殊",在自然状态中难以控制,在生产过程中难以实现。只有在实验室里,通过人工施以的各种手段,创造特殊的环境条件才能实现。

例如，1931年范德格拉夫发明了静电加速器，接着又出现了回旋加速器，才有可能加速中子或其他高能粒子，用它们作为轰击原子核的"炮弹"，从而实现人造元素的构想。从1906年荷兰的卡曼林·昂尼斯用人工液化氦的方法，获得超低温，到目前新技术已获得非常接近绝对零度的超低温；从1929年英国的伯奇等人发明了油扩散真空泵，可以得到相当于几十亿分之一的大气压的高真空，到迄今的真空技术更先进、真空度更高；从最初的高能加速器把微观粒子加速到几百亿电子伏特，到现在加速到上万亿电子伏特……这些超高压、超低温、高真空、高能量作为研究对象的特殊环境，使科学实验获得在平常环境中难以获得的重大发现。例如，1911年，昂尼斯在接近绝对零度的超低温实验中发现水银失去了电阻，从而引起科学界对超导体及其性能的研究。

[例8]

心理学家通过强化研究学习者的行为变化

美国哈佛大学著名的心理学家斯金纳首先通过强化来研究学习者的行为变化。他指出：人类几乎所有的行为，不是生物学意义上的自然选择的结果，就是心理学意义上操作强化的结果。他把学习看作是行为在发生形式和概率方面的变化。他认为，这种变化是由操作条件反射引起的。操作条件反射是一个学习过程，在这个过程中行为变得更容易、更经常发生：一种操作受到强化从而得到增强。在操作强化的过程中，操作行为得到改进或改变，强化，即一套行为重复出现的发生概率得到了增多。

斯金纳在其强化理论中还提出正强化和负强化的概念。所谓"正强化"，是指呈现给学习者有益的刺激，而增加其合乎要求的反应行为的过程，即关注学习者在学习过程中所表现出的进步，及时恰当地予以鼓励，促进其闪光点的保持和发扬。所谓"负强化"，是指消除伤害性和讨厌的刺激，而增强人的预防反应的过程，即关注学习者在学习过程中所表现的不良行为，及时恰当地予以提醒或惩戒，以防止不良行为的继续。

有人评价，斯金纳的强化理论"揭示了人类行为习惯形成与改变的原因，为教育提供了行为塑造与行为矫正的技术原理。"

2. 强化创新在工程技术领域中的具体运用

我们把工程技术领域中的创新思路：振动、周期性作用、紧急行动、热膨胀、加速强氧化等归入强化创新技法。

（1）振动。振动创新思路包括五个方面的内容：

1）使物体处于振动状态。如电动雕刻刀具设振动刀片；使用振动棒以避免水泥制件中出现空穴；有意让某机构出现波动、不平衡，以发现解决问题的办法等。

2）若振动存在，则增加其频率，甚至增至超声。如用白噪声伪装谈话；通过强振分选粉末；超声清洗或探伤等。

3）使用共振频率。如利用超声共振消除胆结石或肾结石；利用 H 形共鸣器吸收声音；使机构处于谐振状态或处于该谐振处；让产品和用户之间处于谐振状态等。

4）使压电振动代替机械振动。如石英晶体振动驱动高精度的表；在喷嘴处设置石英振荡器以改善液体雾化效果等。

5）使超声振动与电磁场耦合。如超声探伤；在高频炉中混合合金；利用地球物理技术协助确定地下的结构等。

(2) 周期性作用。周期性作用创新思路包括三个方面的内容：

1）用周期性运动或脉动代替连续运动。如使报警器声音脉动变化，代替连续的报警声音；设计供热及光线管理系统时充分考虑白天与夜间的温度及光线效应不同；为节约用水采用脉冲淋浴代替连续喷水淋浴；点焊；批量制造；采用月报或周报代替年报等。

2）对周期性的运动改变其运动频率。如通过调频传递信息；用变频值与变频率的报警器代替脉动报警器等。

3）在作用之间增加新的作用。如医用呼吸系统中，每压迫胸部 5 次，呼吸 1 次；当过滤器暂停使用时，通过倒流将其冲洗干净；采用电池、飞轮等方法储存能量等。

(3) 紧急行动。紧急行动的创新思路是：以最快的速度完成有害的操作。如修理牙齿的钻头高速旋转，以防止牙组织升温；在热量还没有传递前就突然切断了可塑制品，使其无变形；连续浇注水泥浆等。

(4) 热膨胀。热膨胀创新思路包括两个方面的内容：

1）利用材料的热膨胀或热收缩性质。如装配紧配合的两个零件，将内部零件冷却、外部零件加热，之后装配在一起，并置于常温中；膨胀接头；冬天将水滴入岩石缝隙中，水结冰时会使岩石崩裂；让员工处于兴奋状态下工作等。

2）使用具有不同热膨胀系数的材料。如双金属片传感器；用双金属片合页来自动调节窗户的开口量，进而保持室内温度在一定范围内；工作团队中的个性匹配等。

(5) 加速强氧化。加速强氧化的创新思路是：使氧化从一个级别转变为另一个级别，即从环境气体变为充满氧气，或从充满氧气到纯氧气，或从纯氧气到离子氧气。如设置氧吧；焊枪内通氧气，以获得更多的热量；讨论中的特邀嘉宾；用仿真训练代替讲课等。

我们之所以把上述五个创新思路归入强化创新技法，是因为每一个创新思路都突出了某个技术上的概念，即聚焦于"振动""周期性""急""热膨胀""氧化"等，强化了这些技术。

二、群体创新技法

在科学发现和技术发明的创造性活动中,常常需要摆脱狭窄的专业知识范围的束缚,依靠各专业知识群体的交流与合作,依靠科学技术的交叉渗透所体现出的互相取长补短、集思广益,用群策群力的智慧以解决现实中的各种问题,这就是群体创新技法。

1. "群体"促进科学技术的进步

随着科学的学科之间、技术的门类之间、科学与技术之间的互相渗透、互相促进,人们越来越清醒地认识到,新的科学理论的建树、新的科学发现和技术发明,靠个人的聪明才智是难以实现的。它需要团结合作,集体攻关,甚至要动用大量的人力物力。不妨以两个实例来说明:"群体"促进科学技术的进步。

[例9]

从"STS"思想到"STS"学科

我们在前面的章节简单介绍了"STS"思想。简言之,正确认识科学(Science)、技术(Technology)与社会(Society)这三者紧密联系、互相影响的思想,称之为"STS"思想。

在此基础上,人们认为"STS"思想应当渗透到当代教育中去,于是有了"STS"教育。即让受教育者更加关注科学技术的进步,并怀着高度的社会责任感,能正确使用科学技术去造福社会的教育。它包括:将"STS"思想转化成科学教育的目标、内容构建、具体实施等。

到了20世纪70年代,人们提出"STS"学科的概念,认为它应当是一个学科群,包括:科学史、技术史、科学哲学、技术哲学、科学社会学、技术社会学、科技政策研究等学科,突出这些学科对科学、技术与社会的相互关系的研究。

再往下,众多的科学家、工程师、社会学家和教育学家的智慧参与其中,于是产生了一门新兴交叉学科——"STS"学科。

这是一门以传统的科学史、技术史、科学哲学、技术哲学、科学社会学、技术社会学等学科为基础,在更高水平上进行理论综合,并由此而形成的融合了上述传统学科之基本内容,追求科学、技术与社会的相互关系的新兴学科。

中国学者还专门对"STS"学科给出如下定义:

STS是一门研究科学、技术和社会相互关系的新兴学科。它把科学技术看作是一个具有渗透价值的复杂社会事业,研究作为社会子系统的科学和技术的性质、结构、功能及它们之间的相互关系;研究科学技术与社会其他子系统,如政治、经济、文化、教育等之间的互动关系;还要研究科学、技术在整体上的性质、特点、结构和相互关系及其协调发展的动力学机制。

[例10]

关于美国的"曼哈顿工程"

在第二次世界大战爆发期间,科学家们发现希特勒法西斯政权正在积极研制原子弹。他们将消息传递到美国,在众多科学家"抢在德国之前研制成原子弹"的呼声下,美国总统罗斯福终于下定决心,批准实施代号"曼哈顿工程"的研制原子弹计划。

先是在1942年12月,科学家费米率领的科研团队在芝加哥大学建成了世界上第一座反应堆,首先实现人工控制的核链式反应,证明原子弹是可以造出来的。

接下来的问题是要生产足够的核燃料。

研究已知:铀的三种同位素,能够吸收慢中子并产生链式核反应的铀235只占铀的一百三十七分之一,而占总量百分之九十九以上的铀238只吸收快中子才产生裂变,无法产生链式反应。这就需要先把金属铀变成六氟化铀气体,让其通过气体扩散装置,利用两种同位素比重的不同,使铀235的浓度逐渐加大,从而获得"浓缩铀"。研究还发现,受中子轰击后的铀238可以转变成钚239,而钚239也能在慢中子轰击下裂变并产生链式反应。1942年4月,化学家西博格找到了从铀和钚的混合物中产生钚239的化学方法。为此,美国政府决定:在田纳西州的橡树岭建立一个巨大的气体扩散工厂,专门生产铀235;在华盛顿州的汉福德建立一座大型核反应堆,生产钚239。在橡树岭的厂房长达数公里,雇佣上万名工人,每天消耗几十万度电和几万吨水,生产出来的铀235只有几十克;在汉福德着手安装以费米原型堆为依据的巨大生产堆,其工程量相当于建造一座40多万人口的城市!

原子弹的技术研究与实验工作,是在位于新墨西哥州沙漠中的洛斯·阿拉莫斯实验室进行的。担任实验室主任的是美国科学家奥本海默,仅他手下就有一千多名科学家。正是这么多科技人员的努力,使洛斯·阿拉莫斯实验室的工作能够紧张而有序地进行。

从1943年4月着手研制到1945年7月16日第一枚原子弹在美国的墨西哥州南部干旱沙漠地区爆炸实验成功,两年间,美国调集的科技人员高达15万人,动员的人力达50余万,动用的电力占全国的1/3,花费了约22亿美元(按时币值计算)……这就是历史上著名的"曼哈顿工程"。而正是这项工程的成功,加速了世界反法西斯战争的胜利!

2. 群体创新在工程技术领域中的具体运用

我们把工程技术领域中的创新思路:有效作用的连续性、多孔材料和复合材料等归入群体创新技法。

（1）有效作用的连续性。有效作用的连续性创新思路包括三个方面的内容：

1）不停顿地工作，物体的所有部件都处于满负荷工作状态。如设置多功能空间；设置多岗位雇员；当车辆停止运行时，飞轮或液压蓄能器储存能量，使发动机处于一个优化的工作点；实施全面售后服务职责；利用专门的小组经常消除企业的瓶颈问题等。

2）消除运动过程的中间间歇。如针式打印机的双向打印；自清洁过滤器消除生产过程中的停顿；使用快速干燥油漆；瓶颈处的多功能设备或操作者改变工作流程等。

3）用旋转运动代替往复运动，使有效作用更加连续。

（2）多孔材料。多孔材料的创新思路包括两个方面的内容：

1）使物体多孔或通过插入、涂层等增加多孔元素。如在某一结构上钻孔，以减少质量；充气砖；泡沫材料；采用类似海绵的材料吸水；氧气呼吸膜等。

2）如果物体已是多孔的，用这些孔引入有用的物质或功能。如利用移植多孔材料吸收接头上的焊料；利用多孔钯储藏液态氢等。

（3）复合材料。复合材料创新思路即是将材质单一的材料改为复合材料。如玻璃纤维与木材相比较轻，并且在形成不同形状时更易控制；钢筋混凝土结构；玻璃纤维加强结构；混合纤维地毯；机电一体化；学科项目小组；高/低风险投资策略的制定等。

之所以上述三种创新思路都归入群体创新技法，是因为它们的创新思路中都突出了个"多"字。而这个"多"正是"群体合力"以解决问题的思路。

大量事实说明，群体创新技法在当今科学领域和技术领域中起到越来越重要的作用。

思考与练习

1. 试找出综合创新和组合创新二者的联系和区别。

2. 通过各种渠道查询：何谓系统科学—数学系统论？它是研究些什么的学科？从创新的角度分析，这门学科应用了哪些创新技法？

3. 本书作者将"多用性""自服务"两种创新思路归入综合创新技法，你认为合理吗？如果你认为其中有不妥之处，谈谈你的理解。

4. 在现实生活中有哪些运用了分离或还原的创新技法的实例？记下自己通过观察分析后所举的实例，并和你的同学交流。

5. 本书作者将预加反作用、预操作、预补偿、机械系统的替代等创新思路归入还原创新技法的观点，你同意或不同意？说说你同意或不同意的理由。

6. 对于移植创新技法在科学理论建树和技术革新中的作用，请通过资料查询或结合自己专业学习的内容进行补充，并在同学中通过讨论达成共识。

7. 本书仅以数学变换举例说明变换（换元）创新技法在科学理论方面的建树。你能联系别的学科通过变换取得理论研究方面突破的实例吗?可以请教你的专业导师或其他能够提供帮助的人,增加有关方面的知识。

8. 本书作者将复制、低成本等技术创新思路归入变换创新技法,你认为合理吗?如果存在牵强的地方,请指出,并谈谈自己认为应当把它们归入哪种创新技法中去。

9. 对迂回创新技法的介绍,希望读者能在科学理论建树方面补充一些实例,请你试一试。

10. 本书把曲面化、动态化、未超过和未达到的作用、抛弃与修复、惰性环境这几个技术创新思路归入迂回创新技法,作者所提供的理由,能说服你吗?如果不能,谈谈你的想法,并指出它们应当归入哪个创新技法中,或者应当单独列出的理由,然后将你的想法与同学交流,达成某种共识后写一份心得体会。

11. 20世纪70年代,人们研制晶体管时,世界上很多科学家都在忙于提炼纯净的锗,而日本的江崎于奈和宫原百合子却反其道行之,在锗中掺加杂质,从而得到性能优异的电晶体,使晶体管研制获得突破,这是运用逆反创新技法的典型例子。你能通过各种渠道查询有关逆反创新技法在科学研究方面获得成功的其他实例吗?着手这方面的工作,最好是小组分工,然后交流各自的收获,共同完成一份内容丰富的查询研究报告来。

12. 设法找到有关斯金纳强化学习理论的书籍来读,思考其中正强化、负强化方法能否运用到自己所参加的小组学习活动中。

13. 本书作者将振动、周期性作用、紧急行动、热膨胀和加速强氧化等技术创新思路归入强化创新技术,你认为合理吗?关于强化创新在技术领域方面的运用,你还有哪些补充?请联系自己的专业学习,发表这方面的意见。

14. "群体创新技法在科学理论建立方面的作用越来越显著",你同意这样的观点吗?如果同意,请通过各种渠道搜集相关资料,进行补充佐证。如果不同意,也说说你的看法。

15. 我们的前辈通过自己在科学或技术领域上卓有成效的实践,总结出的:综合、组合、分离、还原、移植、变换、迂回、逆反、强化、群体这十大创新原理,又称为十大创新技法。本书将发明问题解决理论中所列的40条发明原理(详见:檀润华. 发明问题解决理论. 北京:科学出版社,2004:96):①分割;②分离;③局部质量;④不对称;⑤合并;⑥多用性;⑦套装;⑧重力补偿;⑨预加反作用;⑩预操作;⑪预补偿;⑫等势性;⑬反向;⑭曲面化;⑮动态化;⑯未达到或超过的作用;⑰维数变化;⑱振动;⑲周期性作用;⑳有效作用的连续性;㉑紧急行动;㉒变有害为有益;㉓反馈;㉔中介物;㉕自服务;㉖复制;㉗低成本、不耐用的物体代替昂贵、耐用的物体;㉘气动与液压结构;㉙柔性壳体或薄膜;㉚多孔材料;㉛改变颜色;㉜同性质;㉝抛弃与修复;㉞参数变化;㉟状态变化;㊱热膨胀;㊲加速强氧化;㊳惰性环境;㊴复合材料;㊵机械系统的替代,分别归入十大创新技法。认真重温本章所介绍的全部内容,再联系自己的专业学习,试运用其中某一个或几个创新技法,提出设想和打算去解决某个或某几个现实中困惑的问题。

16. 四川师范大学的潘学军教授在他编著的《物理实验方法与演示教具制作》一书中,强调制作仪器、教具时需要掌握一些材料加工的基本技术。为此,他专门介绍了:金属加工技术(锯削、锉削、剪切、整形、弯曲、钻孔、攻螺纹与套螺纹等);焊接技术(包括:常用焊接工具及焊料、预上锡与焊接、检查焊接质量、使用电烙铁注意事项等);玻璃材料加工(包括:有机玻璃的种类、特性分析及划折、锯、锉、热割、热弯、切削、钻、攻螺纹、粘接、表面抛光等）；粘接技术（包括：正确选择胶粘剂、影响粘接质量的因素、粘接工序及表面处理、几种常用粘胶剂的使用等）；仪器设计中的电子制作（包括：印刷电路板设计方法、用计算机绘制电路板与电路图等）（详见：潘学军·物理实验方法与演示教具制作·北京：科学出版社，2012：120~160）。作为理工科学生，要通过自己动手制作一些仪器教具，掌握一些材料加工的基本技术是必需的，建议同学们利用在校学习的大好时机，到实验室或实习基地去，勤练相关的基本技术。可以找潘教授编著的书来阅读，也可以结合自己的专业寻找相关基本技术培训内容的书来参考，记下技术要领，并认真进行实际的操作。

17. 关于技术创新的基本过程，潘学军教授认为，所谓："发现目标→确定任务→提出设想→实验试制→确定设计→申请专利→实施投产→开拓市场"的"线性模型"，在实践中并不多见，更多的是各步骤的顺序会因具体情况的不同而有多种变化，可能改变目标、改变顺序、重复原先的步骤或提前申请专利等（详见：潘学军·物理实验方法与演示教具制作·北京：科学出版社，2012：81~83）。请结合自己在实验或实习中遇到的具体问题和具体分析的情况，谈谈自己的体会。

18. 有人认为："技术工程方面的创造发明，必须先争取得到专利。因为有了专利的法律保护，可以独立实施或转让，从而获得较大的经济效益。"你认为持此观点正确与否，谈谈你对这个问题的认识。

19. 面对与你专业相关的某个产品，需要你参与技术创新。请从以下几个角度分别列出你将如何去发现目标和确定任务：①消除缺点；②增添功能；③降低成本；④安全环保。

第十章
>>>>>>让研究性学习帮助我们专业成长

从社会学的角度理解，专业是指职业活动社会功能的不可替代性和从业前后都需通过长期训练以获得专门知识和技能。这就意味着，我们理工学科学生从进校第一天就面临一个专业成长的问题。通过基本的专业知识与技能的学习，是为将来在本专业领域内从业打基础；而要在该领域有所作为，那将是不断更新学习方法和内容的过程，即专业成长的过程。

本章从剖析研究性学习的内涵入手，进一步说明：研究性学习能帮助我们专业成长。

第一节 关于研究性学习

学习者在学习过程中自觉地、独立地或在教师指导下，从自然、社会生产生活中选择和确定研究的课题，并在研究过程中主动获取知识、应用知识去解决实际问题的学习活动，称为研究性学习。

1. 研究性学习的特点

研究性学习着眼于改变学生传统的学习方式，具备如下特点：

（1）探究性。整个学习过程突出科学探究的七个要素：提出问题、猜想与假设、制定计划与设计实验、进行实验与收集证据、分析与论证、评估、交流与合作。也可能根据具体的研究课题，不一定七个要素都具备。但从提出问题到最后解决问题的整个过程，都需要学习者积极思维和采用各种探究的方法，这一点是必须强调的。

（2）开放性。研究性学习的内容既可以说传统学科的，也可以是新兴学科的；既可以是科学方面的，也可以是人文方面的；既可以是单科性的，也可以说多学科综合、交叉的；既可以偏重于社会实践的，又可以偏重于文献研究或思辨的。因此，视角可以因人而异，所得的结论不强求统一、一致和所谓的标准化。

（3）自主性。研究性学习活动中，学生被赋予一定的责任和自主权，他们面对由案例、背景知识、情境引出的一个需要学习、探究的问题，是课题的提出者、设计者、主动探究者；有属于个性特长和发挥才能的足够的空间；整个活动体现学生的自主探究。

（4）合作性。研究性学习活动，通常以小组的形式承担课题，每人在小组中有一定的分工，大家通力广泛地合作、积极热烈地交流沟通，共同学习、共享学习经验，达到共同提高。

（5）实践性。研究性学习活动，从课题的选择、方案的拟定，到课题的研究、成果的展示，每一步都需要学生自己去提出问题、猜想与假设、分析与论证、设计实验等。而且，研究性学习活动特别强调理论知识与社会、科学和生活实际的联系，特别关注与人类的生存、社会的发展等密切相关的重大问题，注意开发能提供学生获取知识的社区资源；注重学生在实践中的感受和体验，要求每人都参与到实践中去发现和探究问题，去发展自己的实践能力和创新意识。

鉴于上述特点，可以说，研究性学习有利于改变学生的学习方式，有利于培养学生的创新意识以及发现问题、分析问题、解决问题的能力。

2. 研究性学习是我国基础教育课程改革的一大亮点

早在20世纪80年代初，世界上许多国家就开始着手在学校里让学生开展研究性学习活动，后来，研究性学习逐渐成为世界教育改革发展的趋势。从20世纪90年代后期开始的我国新一轮基础教育课程改革，也在中学积极倡导学生的研究性学习活动。

对低年级的学生，强调学生在教师的指导下，通过科学探究的学习方式，去体验科学探究活动的过程和方法，发展好奇心和求知欲。

对高年级的学生，国家教育部颁布的课程标准更是全面地把研究性学习活动列入课程体系的教学内容中。

例如《普通高中物理课程标准》，其中在课程总目标中强调"知识与技能在生活、生产中的应用""运用物理知识和科学探究方法解决一些问题""了解科学与技术、经济和社会的互动作用"等；在课程的具体目标中规定："要关注物理学与其他学科之间的联系""参加一些科学实践活动，尝试经过思考发表自己的见解，尝试运用物理原理和研究方法解决一些与生产和生活相关的实践问题""关注并思考与物理学相关的热点问题"等。在课程的教学建议中指出："物理学与社会的联系可以分别从资源（能源）、人口、环境和生态、交通、居住等方面，结合本地区的社会现象进行讨论""开展跨学科的研究活动，鼓励学生把物理知识与其他学科知识结合起来研究周围的生活和社会现象"等。在其中的

"物理专题研修"的陈述中特别强调:"由学生自主确定学习内容的专题;独立阅读教科书和研修其他学习资料;在教师指导下主动收集研究的相关信息;独立操作实验;结合自己的原有认知和对所获得的信息进行选择、加工和处理。"

上述,仅就我国普通高中物理课程的改革情况做简介,它比以往任何时期都更强调学生自主学习和合作学习。这就足以说明研究性学习是我国基础教育课程改革的一大亮点。

3. 江苏省太仓高级中学实施研究性学习活动的一些做法

我国江苏省太仓高级中学是最早开展高中课程改革实验的学校。他们的一些做法,不仅是在中学里开展研究性学习活动闯出的一条新路,也为我们理工学科学生自觉投入研究性学习活动提供一些值得借鉴的东西。

例如,太仓中学把研究性学习作为要求学生必学的课程,分三个阶段完成课程的学习:

第一阶段,在高一年级进行。通过教师的参与,以人文、社会等为主要内容,使学生了解科研的一般过程和方法,体验科研的艰辛,打好学科基础。目标是:培养学生自主学习能力、交际能力、想象力及实践能力,学会寻找信息源,增强学生的社会意识,提升学生的人文科学素养。

第二阶段,在高二年级进行。通过教师的协助,以自然科学研究为主要内容,使学生掌握基本的科研方法,从社会、生活、实践中学会运用多种方法思考问题,积极主动去获取知识,发现不同学科知识的联系。目标是:培养学生具有独立、合作开展工作的能力以及多渠道获取、分析、处理和利用信息的能力,改变学生的学习方式,提升学生的自然科学素养。

第三阶段,在高三年级进行。通过教师的指导,以综合性跨学科研究为主要内容,使学生尝试不同学科之间的综合,把研究性学习与未来相结合。目标是:培养学生社会责任感和历史使命感,树立远大理想,明确人生目标,培养分析问题和解决实际问题的能力,全面拓展学生各方面的综合素养。

太仓中学研究性学习课程的实施有如下步骤:

(1) 确定研究课题。分析学校特色和传统优势,结合本地自然条件与人文资源,结合本校学生的特点,提出问题,确定研究主题。

(2) 课题的实施。

1) 准备阶段。包括:动员学生、教师、家长;提供相应的知识背景,开设一些学术讲座(学校层面);进行科研方法指导(学校层面);组织专门的管理体系,成立领导小组、专家小组和管理小组。

2) 选题阶段。包括承担课程指导的教师、参加课程学生的选题和方案制订。

教师选题:年级组教师以班主任为主,在年级组内分别找其他学科教师三人，由四人组成指导教师小组。通过同指导小组教师共同协商，确定一个涉及教师所属不同学科的研究主题。教师小组对所选主题进行备课，写好备课笔记，然后教师小组进行主题展示，注明题号，吸引学生申报选题。

学生选题：学生根据教师公示的若干主题，选择自己喜欢的题目，并按顺序填写"选题意向表"。学校收集"选题意向表"后，按学生意向分组，由班主任宣布分组名单，学生组成合作学习小组，并推荐组长。

确定课题研究方案：学生与指导教师见面，了解指导教师对主题的构想说明，学生小组开始查阅资料、访问有关人士等，确定自己具体的研究子课题（即确定与主题有关的更小的研究领域）。教师和学生一起讨论学习小组的课题，并指导制订"课题研究方案"。教师根据与学生讨论的结果，撰写指导小组研究的教案。

3）开题评审。学校组织开题评审会，提出开题评审的有关要求，由指导教师主持，对每个组的"课题研究方案"进行评审，不合格的小组，需重新准备后再通过开题评审。

4）实施阶段。它包括：学生按课题研究方案，自主开展研究活动，并认真规范地填写相应表格；学生定期与指导教师见面，教师通过与学生的交流和小组活动记录，随时了解并评价每个小组以及每个学生的活动情况，提供有针对性的指导，并认真填写相应的指导意见书和日常审核表；每个学生准备一本记录本，随时记录研究情况与各方面的收获。

5）课题成果展示。它包括：学生以小组为单位，对收集到的资料进行分类、归纳、整理和提炼，确定总结的内容，选择最合适、最能反映研究成果的形式；成果形式不拘，格式要规范，内容要具体，鼓励创新。教师要教育学生尊重《中华人民共和国著作权法》，反对抄袭或对资料做剪贴；学生以小组为单位完成小组研究成果一份、课题涉及的科学术语词汇一份、课题实施过程中所有原始资料一包，最后的研究成果内容包括选题意义、研究经过、论证与结论、效果分析、后附资料索引目录等；以几个课题组为单位，在指导老师组织下，各小组将研究成果进行展示交流，同学对各组成果进行评议，提出改进意见；展示须用PowerPoint演示，还可借助其他辅助手段（展板、投影、录像、实物等）；每个学生交一份个人总结，600字左右，主要描述个人的参与工作和贡献；上述材料使用文字编辑软件、用A4纸打印，于答辩前两天交给指导老师。

6）年级答辩、报告会（略）。

7）学生成绩评定。它包括：学生根据评价表自评，并呈交个人工作记录本；学生小组开展互评，评出每个学生的分数等。班主任负责汇总：将开题评审的成绩、学生平时成绩和答辩成绩统一汇总，根据学校规定的不同权重，对每个学生做出最后的成绩评定。

8）学年课程实施情况总结（略）。

江苏省太仓高级中学的教师围绕本地区的历史文化、社会经济发展等情况，指导学生在人文、社会、自然科学和综合性跨学科方面进行研究的课题有：旅游开发、青少年违法犯罪、对外开放情况、交通建设情况、土特产、文化名人调查、热水器问题、学生早餐、机动车尾气污染等九个研究性学习课题，每个课题又有七个子课题。学生根据自己的兴趣特长爱好选择其中的课题，并在其中获得成果的体验。正如出自太仓中学的学生和家长口中所总结的：研究性学习，使学生"学会了调查研究，学会了发现问题、提出问题，学会了从网上、书报杂志上、实践考察中……多渠道、多层次收集信息资料，学会了分析所占有的资料、数据，从而寻找解决问题的途径、方法。"

通过对研究性学习特点的分析，以及新一轮基础教育课程改革对研究性学习的强调，还有江苏太仓中学开展研究性学习活动情况的介绍，我们可以用中学课程标准中的一句话来概括："研究性学习以学生的自主性、探索性学习为基础，从学生生活和社会生活中选择和确定研究专题。主要以个人或小组合作的方式进行。通过自身实践获得直接经验，养成科学精神和科学态度，掌握基本的科学方法，提高综合运用知识解决实际问题的能力。"

第二节 学会提出问题

体现学生自主性、探究性的研究性学习，其中重要的是探究，而探究的前提是问题。一切思维都是从问题开始的，一切创造也是始于问题。教育的本质的是促进人的发展，而人的发展的重要标志之一就是能够提出问题，并努力去寻求问题的解决。鉴于此，理工学科学生有必要学会提出问题。

一、问题的界定

何谓问题？问题即要求回答和解释的题目，或者尚待解决和弄不明白的事实产生的疑点。

心理学家则根据问题的内容和性质，把问题大致分为呈现型、发现型和创造型三类。呈现型问题又称为低级型问题，它们是把一些给定的问题（即由他人呈现的问题），其答案是现成的，求解的思路和方法也是现成的，问题的解答者只需通过记忆去按图索骥，就能得到与标准答案一样的结果。发现型问题是自己发现，或由自己提出的，而不是别人提供的。这些问题，有的却可能没有现成的公式、解决的办法或答案，要通过思考或创造，这样的问题，能引起人思考、给人启迪。高层次的发现型问题能导致重大的科学发现，而创造型问题在人们发明、创造出来之前是不存在的，是全新的，它是科学家、发明家、艺术家们从事创造活动的基础。

我国一些教育工作者还把问题分成抽象的和原始的问题，他们认为："抽象问题，即平时让学生作答的习题，是把现象进行抽象、简化、分解，经人为加工出来的练习作业；而原始问题则指自然界及社会生活、生产中客观存在、能够反映科学概念、规律本质且未被加工的典型科学现象和事实。"

显然，心理学家们指出的发现型和创造型问题，以及我国教育工作者指出的原始问题，是我们开展研究性学习活动应当强调的最能体现其自主性和探究性的问题。

二、提出问题是一种能力

爱因斯坦在他的《理性中的灵感》中指出："提出一个问题往往比解决一个问题更重要，因为解决一个问题也许仅是一个数字上的或实践上的技能而已，而提出新的问题，新的可能性，从新的角度去看旧的问题，却需要有创造性的想象力，而且标志着科学的真正进步。"可见，能够提出值得人们去探究的问题是一种创新能力的体现。

例如，1956年前后，物理学家们进行粒子物理方面的实验时发现：荷电的K介子的两种衰变：τ衰变表现与θ衰变表现在内禀宇称上是相反的。若从粒子的质量和寿命上分析，τ介子和θ介子应当是同种粒子。若从物理理论中的宇称守恒定律去分析，τ介子和θ介子不是同种粒子。究竟τ与θ是同种粒子或者不是同种粒子呢？李政道、杨振宁两位华裔科学家敏锐地抓住这一问题进行深入研究，终于建立粒子物理"弱相互作用下宇称不守恒"的科学理论，并因此获诺贝尔物理学奖。这是在科研实践中发现问题的典型事例。

又如，20世纪初，数学界围绕数学基础的大辩论，形成以罗素为代表的现代逻辑主义、以布劳维尔为代表的现代直觉主义和以希尔伯特为代表的现代形式主义这三大学派。人们发现，三大学派的论争，各有极端和片面，也各有创见。这种数学理论内部出现的矛盾，可以相互借鉴。如何互相借鉴以寻求数学基础问题的解决呢？正是这种从科学理论内部出现矛盾发现的问题，促使数学研究的拓展和进步。

再如，科学由客观层次向微观层次深入，由宏观层次向宇观层次拓展时，面对更小或更大的时空范围，其研究需要更高水平的技术支撑，这种支撑包括高精尖技术设备的研制、观测实验手段方面的更新等，这是科学技术前沿领域研究面临的问题。

还如，科学的发展形成许多分支学科，而各学科之间又形成许多交叉的领域，往往这个领域是学科之间接触面上的知识空白区。能否在两个或多个相邻学科的边缘地带寻找结合点，在结合区上研究，建立新的学科（边缘学科）？能否利用一门学科的理论和方法,去研究某一特定的客体,从而建立新的学科(综合性学科)?正是这一系列问题激励人们去研究,并让若干新兴学科不断涌现。

可见,能够从科学研究的实践、从科学理论内部出现的矛盾、从科学技术的前沿领域、从学科交叉的领域发现问题,是科学素养较高的人所具备的能力的表现。

三、有价值的问题源自何处

这里所说的有价值的问题,是能够作为我们研究性学习活动中要攻克的问题。归纳起来,这种问题有如下四种来源:

1. 来源于实际生活

在日常生活中,只要认真观察、关注周围所发生的各种现象,不难发现有价值的问题。例如,上海市东中学的学生看到校园里的雪松长势枯萎,联想到学校地处工业区,大气中二氧化硫污染严重。那么,应该选择种植哪些树种,才能解决工业区的绿化问题呢?于是开展了"常绿树种抗二氧化硫特征"的研究,从而为该区的绿化提供了帮助。

2. 来源于书报等资料

通常在阅读各类资料的过程中,或多或少总会有一些问题让你困惑,让你有一种想弄明白的冲动。如北京 161 中学的同学们从一些书籍杂志上看到有关"音乐可以促进植物生长"的文章,这些报道均出自非学术性刊物,难辨真伪。于是他们进行了"音乐对植物生长发育影响"的实验,具体证实了音乐对植物生长的影响,不仅使他们的研究学习有所收获,也为附近农村的生产提供了参考。

3. 来源于对已有观点和结论的怀疑

科技史上,许多成就都出自科学家、工程师对已有观点和结论的大胆怀疑和挑战。而现实中,同学们也可以尝试对一些传统经验的观点和结论的怀疑。比如,人们总认为只能用桑叶喂蚕,但河南新乡地区桑树缺乏,养蚕业受饲料不足的影响而受到限制。新乡地区的学生开展了"桑蚕饲料的选择"的研究,大胆试用其他植物树叶喂蚕,经过两年对比试验观察,证明柏树叶和莴笋叶可作为代用桑叶养桑蚕,为发展当地养蚕业提供了帮助。

4. 来源于"反常"现象的思考

对一些偶然出现的"反常现象"进行思考,可能发现有价值的问题。比如,上海一个高中学生在观察天空云彩时,发现了一个"反常"现象:天空中有时会产生一种平日不易观察到的奇异云彩,他想:"为什么会有这种奇异云彩出现?"于是,就以此作为自己努力探究的问题,经过多年观察和学习,认识了地震云，并在某地观察到奇异云彩后，成功地预报了该地将发生地震。

可见，有价值的问题，并非只有科学家、发明家们才能做到，只要我们保持一种好奇心和求知欲，并知道有价值的问题源于何处，我们一样能有所作为。

四、学会发现和提出问题

要使我们的研究性学习体现自主性和探究性，首先要能自己发现和提出值得研究的问题。对初涉猎研究性学习活动的同学们而言，可以尝试用下列几种方法去发现和提出问题。

1. 从多个角度、多个方面思考要执行的任务

日常生活中，我们会遇到要求我们去执行某项任务的情况。比如，要装修新房，去商店选择、购买电线来搞室内布线。从导线外的橡胶皮或塑料皮的颜色看，有红、蓝、绿、黄等；从导线芯的材料看，有铜线、铝线、银线之分；从线的内径大小看，有粗有细；从价格上看，同种直径的，以银线最贵（一般情况不会有货），铝线最便宜；同种材料，粗的比细的贵。还有，房间多大面积，一般面积越大，需要的电线越多；准备安装的家用电器，包括照明、取暖和制冷、炊事、娱乐等日常用电的耗电大致多少，一般用电量越大，要求室内布线的用材越讲究（在同直径情况下，铜线比铝线能承受的负荷更大；同种材料情况下，内径粗的比细的承受的负荷大）。于是，你运用所学过的知识，先计算整个新居室内布线的长度需要量，再从安全和价格两个角度思考购买何种规格的电线。从室内布明线的美观协调思考购买何种规格的电线。在设计线路走向的同时，思考哪些地方安装插座或双联开关，让使用时方便。怎样让可能互相干扰或造成用电过分集中的地方分散开来等。这就是从多个角度、多个方面调动已有知识去思考要执行的任务——买电线。当方方面面的细节都考虑到了，说明你已具备在执行任务时发现问题和提出问题的能力了。

2. 用"检核目录法"审视物件

"检核目录法"又称"列举一览法"，即对某物件（或事物）从各种角度改变对其的审视，所进行的思考。

比如，对一只温度计，可做如下审视：

（1）能否他用？即温度计除了可以测量温度外，有无其他用途？

（2）能否借用？此温度计是利用液体热胀冷缩性质制成，那么，用其他物质的性质或原理能否制成温度计呢？

（3）能否改变？即能否依需要改变温度计的颜色、形状或其他性质呢？

（4）能否扩大？温度计的玻璃管内径变大将会怎样？

（5）能否缩小？要使温度计的质量变轻些，应如何做？

（6）能否代用？温度计内的液体能否用水或其他液体替代？替代了又将

如何？

(7) 能否调整布局（结构或顺序）？温度计液泡处的内径比液管处大，能否调整成一样大或反之情况？测量温度的步骤能否调整顺序？

(8) 能否颠倒上下（正反或作用）？如果使温度计的刻度上小下大又将如何？

(9) 能否组合部件（功能、原理）？将温度计与其他器材组合，能否制成多用途的物件？

当你能够采用"检核目录法"审视你要使用或接触的物件，你可以发现和提出一些极有价值的问题了。

3. 用"5W2H法"考察面对的事件

凡某一事件发生，都有人物、时间、地点、过程、原因、发展等基本特征。抓住这些特征，可以提出七个方面的问题，即：为什么（Why）；做什么（What）；谁（Who）；什么时候（When）；什么地点（Where）；怎样（How to）；多少（How many）。

比如，我们学习物理学中的牛顿第一定律之后，可以利用"5W2H"法去考察自己对该定律的认识：

(1) 为什么要研究牛顿第一定律？（Why）——因为要研究运动和力的关系。

(2) 牛顿第一定律的内容是什么？（What）——一切物体在没有受到外力作用时，总保持静止或匀速直线运动状态。

(3) 哪些物体符合该规律？（Who）——一切物体。

(4) 在什么情况下符合该规律？（When）——在没有受到外力作用时。

(5) 在什么地点能符合该定律所需条件？（Where）——物体所受一切外力的合力为零的地方。

(6) 我们是如何学习得出该定律的？（How to）——运用提出问题—猜想—实验—归纳—推理（包括理想实验帮助下的推理）等研究步骤和思维程序。

(7) 有多少种情况下，物体总保持静止或匀速直线运动？（How many）——两种情况，即不受外力作用或所受外力的合力为零的情况。

通过上述七个方面的思考，我们实际已经剖析了牛顿第一定律的内涵和外延，对其的认识就会有所提高。

事实上，对现实中发生的某事件，我们可以根据具体情况，使用"5W2H法"其中的几个思路提问，不一定七个方面都考虑周全，只要每个提问都值得你去探究，就是有价值的。

比如，面对你生活的社区塑料废弃物的污染，你尝试如下的提问：

(1) 这些塑料废弃物污染情况值得调查研究吗？（Why）

(2) 塑料废弃物将造成什么样的污染？（What）

(3) 塑料废弃物会产生哪些有害物质？（Who）

(4) 塑料废弃物在什么情况下产生危害？（When）

(5) 塑料废弃物在哪些地点产生危害？（Where）

(6) 塑料废弃物的污染怎样治理？（How to）

(7) 本社区治理随意丢弃一次性塑料垃圾应制定哪些行为规范？（How many）

上述七个问题，哪怕你仅就其中一两个问题去思考，并着手研究，都会有所收获，并能提现你的一种社会责任感。

本节就问题的界定、问题的价值以及发现和提出问题的方法进行了简单的介绍。目的在于让同学们通过学习，理解提出问题的重要意义。因为只有具备发现问题和提出问题的能力，我们的研究性学习才可能体现自主合作和探究的价值。

第三节 研究性学习中的几个重要环节

本节讨论研究性学习活动中要关注的几个重要环节。

一、猜想与假设

根据已有的科学原理和科学事实，即已有的知识和经验，对未知的自然现象及其规律性、对问题的成因、对探究的方向和可能出现的结果进行推测与假定性的说明，这就是猜想与假设。

科学的猜想与假设遵循四条原则：

第一，要以一定的科学原理为指导，但又不能受传统理念的束缚。

第二，要以经验事实为依据，但又不能为原有材料所限制。

第三，应具有可检验性，但也意识到可能因当时科技水平的局限，因此，检验不是一次就能完成的。

第四，猜想与假设的内容既有丰富的内涵，又有确定的外延，力求简明而严谨。

鉴于此，研究性学习活动中，如何正确把握猜想与假设是值得关注的重要环节。

首先，要正确处理猜想与假设的依据问题。

猜想与假设需要有经验、知识和探究问题的科学事实等作为依据。现实中，常遇到同学们漫无边际地"瞎猜"，可以让大家通过讨论中明白：毫无经验、事实或知识基础的猜想和假设不是科学探究。在学习初期，大家缺乏相关知识和经验时，由教师事先精心设计问题情境，把猜想与假设的选择项目呈现出来，并让大家展开讨论，这是必要的。而我们理工学科学生，在开展研究性学习活动时，面对许多缺乏经验和相关知识的情况，可以先针对发现和提出的问题，先去搜集相关的资料、信息，然后在同学间展开讨论，互相启发，也能够做出有价值有创见的猜想和假设来。

另外，有问题困惑是提出猜想和假设的前提。只有面对困惑的问题，才能使学习者调动头脑中储存的经验事实、科学知识去尝试性地对问题的成因提出猜想；对探究的方向和可能出现的实验结果进行推测与假设。正因为如此，我们才强调研究性学习中的问题，必须是能够激发我们去积极探究的问题。

科学的猜想与假设意义重大。

其次，科学的猜想与假说是通向真理的桥梁。

科学技术史表明，几乎所有的观察与实验都是为了验证猜想与假设这一明确目的而设计和装置起来的。只有依据一定的猜想与假设作为指导，人们才知道设计什么样的实验、进行什么样的观察，并能在实验与观察过程中始终保持清醒的头脑，及时抓住那些主要的、有意义的事实，而把次要的、意义不大的摒弃。这样，就使研究工作有目的、有计划地进行，避免盲目摸索。例如，从李政道、杨振宁把"$\tau-\theta$之谜"作为研究课题，到他们提出"弱相互作用下宇称不守恒"的假设，期间他们搜集资料、分析推理等，仍属于摸索阶段，直到提出假设后，才能有目的地设计验证假设的实验，有计划地把研究工作引向深入。

同样，我们的研究性学习活动，能够依据已有的知识和经验提出猜想和假设，我们才可能依据问题的成因等，制定探究的计划和设计验证性实验，才可能有目的、有计划地将我们的研究性学习活动引向深入。

再有，通过提出猜想和假设，我们在调动头脑中储存的知识与经验的过程中，在积极搜集相关资料信息，并进行交流讨论，互相启发中，会激发自身的创新意识，会使自己的思维活动更加活跃，这正是在学生中开展研究性学习的目的之一。

二、制订计划与设计实验

既然猜想和假设是为解决问题的方式和问题的答案而提出的，那么，解决问题的方式可能是资料的查询、实地调查、进行实验验证等，这就需要制订切实可行的活动计划。

例如，要研究的课题涉及许多自己没有具备的知识，而猜想与假设能否得到相关科学理论的佐证，这就需要有意识、有目的地去找相关的文献资料来学习。而有价值的文献资料包括：①教科书、百科全书、词典、丛书、年鉴、史记、传记等图书；②古迹、建筑物、器物、图画、摄影照片等文物；③文书档案、书报、期刊、简讯、统计图表、文件等资料。这就需要制订一个查询资料的计划，它包括通过什么途径获得相关资料，查询过程中的分工与合作，资料的汇集与整理等，计划越周密，实施起来就越顺畅。

又如，只有通过实地调查，才能证实原先对问题发生的缘由的假设，那么，到实地去调查之前制订包括下列内容的计划是必要的：调查的目的、要解决的问题、选定的对象、调查的地区、单位、范围和规模、时间和步骤、调查的类型和方法、人员的分工等。如果把我们要进行的实地调查的计划草拟到如下程度：①有按一定逻辑顺序排列的调查项目；②有围绕调查项目事先准备的一个个小问题。那么，我们实施起来就会顺畅得多。

特别要提及的是有关设计实验的问题。

作为理工学科的大学生，已经具备了科学实验所涉及的一些基本知识和基本技能。比如，了解实验的数据处理、误差分析等方面知识；对一些仪器设备使用时的操作要领和规程有所掌握。但是，我们仍然需要提醒自己，研究性学习活动中所涉及的实验，是要我们去自行设计的，这里面有几点值得我们关注：

第一，知道实验目的和已有条件，制订实验方案。

目的——验证原先的猜想和假设；已有条件——学校能提供的场地、器材、设备、药品或其他，或者通过自己就地取材，自制的仪器设备；方案——实验步骤顺序等。

第二，尝试选择实验方法及所需的装置与器材。

第三，考虑实验的变量及其控制方法。

实验中，总有一些无关变量难以排除。遇到这种情况，应设法使这些无关变量保持在某个范围内。这种排除实验过程中各种偶然的、次要因素的干扰，称为控制。这就需要我们在事前：选择具有足够准确性和稳定性的实验仪器；通过平衡法，排除实验顺序的影响；注意诸如时间、气候、仪器、方法、操作等可能造成的干扰，尤其是心理实验和一些动物活体实验更要事前注意控制环境。

三、评估

科学探究的程序：提出问题→猜想与假设→制订计划与设计实验→进行实验与收集证据→分析与论证→评估→交流与合作，我们已经讨论了前面三个程序。进行实验与收集证据、分析与论证，我们在前面的章节已有详尽的阐述。因此，我们现在来阐述"评估"这一研究性学习活动的重要环节。

对以学术论文或调查报告来结题的研究性学习，我们可以通过下列问题先做一个自我评估：①问题的结论是什么？②理由是什么？③哪些词句的意义模糊不清？④价值冲突和假设是什么？⑤描述性假设是什么？⑥论据是什么？⑦抽样选择是否典型？衡量标准是否有效？⑧是否存在竞争性假说？⑨统计推理是否错误？⑩类比是否贴切中肯？⑪推理中是否存在错误？⑫重要的信息资料有没有疏漏？⑬哪些结论能与有力的证据相容不悖？⑭争论中你的价值偏好如何？这十四个问题来自美国心理学家尼尔·布朗的《走出思维的误区》，当我们能用上述十四个问题的其中几个问题去审视我们提交的论文或报告时，我们实际在做自我评估。

我国《普通高中物理课程标准》中有关"科学探究及物理实验能力要求"的评估一栏，有如下说明：尝试分析假设与实验结果间的差异；注意探究活动中未解决的矛盾、发现新问题；吸取经验教训，改进探究方案；认识评估的意义。强调的是对研究成果的一种自我检测：

第一，自觉将原先的猜想与假设，与实地调查或科学实验后的结果进行比较，对错误的猜想与假设要毅然摈弃，哪怕是曾经苦心钻研所得。对原猜想与假设基本正确，但仍存在错误的，则保留正确的，抛弃错误的，这叫作修正、纯化和补充。

第二，研究性学习活动会有一些未解决的矛盾或新的问题的出现，关注它们，可以将此当作下一次活动的课题，它必然会使我们的研究性学习引向深入。

第三，自我检测中会发现所做的探究方案有这样或那样的缺失，甚至是失败需要重来的经验教训。失败不可怕，可怕的是不吸取教训，下次重犯。即使是成功的经验，也需要反思：是哪些做法对头了？今后应当坚持下去！等等。

总之，评估这个环节，不是在评功摆好，而是在正视成果中可能存在的问题。当我们越这样苛求自己，就越能在自己的专业上有所成长。

四、交流与合作

研究性学习所倡导的交流包括：教师与学生之间、同组同学之间、组与组之间的交流，还有在更大场合中展示成果、开学术讨论会等形式的交流。

师生间的交流，教师的知识与经验为学术的研究提供指导，教师的启发能促使同学们独立思考。反过来，学术的设疑、猜想中激发出来的创新思路，也可能让教师受到启发，这叫作教学相长。

同组同学间的交流，可让大家明白，每个人所承担的角色任务都十分重要，只有互相支持、彼此配合，才能出色地完成所承担的课题。

组与组之间的交流，可以互相学习、取长补短，可以信息资源共享。

研究性学习活动的成果包括：学术论文、调查报告、设计方案、科技制作等。将这些成果在全班、全年级乃至全校范围内展示；或者通过学术讨论会，针对其中的观点、方法、形式等让大家来评议，这是更大场合的交流。这种交流有几重意义：①通过自我检测式的评估，让更多的人来分享本小组（或个人）获得某些成功的经验；②自我检测式的评估可能未发现的问题，让更多的人帮助发现，提一些建设性的意见；③在更大范围内彼此交换看法，扩大视野，将以后的研究性学习引入深入。

研究性学习所倡导的合作包括：同组同学间、小组与小组间的合作，甚至还有更大范围、更多人参与的合作。

同一课题组的同学，在共同完成某项研究性学习活动的过程中，可能每人承担不同的任务，但这些任务都是为了一个共同的目标——完成同一课题而设定的。"他在执行这项任务时，我怎样配合他？"如果每个小组成员都能如此思考，并付诸行动，这就是同组同学间的合作。

小组与小组之间，虽然研究的不是同一个课题，但获取信息资料的渠道、方法，某些创新思路，是可以互相借鉴的。研究性学习活动中需要动手动脑的环节很多，也许这个组在这方面是其擅长的，在另一方面却是不擅长的，而另一小组的擅长项与不擅长项恰好能够与之互补，此时采取互相支援人才或信息资料，也是一种合作。

当我们的研究需要到一些能够提供实验场所、设备或人力物力支持的别的学校或科研单位，经有关部门的协调安排，得以实现，而我们的研究成果反过来为对方提供有益的帮助，这就是更大范围、更多人参与的合作。

合作不仅体现在互相帮助、互相协调、共同提高上，还体现在既坚持原则又尊重他人上。合作中有争论是正常的，只要不违反科学的原则、探究的原则、知识共享的原则，让每个人对同一问题的不同观点，有充分的发表权，让每个人在课题完成中所起的作用得到充分的肯定。任何一个在研究性学习活动中表现出亲和力的人，他总是既有自己独到的见解，又能凡事保持谦虚听取别人意见的姿态。这些都是合作精神的体现。

我们在前面的章节提到的群体创新，那种摆脱狭窄的专业知识范围的束缚，依靠各专业知识群体的交流中群策群力的智慧，依靠科学技术的交叉渗透所体现出的互相取长补短、集思广益，以实现新的创造发明，其本质就是交流与合作。

第四节 研究性学习活动案例介绍

本节根据理工类学校不同专业所进行的学习，列举一些案例供大家参考。

[例1]
某高校数学专业的"数学文化节"

某高校数学专业的教师向同学们介绍关于数学文化时指出，有下列选题值得关注：①数的产生与发展；②欧几里得《几何原本》与公理化思想；③平面解析几何的产生与数形结合的思想；④微积分与极限思想；⑤非欧几何与相对论；⑥拓扑学的产生；⑦二进制与计算机；⑧计算的复杂性；⑨广告中的数据与可靠性；⑩商标设计与几何图形；⑪黄金分割引出的数学问题；⑫艺术中的数学；⑬无限与悖论；⑭电视与图像压缩；⑮CT扫描中的数学——拉东变换；⑯军事与数学；⑰金融学中的数学；⑱海岸线与分形；⑲系统的可靠性。

就上述十九个专题，同学们根据自己的专长爱好自由选择其中某一个专题，并由选择同一专题的同学组成研究性学习小组。小组的第一次聚会，大家针对题目，围绕以下问题分别发表自己的初步设想：①此题涉及哪些背景知识，哪些知识是已经具备的，哪些知识尚待小组成员去学习？②从数学文化的角度分析，该题的研究可能会有哪些收获？③该题的研究表明数学与哪些社会生活领域紧密相关？并在会上明确每一个小组成员具体的责任：谁去查询相关资料？谁去现场调查取证？谁负责将收集到的资料进行归类整理？等等。

此后，各小组在搜集整理资料的基础上，围绕专题展开讨论，在达成共识后，着手写论文，并配合论文的论点、论据制作幻灯片。最后利用课余活动时间组织学术交流的报告会，会上，各专题组派代表上台宣讲论文，同时放幻灯片，让大家观摩。

这个被该校命名为"数学文化节"的研究性学习活动，由于自始至终数学专业的师生都投入了极大的热情，所整理出来的资料内容丰富，让参与该次研究性学习活动的同学都获得某种成功的体验，更增添了对数学学习的热情。

[例2]
关于"厨房里的物理学"的研究性学习

某师范大学物理教育专业的同学们在即将奔赴中学去进行教育实习之前，因为《物理课程标准》中有"物理就在我们身边"这一提法，决定开展一次题为"厨房里的物理学"的研究性学习活动。目的在于搜集相关资料，以此充实自己的教学设计内容。

考察过程基本是个人行为，包括：决定考察的侧重点、实地观察和试验、依相关物理知识对各种现象做出合理解释等，都是独立完成。

依力学知识，同学们关注了厨房里的各种用具，侧重于杠杆、斜面、劈尖、连通器、液压传递、力平衡、滚动与滑动摩擦等方面的分析。

依热学知识，同学们关注了厨房里的各种物态变化情况、热传递、热胀冷缩现象等。

依光学知识，同学们关注了厨房里的采光、物品颜色搭配、食品变质前后颜色对比等现象。

依电学知识，同学们从厨房室内布线，以及照明、取暖、供热等电器的串并联问题讨论到安全用电与节约用电方面的问题。

考察结束后，同学们再依考察角度的不同，分成力、热、光、电四个研究性学习小组，先在小组里交流自己的考察结果，展开讨论，互相取长补短，达成共识后，统一写成一份科普性问答的小文章。

正是同学们预先做了这一研究性学习，他们到了实习学校后，能学以致用，结合要讲授的内容，举例说明"物理就在我们身边"，让学生深切感受到生活中处处有物理，从而获得实习学校师生们的首肯。

[例3]

关于传感器的研究性学习

《传感器及其应用》是高中物理新课程改革中新加入的知识点。教材中介绍了很多传感元件以及传感器的应用实例。如果仅让学生阅读教材并配合教师在课堂上的一些相关演示，也能完成该章节的教学内容。某中学有教师为了培养学生的自主学习和合作学习方面的能力，做了如下尝试：

首先，让学生通过一个预先安装有电子传感器的大门。每通过一人，就会听到"欢迎光临"的声音。然后问大家：为什么进出大门时，能听到声音，远离大门就没有声音呢？在激发起同学们探究欲望后，将同学们分成若干学习小组，按小组为单位，自己动手去拆卸形如小熊猫的电子门铃，自己去发现其内部有大家尚不熟悉的电子元件——红外传感器模块。再组织各小组围绕以下问题展开讨论：为什么有了这个模块，就有如上所述的功能？它能感知什么？感知后产生什么变化？教师不失时机地启发学生进一步总结：人体的热辐射能产生红外线，红外线通过模块后能转化为电信号，电信号被处理放大，通过扬声器就能发声——能够把一些非电学量转变为电学量的装置称为传感器。

再往下，让各小组的同学认真阅读教材后通过分工合作，到现实中了调查哪些运用到传感器？以小组为单位写出调查报告，并在全班公示，让大家分享学习成果。

比如，某小组对商贸市场上的电子秤进行认真的观测，归纳出该电子秤由中心控制电路、电阻应变式传感器、电子显示屏、电源、导线等部分组成，并分析出电子秤的工作原理。教师及时予以表扬，并鼓励大家继续去发现传感器新的应用实例，看哪一个组列举的事例最多，分析实例的工作原理更准确到位，然后利用班会时间再次展示自己的学习所得。

最后，由学校提供诸如光敏电阻、热敏电阻、烟雾感应器、继电器、三极管、干电池、不同颜色的小灯泡、导线等实验器材，让同学们在通过查阅书本资料的基础上，分组进入实验室去自行设计制作简易的传感器。

由于自始至终，学生都处于自主、合作、探究的学习状态，尤其是通过动手动脑，自己设计制作出各种简易的传感器之后，大家普遍感到收获很大。

[例4]

关于"中考体育"项目中的物理知识探究

学生经历九年义务教育阶段,在参加中考前,要接受体育运动素质方面的考查,教育部门专门设置了一项"中考体育测试",它包括"引体向上""定点投篮""短跑"等方面的测试。某中学物理教师有意让高一年级的学生通过观察分析体验后,自己写出题为"中考体育项目中的物理知识"的研究性小论文来。

学生们首先到运动场去认真观察一些人做"引体向上""定点投篮""短跑"活动,更多的是自己去亲身体验,总结失败的原因和成功的经验,再联系已学过的物理知识进行思考,他们的分析如下:

为什么站在单杠下时,尽量保持两臂的宽度和两肩的宽度一致,这样再做引体向上时最省力,效果最好?因为当手臂与两肩同宽(手臂竖直向上),此时两只手臂的力量才能全部作用于竖直方向去克服人体的重力而做功(屈臂引体向上)。如果手臂比肩宽,手臂与竖直方向形成一定的夹角,依力学中的力的合成与分解原理,有夹角的方式,两臂就需要施更大的力,才能克服人自身的重力。

一般情况下,投篮球是跳得高投的更准。如何才能使自己跳得高呢?原地投篮往往是通过小腿弯曲,再蹬地,让地面对脚有一个反冲力,使脚产生动量,然后通过腿伸直的过程,动量从脚传到腿,这样,人能够弹跳得更高。在实际投篮过程中,在达到所谓最高处后,还可以通过收缩身体达到提高身体重心的效果。因为在收缩身体的过程中,身体产生的能量可以转化为人的动能,能够使投篮者在原来的高度上再向上运动。

跑步运动的过程,实际是人脚蹬地的摩擦力作用的效果。例如短跑的起跑时,会采用蹲踞式姿势。当人脚用力后蹬,脚对地面有一个向后的作用力;反过来,地面会对脚有一个向前的反作用力。在极短的时间内,此力的效果是使人产生较大的动量变化,从而获得较大的初速度。另外,短跑运动员穿钉鞋,是因为钉鞋能有效地增大脚与地面的摩擦力,避免在跑的过程中发生打滑现象,同时也使脚更多的受到地面的反作用力,以增大人在跑动过程中的速度。

上述归纳总结都是同学们自行观察分析出来的,这种理论与实际结合的学习也算是一种研究性学习。

[例5]

遥控机械手Ⅱ代诞生

时间:2005年暑期,上海市第20届Intel创新大赛之后

地点:上海向明中学机器人工作室

项目:遥控机械手Ⅱ代的研制

项目内容：使用绑在遥控者手臂上的遥控器来捕捉遥控者肩、肘、腕、虎口四个关节的运用；并且利用无线传输技术，遥控远程的一个拥有同样四个关节的机械手臂来精确地模仿遥控者的动作。

问题：遥控机械手Ⅰ代——结构强度差，易在运动中发生损坏；信号传输过分复杂，操作不易；遥控信息未体现控制的精确性。

猜想：结构强度差是材料选择不当？信号复杂是因为结构设计不合理，还是程序设计有问题？

分工：一部分同学负责机械手的主体重建；另一部分同学负责依具体需要的无线传输技术方面重新设计。

主体结构研究过程：

（1）选择新材料：①比较曾使用的乐高材料和准备使用的慧鱼材料：前者强度较差，后者质量过大形体笨重，对马达造成负载过大；②分析所需材料的特点：结构坚固、质量轻、直径4cm左右且易加工、与现有结构能很好接合；③发现某型号PVC水管中空而牢固、成本低、易加工。

（2）结构设计：①同学间交流，并请教老师后，决定机械手臂的主体改为三角形支架结构，使手臂结构相对稳定且牢固；②在主梁旁添加另一根主梁以满足承重要求。

信号传输与配套装置设计研究过程：

跟踪主体重建中出现的问题：①臂部一开始的动力由大马达提供，且因为手部的重量部平衡，大马达又没有自镇结构，导致手臂的初始位置直接倾斜，无法达到原来考虑的归零位置；②通过无线传输技术解决肘部的运动结构调适；③分析齿轮箱在运行过程中滑离原来位置，导致齿轮相互卡死，使机械手的肘部运动出现问题；④通过把两个小马达直接改成大马达，把手臂部的马达换成带自锁的小马达，以避免齿轮相互卡死的故障。

评价与反思：

向明中学机器人工作室的同学们锁研制的遥控机械手Ⅱ代参加上海市举办的2005慧鱼机器人大赛，获得专家高度评价："他们多方查找资料，参考经验，一步步地克服了诸如材料强度、远程通信技术、传感器安装和运动轨迹分析等所有的难题，完成了可以远程遥控的智能机械手臂。"并授予优秀机器人作品一等奖。

工作室的代表盛瑜玠同学在他写的"大赛记事"一文中有如下反思："尽管我们制作的机械手已达到了预期的目标，但是我们坚信它应该有更高的发展空间。我们可以利用这个研究成果，作为将来进一步深入仿人机器人的领域作铺垫。我们做的机械手尽管能完成任务，但是其扭力、体积、质量和控制四方面还有待提高。在今后的研究中，我们将对这四方面进行改进，使其成为一只完美的手臂。简言之，尽量再向人手的具体结构、功能靠近，达到百分之百的仿造甚至超越……"

上面，我们从中学生或大学理科生学习成长的角度举例说明一些学科开展的研究性学习。以下，我们不妨举几个工科生进行研究性学习的案例。

[例6]

风力涡轮机改进设计

某理工大学机械制造专业的学生到一个风力发电厂去参观。该厂技术人员告诉他们：该厂用750kW的大型风力涡轮机来发电。当风力很大时，叶片转速过大，由此产生的离心力也过大，叶片有断裂飞走的危险。为了确保安全，当风力增大到一定水平时，他们就采取机器停止运转的措施，但停机即不能发电。最好是机器不停止运转，风力大时最大限度地工作，从而发更多的电。

"希望风力涡轮机能在高速运转时工作，以提高其生产率；但高速时叶片可能断裂，怎样消除这种安全隐患？"这是需要在技术上解决的难题。为此，同学们开展了相关的研究性学习。

首先，大家讨论后达成的共识是：速度是需要改进的工程参数。因为其正面影响是：速度越大发电量越高；负面影响则产生诸如力、强度、面积、可靠性、应力、物质损失等有害因素。

同学们在通过查阅资料，并开展讨论后，找出其中最主要的影响参数：

叶片断裂，相当于标准工程参数：物质损失及可靠性。

负载过大，相当于标准工程参数：力、应力、面积。

材料强度不足，相当于标准工程参数：强度。

大家为了证实自己的判断，便设计一些相关的实验方案到学校的专业实验室去做实验，最后得出：影响叶片断裂的最主要原因是由叶片材料强度不够造成的。

找到了主要原理，同学们再通过查询资料，比较工程参数，找出速度和强度二者产生的冲突，分析应采取哪些创造发明思路可以解决风力涡轮机出现的问题。

通过讨论，达成的共识是，如下思路可能可以解决问题：

（1）质量补偿。其原意是：用另一个能产生提升力的物体补偿第一个物体的重力；或者通过与环境相互作用产生空气动力或液体动力的方法补偿第一个物体的重力。在此问题中，是想通过某种措施，减少过大的离心力——也是一种补偿。

（2）局部质量。其原意是：将物体或环境的均匀结构变成不均匀结构；或者，使组成物体的不同部分完成不同的功能；或者使物体的每一部分都最大限度地发挥作用。在此问题中，三种思路都可指向问题解决。

（3）复制。其原意是：一种材料替代。在此问题中，也是此思路。

（4）曲面化。它包括：①将直线或平面部分用曲线或曲面代替，立方形用球形代替；②采用辊、球、螺旋；③用旋转运动代替直线运动，采用离心力。在此问题中，也是三种思路都可指向问题解决。

同学们再次查阅相关资料，并对资料整理分析后，一致认为：曲面化这一创新思路最有希望解决风力涡轮机出现的问题。应用曲面化思路解决如下工程设计问题：推进器设计（Propeller Design）、喷气发动机风扇叶片设计—剑式风扇（Jet-engine Fan Blade Design—Sword-Fan）、离心压缩机（Centrifugal Compressor）、高速机翼设计（High Speed Wing Design）、回飞标形玩具设计（Boomerang Like Toy）。这些工程事例不仅证明曲面化思路的可行，而且帮助同学们确定风力涡轮机叶片改进后，应该是什么形状。

[例7]

EMC技术的研究性学习

EMC（Electro Magnetic Compatibility）即电磁兼容，是指电子设备在使用过程中不会产生对周围设备的干扰，同时也不会受周围设备干扰的一种特性。相关的技术称为EMC技术。

某高校电子专业同学们，先是利用课余时间到图书馆或互联网去搜寻相关资料，主要关注所列的各种干扰源。当同学们知道：在实际生产生活中，干扰源主要分为自然干扰源和人为干扰源两种。自然干扰源主要包括大气中发生的各种现象，如雷电、风雪、暴雨、冰雹、沙暴等产生的噪声，同时还包括来自太阳和外层空间的宇宙噪声，如太阳噪声、星际噪声、银河噪声等；人为干扰源是多种多样的，如各种信号发射机、振荡器、电动机、开关、继电器、氖灯、荧光灯、发动机点火系统、电铃、电热器、电弧焊接机、高速逻辑电路、门电路、可控硅逆变器、气体整流器、电晕放电、各种工业、科学和医用高频设备、城市噪声、电气铁道引起的噪声以及由核爆炸产生核电磁脉冲等。

然后，同学们联系自己实际生活中使用电子产品受到干扰的例子展开讨论。对某产品受到干扰的情况达成共识后，大家再次查阅相关资料，且通过拆卸深入理解产品内部的电磁兼容设计。比如，在手机设计中，对某些芯片就会采取局部屏蔽的EMC措施。又如，某产品在传统防雷插排的基础上，将EMC设计融入其中，给人们带来使用上的更安全，也在市场中获得好评等。当同学们知道电磁兼容设计与日常生产和生活息息相关的有关内容后，都感到从中受到启发，对EMC技术产生更大的学习热情……

可见，只要联系自己的专业去寻找课题，是可以使研究性学习活动开展得有声有色的。

第十章 让研究性学习帮助我们专业成长

思考与练习

1. "哪怕你是受过高等教育的大学生,也并不是什么都知道。重要的是,要知道从什么地方能快捷、准确地找到自己所不知道的知识,捕捉到自己所需要的信息。"谈谈你对这段话的认识,最好能联系你所参加的研究性学习活动来谈这方面的体会。

2. 对研究性学习所具有的开放、自主、探究、合作和实践性这几个特点,你认为哪几个特点最能体现你的专业特色?有人认为探究性和实践性比其他特点更重要,你同意这样的说法吗?

3. 针对传统工业社会的高消耗、高排放的弊端,有人从生产到消费、从生活到休闲、从个人到社会的各个领域倡导可持续性发展的3R原则:

(1) 减量化(Reduce)原则,即用较少的原料和能源来达到既定的经济目的或生活目的,从而在经济活动的源头就注意节约资源和减少污染。

(2) 再使用(Reuse)原则,即要求制造产品和包装容器能够以初始的形式被多次使用和反复使用,而不是用过一次就了结。

(3) 再循环(Recycle)原则,即使物品完成其使用功能后重新变成可以利用的资源而不是不可恢复的垃圾。

请联系你的专业学习,确定一个与"3R原则"相关的研究性学习课题,并通过查询资料、观察实验等方式完成该课题的研究。

4. 关于物质科学,如图10-1所示。

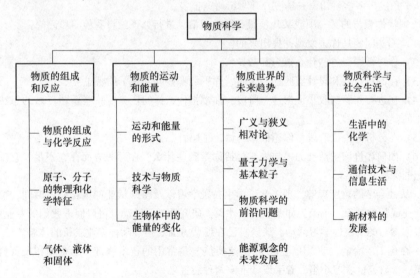

图10-1 物质科学示意图

(1) 结合自己所学专业和STS思想,通过查询资料,写一份详尽的背景设计。

(2) 从图10-1中选一内容作课题,开展研究性学习。

5. 华东师范大学的孙可平教授认为下列内容是"社会热点问题"(详见:孙可平·STS

教育论·上海：上海教育出版社，2001）：

（1）土地与生态农业：①健康食品；②设施农业；③土地合理使用；④耕作与土地使用。

（2）人口与粮食：①人口迁移与文化渗透；②人口与粮食危机；③食品添加剂；④粮食加工技术。

（3）交通与市政：①未来交通体系；②交通体系与拓扑学；③城市建设。

（4）经济与市场：①股票与投资；②现代货币；③通货膨胀与经济危机；④泡沫经济。

（5）医疗与健康：①医疗检测技术；②毒品与戒毒；③攻克艾滋病；④"机灵的小魔鬼"—病毒与病菌。

（6）环境与污染：①城市噪声与噪声污染；②建筑物污染与城市污染；③"赤潮"现象与水污染；④环境中的铅污染；⑤核废料与核污染。

（7）战争与防御：①沙林毒气与化学武器；②遥感技术与现代战争；③"星球大战"计划；④核武器与核战争；⑤海湾战争的后遗症。

（8）资源与能源：①从生物制氢到新能源开发技术；②垃圾处理及其资源化；③再生能源；④国家能源政策与能源保护。

（9）信息与资源：①计算机与人工智能；②信息高速公路与计算机网络化；③现代卫星通信技术。

请参阅上述所列的主题，结合当前时代背景与你所学的专业，设计一个研究性学习课题，成立一个课题组开展切实可行的研究性学习，它包括：搜集相关资料，调查了解现实中的情况，从多角度、多学科知识去学习，并写出研究报告。

6. 试就你参与的某一项或某几项研究性学习活动进行如下的自我检测和评价：

（1）哪些问题是你去发现并提出来的？

（2）你对课题做过些什么猜想和假设？

（3）在制订计划和设计实验这一步时，你围绕哪些问题做了周密思考？

（4）在进行实验与收集证据这一阶段，你承担什么样的任务？一些新颖奇妙的想法是怎样产生的？

（5）在分析与论证阶段，你积极参与讨论了吗？

（6）如何评价该项活动的得与失？包括你学到些什么？在哪些方面存在不足？有没有让你牢记的深刻教训？

7. 从社会学的角度理解，理工学科学生在校学习以及将来从业的很长一段时间，都需要一个专业成长的过程。正因为如此，我们才说，研究性学习活动，可以促进我们的专业成长。请联系你参与的研究性学习活动，谈谈自己在哪些方面获得了某种专业成长的体验。

8. 在化工、冶金、动力工业中，"逆流换热"是常用的技术原理，请查阅相关资料，然后组织一个研究性学习小组，着手设计下面两种装置之一：

（1）一个回收淋浴废水热量的装置。

（2）一个回收废气热量并加以利用的装置。

9. 关于"记忆合金"，例如镍钛合金制成的元件按某种形状进行处理，它在某种温度范围内可以随意将其弯曲成其他形状，但恢复到一定温度，它会立即恢复原有形状。有人利用这样的"记忆效应"进行了许多技术创新。请查阅相关资料，将有关利用"记忆合金"进行创造发明的例子尽可能多地找出来，然后组织一个研究性学习小组，着手设计利用"记忆合金"达到某种目的的新装置。

10. 认真观察你所处的校园（社区）环境，思考哪一些装置、物件可以成为你专业基础课的教学资源，将它们记录下来，然后写一篇调查报告。

11. 有人发现单摆的简谐运动的周期公式 $T = 2\pi \sqrt{L/g}$ 是一种近似取值。近似的程度取决于展开式 $\sin\theta = \theta - \frac{1}{3!}\theta^2 + \frac{1}{5!}\theta^3 + \cdots\cdots$ 只有当单摆的摆角 θ 值接近于 $\sin\theta$，即 $\theta \pi 5°$ 时，才有 $\sin\theta \cong \theta$，才能得到二阶微分方程和该周期公式。请依据此思路，在一些专业基础课程中搜寻相关的问题，即利用级数展开进行近似处理，从而得出具有普适意义的公式米。将它们集中在一起，写一篇关于级数展开的实际运用的科普文章。

第十一章
>>>>>>>创新能力的检测与评价

理工学科大学生不论是自发的，还是由教师指导下开展的与创新教育相关的学习，最终都要面临一个创新能力的检测与评价问题。

第一节 创新能力的内涵

创新能力是与创新活动相关的方法、技巧、动机、态度等多种因素综合后表现出来的本领。它表现在发现新问题的敏感性以及思考和解决问题中的流畅、变通、精进、独创等方面；还表现在创新活动中的兴趣、信心和价值取向上。可见，创新能力有着极其丰富的内涵。正因为如此，有必要分析创新能力的层次划分及检测目标编制等方面的观点。

一、关于创新能力的层次划分

首都师范大学的续佩君教授曾经将物理学习过程中培养起来的能力归为观察、实验和思维能力，并对这三种能力对应的外显相当的物理任务，依综合难度、范围和运用效果等不同，将其分成不同的层次。

例如，物理观察能力分为五个基本层次：①对学习物理知识的器具的观察；②对物理现象和物理过程的观察；③养成自觉观察物理现象的习惯；④在物理观察中提出质疑；⑤制订物理观察计划和表述观察结论。

物理实验能力分为十个基本层次：①按实验步骤完成操作；②设计实验记录的表格；③基本量具仪器的使用；④基本工具的使用；⑤运用误差理论分析物理实验；⑥写出物理实验报告；⑦分析物理实验现象和实验数据；⑧设计简单的物理实验；⑨排除简单故障；⑩根据需要寻找实验仪器的代用品。

物理思维能力分为九个基本层次：①对物理事实做出直觉判断；②对物理学习对象进行联想；③选择确定标准进行比较；④使新旧物理知识发生联系；⑤对具体物理结论进行概括；⑥对物理事实和物理数据进行归纳；⑦运用物理概念规律进行演绎；⑧根据研究目的思考相关因素；⑨深化物理概念和规律的

学习。

事实上，理工学科专业每一门学科的学习，都需要在观察、实验和思维方面体现出能力。而这些能力中，能够提出质疑、进行分析、寻找代用品、做出直觉判断、进行联想、使新旧知识发生联系、思考相关因素、深化等，本身就是一种学习上对传统方法的超越，一种创新行为，至少是创新意识的反映。因此，续佩君老师关于能力层次的划分，值得我们借鉴。

笔者认为，我们可以将创新能力分为思维、实践方法及价值取向三个方面的内容。这三方面的内容思考，它们可以分为几个基本层次。

比如，思维方面的创新能力，可以分为八个层次：①能发现与专业学习有关的问题；②能发现与专业学习内容无关但值得研究的问题；③能从多角度明确表述所发现的问题；④能对解决问题的方式和问题的答案提出猜想与假设；⑤能正确运用分类、比较等判断；⑥能联系实践正确运用类比、归纳、演绎等推理；⑦能结合研究的问题，正确运用聚敛思维和发散思维；⑧运用多学科知识与方法进行思维。

再如，实践方法的创新能力，可分为六个层次：①通过观察，能发现其中的细节；②观察中积极思维，抓住细节提出问题；③在没有使用说明书的情况下，也能尝试着对实验仪器进行规范操作；④在尝试选择实验方法和所需装置器材中，也考虑可能的替代物；⑤实验研究中自制实验用具或选用新材料；⑥各种实践过程中都设法采用新方法。

还如，价值取向方面创新能力可分为四个层次：①在创新学习的集体活动中勇于独立承担某项任务；②在研究性学习过程中积极与人交流；③在各种创新实践中善于与他人合作，包括既坚持原则，又尊重他人等特质；④对承担的课题能提高到对社会负责的高度来认识等。

虽然我们的层次划分还比较粗糙，但笔者认为，在我们进行自我检测或相互检测以了解自己的创新能力具备什么样的水平时，还是可以作为参考的。

二、关于创新能力检测的目标编制

南京师范大学的刘炳升教授认为：创新能力测试目标不能按认知和动作技能来划分，而应当按影响实践创造力的核心——思维品质来划分。刘老师为此列出三个方面的内容：

1. 聚敛性和逻辑性

不仅要求测试一般的逻辑推理能力，还强调将逻辑思维运用于不确凿的情境和未知领域。这方面的主要表现有以下七点：

(1) 通过逻辑推理发现和提出问题。

(2) 通过逻辑推理提出假设。

(3) 通过逻辑推理提出实验设计方案。
(4) 运用逻辑思维设计实验步骤。
(5) 运用逻辑思维预测实验过程中的变化和解释实验中的异常现象。
(6) 运用逻辑思维指导操作和排除故障。
(7) 运用归纳推理得出正确结论和分析实验误差。

2. 发散性和灵活性

主要是解决实际问题中思维的多向性和灵活性。这方面的主要表现有以下六点：

(1) 有根据的猜测，凭直觉发现问题。
(2) 从多种角度开展逻辑思维，提出不同的实验方案。
(3) 在设计实验中提出与众不同的方案。
(4) 在解决问题遇到障碍时能灵活地改变思路取得突破。
(5) 能敏捷地抓住实验中的偶然现象提出新的问题和见解。
(6) 善于在实验中实现方法、技能和技巧的迁移。

3. 综合性和评价性

由于在层次较高的创造活动中综合性较强，要求聚敛性思维和发散性思维、抽象性思维和直觉、想象综合运用，因此，要求思维品质有较高的综合性和评价性。这方面的主要表现有以下六点：

(1) 在较复杂的新情境中（如缺少条件或多余条件）设计实验。
(2) 在运用多角度思维设计实验的基础上选出最优方案。
(3) 对复杂黑箱问题（如内部信息缺失、跨度较大等）的解决。
(4) 运用理想化的方法提出假设，设计实验，再行修正。
(5) 在实验过程中，根据反馈信息及时评价和修改实验方案。
(6) 运用联想和逻辑思维结合找出复杂过程的本质因素。

对以上三个品质因素的每一方面，根据问题的复杂程度，都有较高和较低的层次。刘教授按由高到低将其分为 A、B、C 三个层次。为此，围绕观察、思维和操作三个方面的能力测试，刘教授又专门设计了表 11-1。

表 11-1 实验创造力测试计划双向细目表

内容 层次 目标	聚敛与逻辑			发散与灵活			综合与评价		
	C	B	A	C	B	A	C	B	A
发现问题提出课题									
提出假设									
设计实验方案									
拟定实验程序									
仪器装置使用									

（续）

内容	层次	目标	聚敛与逻辑			发散与灵活			综合与评价		
			C	B	A	C	B	A	C	B	A
	试验操作与控制										
	实验中的发现										
	排除故障										
	数据处理										
	结论归纳与评价										

就此，刘炳升教授完成了创新能力测试目标的编制。

刘炳升教授在他的《科技活动创造教育原理设计》一书中就创新能力测试举了一个案例："实验设计——研究气压随高度变化的关系"，有兴趣的读者可以详细阅读并受到启发。

三、从科学探究教学评价指标获得的启示

我国研究中学课程改革的著名学者项红专整理了一份科学探究教学评价指标，见表11-2。

表11-2　科学探究教学评价指标

教学过程	一级指示	二级指示			
		d（未达标）	c（达标）	b（良好）	a（优秀）
观察情景提出问题	就问题情境发现提出问题情况	不能发现问题	能发现问题但表述不清	能提出表面性的问题	能提出科学的、利于探究的问题
进行猜想做出假设	对提出问题进行猜想、预测结果情况	不能预测科学探究的结果	能预测出但与科学的结果相距甚远	能预测出较为接近科学的结果	能预测出科学的结果
制订计划设计实验	根据计划，进行实验方案设计情况	不能设计实验方案	能设计出实验方案的部分环节	能设计完整但操作性不强的实验方案	能设计完整且操作性强的实验方案
实验探究记录数据	进行观察、实验以及记录数据情况	不会进行实验操作	仅能操作且不规范或操作错误较多	能操作但不能科学地记录数据	能操作且能科学地记录数据
分析数据得出结论	数据的科学分析以及得出结论情况	不会分析数据	能分析部分数据但得不出结论	能从数据中得出部分或表面性结论	能得出较为科学的结论

(续)

教学过程	一级指示	二级指示			
		d （未达标）	c （达标）	b （良好）	a （优秀）
分析论证 评估结论	对探究的结果分析论证和评估情况	不能评估结论	仅能与预期结果比较但无新的思考	能与预期结果比较并发现新问题	能从比较中发现新问题并有所解答
小组交流 应用创造	① 能积极参与讨论且提出见解 ② 能撰写出有说服力的研究报告 ③ 能对他人的报告提出科学的质疑 ④ 能与他人进行良好合作 ⑤ 能做出具有创造性的成果	①②③④⑤ 都未达到	①②③④⑤ 达到其一	①②③④⑤ 达到其二	①②③④⑤ 达到三个以上（含三个）

说明：
1. 该评价指标由每一科学探究教学环节对应的一级指标和二级指标组成。
2. 科学探究教学每一教学环节提出一个一级指标，然后对每个一级指标根据学生的学习过程设计出对应的二级指标并分为a、b、c、d四个等级。
3. 小组交流应用创造教学环节，考虑到其易操作性，把它的一级指标分解为五点。
4. 根据该评价指标，教师就科学探究教学过程中学生在每一环节的学习过程，给学生记录对应的等级。
5. 学生可以根据该评价指标进行自评。

通过仔细阅读项红专老师所设计的表格，我们不难发现：

（1）科学探究教学强调七个要素：提出问题、猜想与假设、制订计划与设计实验、进行实验与收集证据、分析与论证、评估、交流与合作，在表中对应一定的教学目标：能提出、能预测、能设计、能操作、能得出、能比较、能交流等。而较高层次的"能"（即表中的"优秀"）正是学习者创新能力的体现。

（2）通过科学探究教学，表现优秀的学生，其达到的"能"可以归纳成思维、实践方法及价值取向三个方面的创新能力。比如，能提出科学的利于探究的问题，能预测出科学的结果，能得出较为科学的结论，能从比较中发现新问题并有所解答等，属于思维方面的创新能力；能设计完整且操作性强的实验方案，能操作且能科学地记录数据等，属于实践方法方面的创新能力；而能积极参与讨论且提出见解，能撰写出有说服力的研究报告，能对他人的报告提出科学的质疑，能与他人进行良好合作，能做出具有创造性的成果等，属于价值取向方面的创新能力。

（3）表中二级指标分为未达标、达标、良好、优秀四个层次，说明科学探究教学的培养目标，并不是人人都能表现出较好的创新能力。多数学生能达标，而达标中的"能……但……"或"仅能"说明,通过科学探究教学,达标的学生在实践活动中能获得一些宝贵的经验和成功的体验,从而在思想品格上具备一定的"能",即基本的创新意识和粗浅的创新能力。

可见,当今基础教育课程改革所倡导的科学探究,旨在培养学生的创新人格和创新能力。而项老师所整理的科学探究教学评价指标,也为我们通过创新教育相关内容的学习后,做一个自我检测和互相检测提供了一种评价思路。我们可以根据科学探究的七个要素,逐一检测自己表现在哪些方面"能",哪些方面还"不能"。显然,通过逐个要素、逐个项目的自我检测,本身也是一次接受创新教育方面学习和提高的机会。

第二节 相关案例介绍

如果同学们认为我们在上节介绍的创新能力测试方法难于掌握,本节列举两个操作比较简单的案例,这两个案例是四川师范大学物理与电子工程学院的王力邦教授和潘学军教授提供的。为了对学生的创新能力进行评价,他们在自己的教学实践中做了一些尝试。我们认为对同学们来说,是可以借鉴的。

[例1]

关于"最美的物理实验"的学习与研究

2009年暑期,四川师范大学物理与电子工程学院的王力邦教授担任"四川省农村中学教师暑期进修班"的指导教师。承担《科学方法论》和《理科写作》两门课的主讲。在两门课快结束之前,王老师向培训班学员公示了如下信息:

2002年5月英国的物理杂志《Physics World》上一位科学哲学家克里塞(Crease)提出了一个问题:"物理学中最美的实验是什么?"到9月份,该杂志汇总了200多位读者投票的结果,前10名按名次排列如下:

(1) 用单电子做的杨氏双缝干涉实验(1961年)。

(2) 伽利略的落体实验(1600年前后)。

(3) 密立根油滴实验(1909年)。

(4) 牛顿用棱镜将日光分解为七色的实验(1665~1666年)。

(5) 杨氏用光做的干涉实验(1801年)。

(6) 卡文迪许用扭杆测定万有引力常数的实验(1798年)。

(7) 埃拉托色尼(Eratosthenes)用阳光测定地球周长的实验(约公元前300年)。

(8) 伽利略的斜面实验(1600年左右)。

(9) 卢瑟福用α粒子散射发现原子核的实验(1911年)。

(10) 佛科摆实验（1851年）。

然后，王老师要求在座的二十三位中学理科教师当场用纸条写出：①凭公示的信息，我感到有何问题值得研究？②对问题做出尝试性的解答。

大约10min后，王老师对交上来的15份答案（有八位老师未作答）做现场讲评：

有10份纸条都提到"为什么这十个实验是世界上最美丽的实验，美在何处？"其余5份，有2份是"为什么不提其他学科的实验最美？"有1份是"上面的实验，有的在大学念书时做过，大多没有做，做过的实验确实应该思考为什么最美？"有2份是"其他专业的学术期刊，也可能为其专业的实验排名，也值得思考其中的美。"这后三份都没有回答"有何问题值得研究"。因此，就发现和提出问题方面，提交前十份答案的学员是合格的。尤其是其中非物理学专业的三位学员，他们敢于思考跨学科的问题，这正是当今课改对中学教师的一个要求。

接下来，王老师抓住纸条中"美在何处？"的尝试性解答，也做了评价：

有人说："美在实验方法简单易行""美在方法设计巧妙""美在实验现象明显""美在实验过程中的逻辑思维方法的运用"等。说明同学们对"科学美"这一概念蕴含的简洁、和谐、奇妙、逻辑性强等内容，有一定的理解。因此，这种尝试性解答正是为我们开展下一步学习与研究明确了一个思路。因此，对纸条中有上述猜测的学员，完全可以评"优"。尤其是其中一位在农村中学教数学，而不怎么接触中学理科实验的教师热心投入，更值得大家学习。

此后，王老师给这期培训班的学员布置如下的学习任务：

（1）通过各种渠道搜集信息资料，将上述10个"最美的物理实验"的目的、方法、步骤、现象、结论等内容整理成文字，每个学员至少整理其中两个实验的内容，最好全班分组承担不同内容的整理，以小组为单位交一份整理的文字，作为《科学方法论》和《理科写作》两门课的最后一次作业。

（2）继续通过查询资料，将10个实验其中之一的背景知识（人物、当时科技动态等）、实验目的、装置、步骤、方法等再次重新整理，突出对其中设计之精巧、现象之明显、科学方法运用之得当的分析。将其整理成一篇千字左右的小论文，或者制作成计算机课件，作为《科学方法论》和《理科写作》两门课的结业考试答卷。

对交来的作业，王老师按"基本合格""良好""优秀"三级予以评定：

对所承担整理实验内容中的目的、方法、现象、结论等文字叙述基本清晰，只是一些装置、图示不够准确到位的，给予"基本合格"。

对所承担整理实验内容中各项文字叙述清晰、装置图示准确到位的，给予"良好"。

对所承担整理实验内容,不仅文字简洁、图示准确,而且还涉及该实验的意义的叙述,给予"优秀"。

对制作的计算机课件的评价:

课件中展示有图片和动画设计,对实验的目的、步骤等有文字叙述,且资料都是个人搜集整理的,给予"基本合格"。

课件中展示的图片和动画设计生动,能让学生通过图片、动画及简单文字说明了解该实验的背景知识,对实验目的、步骤等文字叙述简洁到位,资料搜集整理及文字动画设计体现全组合作交流的,给予"良好"。

课件中不仅有生动的动画设计,且文字设计中有配合最初实验当事人的生平简介,说明其创造性的劳动,分析该实验所体现的科学美,给予"优秀"。

王老师还特别对几个非物理学专业的学员的结业成绩给予加分,理由是他们热心投入跨学科知识的学习与研究。

上述案例,王老师用的是定性评价的方法,虽然相对比较粗糙,但培训班的学员听了王老师的现场讲评后,都心服口服。认为用王老师的思路去检测自己的学习与研究,能够找出差距,明确自己今后努力的方向。

[例2]

对物理实验仪器改制过程的创新能力评价

2011年上学期,四川师范大学物理与电子工程学院的潘学军教授承担指导"物理课程与教学论"专业的几个研究生进行物理实验仪器改制的教学任务。整个教学过程共指导几个研究生设计制作了十多个物理实验演示仪。其中,中学物理力学内容有:大气压强演示仪、斜面受力随倾角变化演示仪。热学内容有:简易热胀冷缩演示仪。光学内容有:可见光路的多用光学演示仪。电磁学内容有:静电摆的设计制作、磁场对电流的作用力演示实验装置的设计制作等。

在指导学生进行物理实验仪器改制的过程中,潘学军教授有意从"发现问题"和"问题解决"两个方面尝试对学生的创新能力进行评价。

首先,潘老师让这几个研究生进实验室去进行相关内容的传统实验的实际操作,通过动手并认真观察和思考后,自己发现和提出问题。对能够较全面地指出传统实验仪器存在的弊端的学生在"发现和提出问题"上给满分(100分),仅部分指出其中弊端的适当扣分。

例如,对传统的大气压强演示用的是铁制的马德堡半球,能够指出其弊端是:①现有的铁制马德堡半球质量较大,拿到教室很不方便;②抽气机要用电才能工作,使用操作不方便;③铁制马德堡半球密封困难,容易漏气导致实验失败;④面积不能改变,不能说明压力与受力面积之间的关系。每发现上述一条的记25分,能够找出4条的记满分。一些叙述不够清楚的也适当扣分。

又如,对传统的"磁场对电流的作用力演示装置",能指出:传统的实验装置①导线受力太小，实验效果不明显；②无法进行定量测量等，记满分，仅指出其中一条的记50分，一些叙述不够清楚的也适当扣分；未能指出弊端的不记分。

在指导学生进入研制的过程中，潘老师有意设计一系列问题启发学生思考，视学生的反应来评价。这里边涉及两个专有名词：一个称为"解答距"，另一个称为"思维令箭"。

"解答距"，即是从问题提供的信息到解决问题过程的思维"距离"。根据问题的复杂程度和创造性思维水平，可以分为微解答距、短解答距、长解答距和新解答距。例如，通过模仿即可解答问题，该问题的解答距称为微解答距；若问题提供的情境与学生已知的示例稍有不同，需要他们运用再造思维做适当变换，它的解答距称为短解答距；若需要运用多种知识进行综合、分析，其解答距称为长解答距；若需要运用更高的创造性思维解决新的问题，其解答距称为新解答距。

"思维令箭"，即是教师启发式的提问。让学生能围绕其提出的问题去思考，去寻找解决问题的办法。

潘老师对"解答距"不同的问题预先设定分数是：能回答微解答距问题的记25分；能回答短解答距问题的记50分；能回答长解答距问题的记75分；能回答新解答距问题的记100分。

例如，"磁场对电流的作用力演示实验装置设计制作"这一课题的"思维令箭"有：

新解答距问题：设计制作一个新的演示实验装置，你将从什么地方着手？

长解答距问题：分析一下磁场对电流的作用力与哪些因素有关，这些因素如何改变？

短解答距问题：磁场对电流的作用力与实验提供的磁感应强度B、电流I和导线的长度L有关，在保持I不变的前提下，如何使B和L改变？

微解答距问题：能不能制作磁感应强度B更大的磁体代替传统实验中的马蹄形磁铁；并设法使磁场中导线的长度L更长，从而让其受力更大实验效果更明显？

又如，"大气压强演示仪设计制作"这一课题的"思维令箭"有：

新解答距问题：设计制作一个新的大气压强演示仪，你将从哪几个方面显示它比传统的马德堡半球实验效果更好？

长解答距问题：试从结构简单、体积小、重量轻、携带方便、操作安全可靠、不用抽气机，且可改变面积演示说明压力与受力面积的关系等方面思考要设计制作的新的大气压强演示仪。

短解答距问题：用塑料、橡胶、玻璃等材料做成的仪器设备是否能做得比原先的铁制品更小更轻？

微解答问题：市场上能买到的：医用注射器、塑胶碟状圆盘、橡胶管、中心直径有不同规格的密封圈等，设想一下能否组装一个简易的可变面积大气压强演示器？

另外，在研制过程中，会出现原先意想不到的情况，潘老师鼓励同学们调动已学的物理知识，自行找出解决问题的办法。对通过思考找出办法的学生，则对他的创新能力予以适当加分。

例如，对原先 J2258 型固体线胀演示器的实验表明，演示时需比较大的热源才能使铜棒加热，且仪器体积大、笨重，要研制的线胀演示器仅用一根金属丝和一盏酒精灯。金属丝受热和遇冷产生的微小长度变化是难以观察清楚的。有同学想到杠杆原理和复射式检流计，认为将两者组合起来，利用杠杆原理使力臂位移通过两次放大后，将金属丝的微小长度变化通过指针转过的较大弧长而明显地反映出来。为此，潘老师为该同学加分。

又如，在"磁场对电流的作用力演示实验装置设计制作"过程中发现：由于载流导线电阻很小，一旦电源线路出现短路或出现工作电流不稳定，会使实验失败。一般认为：在电路中串联一个可变电阻能解决问题。当潘老师鼓励同学另想办法时，有同学想到：用双刀双掷钮子开关设计串并联转换开关，并用两只 12V/21W 的小灯泡作为限流保护电阻。当开关倒向一边时，两灯泡为串联状态，回路电阻增大，可调节为较小电流；当开关倒向另一边时，两灯泡为并联状态，回路电阻变小，从而调节为较大电流。为此，潘老师也为该同学加分。

最后，潘老师就发现问题和问题解决两个方面对每位同学的评分算出一个平均分，即为其创新能力的一个定量评估。无疑，潘老师这种办法是一个有益的尝试。

两个案例，第一个是定性评价，第二个是定量检测，都是针对创新能力的。可见，我们理工学科大学生，只要认真开展与创新教育相关的学习，所面临的创新能力的自我检测和互相检测是有方法可以借鉴的。

思考与练习

1. 你认为创新能力按思维、实践方法及价值取向这三个方面的内容来思考其层次划分科学吗？如果由你来思考，应当包括哪几个方面的内容？

2. 刘炳升教授关于创新能力测试按聚敛性和逻辑性、发散性和灵活性、综合性和评价性三个思维品质因素来考察被测试者的表现，你是怎么看的，谈谈你的体会。

3. 你从项红专老师设计的科学探究教学评价指标中能获得哪些有益的启示？请联系你的专业学习做一次逐个探究要素、逐个检测项目的自我评价。

4. 如果你认为：在本章第二节提供的两个案例对创新能力的评价方法比较粗糙，那么，应该进行哪些方面的补充？

5. 针对自己曾经参加的研究性学习活动，尝试做一个创新能力方面的自我评价或者小组同学之间的相互评价。

6. 有专家认为：评价一个人创新能力，可以从他面对各种环境，是否善于转换观察的角度来进行评价。试从一件需要进行技术创新的物件开始观察，用以下思路转变角度：

（1）依用户群的需求不同改变出发点。

（2）把回避或消除物件的缺点变化放大或利用其缺点。

（3）看看从反面解决问题是否更有效？

（4）把自己转换成与发明创造有关的对象，以获得更多的灵感。

（5）联系一些看起来是异想天开的、荒唐的想法，并努力去实践。

上述活动，可以一个人做（最好是几位同学都来做），通过集思广益和互相评价，以促进自身创新能力的提高。

参 考 文 献

[1] 李艳平,申先甲. 物理学史教程[M]. 北京:科学出版社,2003.
[2] 栾玉广. 自然科学研究方法[M]. 合肥:中国科学技术大学出版社,1986.
[3] 张远增. 可持续发展教育[M]. 天津:天津教育出版社,2004.
[4] 王力邦. 高等师范理科创新教育的理论与实践[M]. 北京:科学出版社,2010.
[5] 王力邦. 中学物理教师的学习与思考[M]. 北京:科学出版社,2009.
[6] 恽昭世. 高中综合学习与实践[M]. 上海:上海教育出版社,2000.
[7] 姜全吉. 逻辑学[M]. 北京:高等教育出版社,1994.
[8] 王仲春,李元中. 数学思维和数学方法[M]. 北京:人民教育出版社,2003.
[9] 陶洪. 物理实验论[M]. 南宁:广西教育出版社,1996.
[10] 魏宏森,曾国平. 系统论——系统科学哲学[M]. 北京:清华大学出版社,1995.
[11] 查有梁. 物理教学论[M]. 南宁:广西教育出版社,1996.
[12] 封小超,王力邦. 物理课程与教学论[M]. 北京:科学出版社,2005.
[13] 孙可平. STS教育论[M]. 上海:上海教育出版社,2001.
[14] 吴家正,尤建新. 可持续发展导论[M]. 上海:同济大学出版社,1998.
[15] 王焕勋. 实用教育大词典[M]. 北京:北京师范大学出版社,1995.
[16] 北京师范大学《科学》教材编写组. 科学(教师教学用书)[M]. 上海:上海教育出版社,2002.
[17] 孙彤. 组织行为学[M]. 北京:中国物资出版社,1993.
[18] 张映红. 公共关系学教程[M]. 北京:首都经济贸易大学出版社,2000.
[19] 叶朗. 美学原理[M]. 北京:北京大学出版社,2009.
[20] 鲁克成,罗庆生. 创造学教程[M]. 北京:中国建材工业出版社,1998.
[21] 檀润华. 发明问题解决理论[M]. 北京:科学出版社,2004.
[22] 徐纪敏. 科学的边缘[M]. 北京:学林出版社,1987.
[23] 王希华. 现代学习理论评论[M]. 北京:开明出版社,2003.
[24] 廖伯琴. 物理必修课教与学[M]. 北京:北京大学出版社,2006.
[25] 中华人民共和国教育部. 普通高中物理课程标准[M]. 北京:人民教育出版社,2003.
[26] 霍益萍. 让教师走进研究性学习[M]. 南宁:广西教育出版社,2001.
[27] 恽昭世. 高中综合学习与实践[M]. 上海:上海教育出版社,2000.
[28] 芮仁杰. 创造教育与高级思维能力培养[M]. 上海:上海社会科学院出版社,2009.
[29] 续佩君. 物理能力测量研究[M]. 南宁:广西教育出版社,1996.
[30] 刘炳升. 科技活动创造教育原理与设计[M]. 南京:南京师范大学出版社,1999.
[31] 项红专. 科学教育新视野[M]. 杭州:浙江大学出版社,2006.
[32] 东尼·博赞,巴利·博赞. 思维导图[M]. 卜煜婷,译. 北京:化学工业出版社,2017.
[33] 爱因斯坦,英菲尔德. 物理学的进化[M]. 郭沂,译. 上海:上海科学技术出版社,1962.

[34] 王力邦. 科学研究与自然辩证法的关系 [J]. 黔南民族师范学院学报, 1996 (3): 30.
[35] 王力邦. 试论逆向思维方法 [J]. 黔南民族师范学院学报, 2001 (6).
[36] 吴宗汉. 提高学生创造能力的几种教学方法 [J]. 物理与工程, 2011 (3): 31-33.
[37] 赵静. 此时入世, 中国得失如何？[N]. 华夏时报, 2001 (11): 07.
[38] 朱洪元, 宋行长, 朱重远. 层子模型的回顾与展望 [J]. 自然辩证法通讯, 1980 (6): 29.
[39] 黎鸣文. 关于文化的思考 [N]. 中国青年报, 1988 (9): 23.
[40] 解世雄. 关于物理文化的学术探讨 [J]. 自然辩证法研究, 2004 (1): 17.
[41] 魏冰. "科学素养" 探析 [J]. 比较教育研究, 2000 (增刊): 20.